Le nouvel Entraînez-vous

DELF
A1, A2, A3, A4
450
ACTIVITÉS

Ouvrage dirigé par Richard LESCURE
Responsable de la filière F.L.E. université d'Angers

Éliane GRANDET
Professeur au CAVILAM-Vichy

Marie-Louise PARIZET
Professeur au CAVILAM-Vichy

Alain RAUSCH
Professeur I.U.F.M. des Pays de la Loire

CLE
INTERNATIONAL

DELF Premier degré

Titre de l'unité	Position/ nombre d'heures nécessaire	Objectifs et capacités	Types d'épreuves	Durées moyennes de passation[1]
A1 Expression générale	1ère position : 100 à 150 heures.	• Capacité à parler de soi, à faire face à des situations de la vie quotidienne. • Se situer dans le temps et l'espace.	• *Oral :* – Exposé. – Simulation entretiens. • *Écrit :* – Récit à partir d'images. – Réponse à une invitation.	– 5 à 10 min. – 5 à 10 min. – 30 min. – 30 min.
A2 Expression des idées et des sentiments	2e, 3e, 4e position : 200 à 400 heures (selon pays).	• Capacité à exprimer une opinion, un sentiment. • Donner son avis et argumenter.	• *Oral (collectif possible) :* – Défense d'un point de vue. – Présentation d'informations. • *Écrit :* – Repérage de points de vue. – Expression d'une attitude.	– 5 à 10 min. – 5 à 10 min. – 30 min. – 30 min.
A3 Lecture et expression écrite	2e ou 3e position : 250 à 400 heures (selon pays).	• Capacité à comprendre le fonctionnement de textes simples. • Rédiger une lettre formelle.	• *Oral (individuel) :* – Analyse du contenu d'un document. • *Écrit :* – Analyse du contenu d'un texte. – Lettre formelle.	– 10 à 15 min. – 45 min. – 45 min.
A4 Pratique du fonctionnement de la langue	2e, 3e, 4e position : 250 à 450 heures (selon pays).	• Connaissance de la langue (vocabulaire, grammaire, sons...). • Maîtrise de la communication.	• *Oral (individuel ou collectif) :* – Intonation. – Phonétique. – Syntaxe. • *Écrit :* – Phrases à compléter. – Phrases à transformer. – Textes à rédiger.	– 10 à 15 min. – 1 h 30

1. Temps de préparation en sus.

★ Certaines activités signalées par un astérisque ne peuvent être abordées qu'après 300 à 400 heures de cours (unité en 3e ou 4e position).

Avant-propos

Le DELF (Diplôme d'Études en Langue Française) a été officiellement créé en 1985. Il s'est progressivement répandu dans le monde entier et représente aujourd'hui le premier diplôme internationalement reconnu permettant de mesurer et de certifier les connaissances et la maîtrise réelle du français dans des situations de communication orale ou écrite authentique, personnelle ou professionnelle. Proposé dans toutes les régions du monde (ce diplôme existe dans plus de 120 pays, 150 000 apprenants par an s'inscrivent au seul DELF 1er degré), il peut concerner aussi bien des adolescents scolarisés que des étudiants à l'Université, ou des adultes impliqués dans la vie professionnelle. Il joue un rôle essentiel en Grèce, où il est reconnu tant sur le plan scolaire que professionnel comme un diplôme de première importance.

L'équipe qui a conçu ce manuel est composée de responsables de centres d'examen, de membres de jurys académiques, de concepteurs d'épreuves, de formateurs. Tous spécialisés dans l'enseignement du français et la conception d'ouvrages scolaires, ils se sont impliqués à des degrés divers dans cette fantastique expérience pédagogique qui a consisté d'abord à favoriser l'éclosion d'un nouveau système de certifications, intégrant les recherches les plus récentes en matière d'enseignement du français langue étrangère, à œuvrer ensuite pour sa mise en place, son développement et sa crédibilité en France et dans le monde.

Cet ouvrage est le fruit de ces différentes expériences. Il représente un instrument de travail indispensable pour se présenter aux différentes épreuves du DELF 1er degré dans les meilleures conditions.

Les auteurs se sont inspirés des sujets proposés par un grand nombre de jurys dans le monde. Ils ont élaboré des activités et des exercices pratiques qui répondent au plus près à la diversité des épreuves et aux exigences des différents publics.

Que votre apprentissage soit intensif ou extensif, qu'il se fasse en groupe ou que vous vous prépariez seul à ces épreuves d'examen, cet ouvrage présente tous les éléments utiles pour votre préparation aussi bien par rapport aux connaissances en langue-communication que par rapport aux types d'épreuves que vous pouvez rencontrer.

Richard LESCURE
Membre du Conseil d'orientation pédagogique du DELF - DALF
Président du jury DELF - Académie de Nantes

Sommaire

Épreuve orale 1

1 Un sujet d'exposé est en général à dominante :
– explicative : vous devez expliquer quelque chose,
– ou narrative : vous devez raconter quelque chose,
– ou descriptive : vous devez décrire quelque chose.
Lisez les sujets suivants. Indiquez, dans le tableau ci-dessous, à quelle catégorie ils appartiennent.

a. Aimez-vous lire ? Quel(s) type(s) de livre(s) préférez-vous ?

b. Pourquoi apprenez-vous le français ?

c. Que faites-vous pendant une de vos journées habituelles ?

d. Pouvez-vous parler de votre logement ? Dites comment il est.

e. Quel film avez-vous beaucoup aimé ? Parlez-en.

f. Comment, selon vous, doit être l'homme ou la femme idéal(e) ?

g. Quel est votre plat préféré ? De quoi se compose-t-il ?

h. Que préférez-vous ? Le cinéma ou la télévision ? Pourquoi ?

i. Quel est votre meilleur souvenir ?

j. Que préférez-vous faire ? Écrire ou téléphoner ? Pourquoi ?

k. Quel est le principal personnage historique de votre pays ? Parlez de lui.

l. De qui se compose votre famille ? Parlez de ces personnes.

m. Quel est votre héros de roman préféré ? Pourquoi ?

n. Quel est votre livre préféré ? Quelle histoire présente-t-il ?

o. Où préférez-vous vivre ? En ville ou à la campagne ?

Décrire	Expliquer	Raconter

Qu'est-ce que décrire, raconter, expliquer ? Cochez les affirmations exactes.

    a. *Décrire, c'est :*

        1. ☐ donner des renseignements sur quelque chose ou sur quelqu'un.

        2. ☐ parler de quelque chose ou de quelqu'un de façon détaillée, précise.

        3. ☐ parler de quelque chose ou de quelqu'un de façon générale.

        4. ☐ dire ce que l'on aime de quelque chose ou de quelqu'un.

        5. ☐ présenter, représenter les caractéristiques de quelque chose ou de quelqu'un.

    b. *Raconter, c'est :*

        1. ☐ ne pas parler de ce qu'on sait.

        2. ☐ exposer un (des) événement(s), une histoire.

        3. ☐ rapporter ce qui s'est passé.

        4. ☐ dire qu'on ne sait/connaît pas.

        5. ☐ parler de ce qu'on a vu, entendu.

    c. *Expliquer, c'est :*

        1. ☐ faire comprendre clairement.

        2. ☐ faire connaître de façon précise.

        3. ☐ faire des recherches.

        4. ☐ observer de loin.

        5. ☐ donner des indications.

3 **Lisez les mots suivants :**

conteur – parler de – expliciter – montrer – dire en détail – récit – conter – enseigner – descriptif – explicable – détailler – histoire – éclaircir – explicatif – racontable – description – commenter – (re)présenter – explicite – rapporter – explication – narrer – dépeindre – indication – narration – relater.

Quels mots ont une relation avec : le mot « décrire » ? le mot « expliquer » ? le mot « raconter » ? Notez-les dans le tableau ci-dessous, dans la colonne à laquelle ils correspondent.

Décrire	Expliquer	Raconter

4 Un bon exposé se compose toujours de trois parties :
1) Une introduction : pour situer, resituer le sujet, annoncer ce qu'on va dire.
2) L'exposé lui-même, c'est-à-dire la description, le récit ou encore l'(les) explication(s) demandée(s).
3) Une conclusion : pour résumer ce que l'on a dit, signifier que l'on a terminé.
🔊 Écoutez l'exposé suivant et répondez aux questions.

a. Quel est le sujet de cet exposé ?

....

b. 1. Y a-t-il une introduction ? ....

    2. Quelle(s) phrase(s) sert(servent) d'introduction ?

    de « Bien, comme vous savez… » à ....

c. 1. Y a-t-il une conclusion ? ....

    2. Quelle(s) phrase(s) sert(servent) de conclusion ?

    de .... à « comme ça ».

d. Combien y a-t-il de parties dans l'exposé lui-même ? ....

e. De quoi est-il question :

    1. de « De nos jours, voilà comment ça se passe » à « des objets à la jeune fille » ?

    ....

    2. de « Si le couple a des problèmes » à « ce qu'elles ont reçu » ?

    ....

f. Qu'est-ce que vous pouvez dire de la construction de l'exposé ? Est-elle :

    1. claire ? ....

    2. équilibrée ? ....

    3. satisfaisante ? ....

5 Lisez attentivement le sujet suivant : *Quel est (quels sont) votre (vos) loisir(s) préféré(s) ?*
– Dans cet exposé, s'agit-il surtout de : décrire ? expliquer ? raconter ?
– Que dites-vous si vous répondez à cette question ?
Pour vous aider à construire votre exposé, lisez les propositions qui vous sont faites et cochez celles qui correspondent à votre cas.

a. Vous dites que vous avez :
    1. ☐ peu de loisirs.
    2. ☐ beaucoup de loisirs.

b. Vous choisissez de parler de :
    1. ☐ un loisir seulement.
    2. ☐ plusieurs loisirs. Vous précisez lesquels.

c. Vous dites que vous aimez :

1. ☐ faire du sport. Lequel ?
2. ☐ lire. Quel type de lecture ?
3. ☐ pratiquer un art. Lequel ? Dessiner ? Peindre ? Sculpter ? Chanter ? ou … ?
4. ☐ aller : au cinéma, au théâtre, au concert… Pour voir/entendre quoi ?
5. ☐ partir : à la campagne, à la mer, à la montagne, en promenade, en voyage ?
6. ☐ rencontrer des amis. Recevoir des amis. Aller voir des amis. Faire… (quoi ?) avec eux.

d. Vous dites :

1. ☐ quand vous pratiquez ce loisir (moment, jour…).
2. ☐ que vous le pratiquez souvent, régulièrement.
3. ☐ que vous n'avez pas le temps de (ne pouvez pas) le pratiquer souvent.
4. ☐ depuis combien de temps vous le pratiquez.

e. Que pouvez-vous dire, préciser encore ?

f. Pour conclure vous pouvez dire :

1. ☐ combien vous aimez ce loisir.
2. ☐ que vous avez un (d') autre(s) loisir(s). Vous le(s) nommez. Vous ne le(s) nommez pas.
3. ☐ ....

---

6 🔊 **Écoutez les trois mini-exposés qui portent sur le sujet de l'activité n° 5. Répondez ensuite aux questions suivantes.**

a. Quel est (quels sont) le(s) loisir(s) de :

1. la première personne ? ....
2. la deuxième personne ? ....
3. la troisième personne ? ....

b. Qui a vraiment un loisir préféré ? Quel est ce loisir ?

....

c. Qui a des loisirs différents en fonction des saisons ?

....

d. Comment chaque mini-exposé commence-t-il ? Écoutez-les de nouveau. Notez les mots qui servent d'introduction.

Exposé n° 1 : ....

Exposé n° 2 : ....

Exposé n° 3 : ....

e. Quel est l'exposé qui comporte une sorte de conclusion ? Notez-la.

....

7 Lisez attentivement le sujet suivant : *Quel film avez-vous aimé ? Parlez-en.*
– Dans cet exposé, s'agit-il surtout de : décrire ? expliquer ? raconter ?
– Que dites-vous si vous répondez à cette question ?
Pour vous aider à construire votre exposé, lisez les propositions qui vous sont faites et cochez celles qui correspondent à votre cas.

a. Vous dites :
   1. ☐ que vous aimez beaucoup de films et que vous allez parler d'un film en particulier.
   2. ☐ que vous aimez particulièrement un film.

b. Vous donnez :
   1. ☐ seulement le nom du film.
   2. ☐ le nom du film et de son réalisateur.
   3. ☐ le nom du film et ceux des acteurs.
   4. ☐ le pays d'origine du film.
   5. ☐ la date du film.

c. Pour parler du film :
   1. ☐ vous le résumez.
   2. ☐ vous présentez les étapes, l'histoire du film.

d. Pour conclure :
   1. ☐ vous répétez/dites ce que vous aimez dans ce film.
   2. ☐ vous portez un jugement sur le thème du film.
   3. ☐ vous portez un jugement sur le jeu des acteurs.
   4. ☐ ....

8 📼 Écoutez les quatre mini-exposés qui portent sur le sujet de l'activité n° 7. Répondez ensuite aux questions suivantes.

a. Quel est le film préféré de :
   1. ☐ la première personne ? ....
   2. ☐ la deuxième personne ? ....
   3. ☐ la troisième personne ? ....
   4. ☐ la quatrième personne ? ....

b. Qui ne donne pas le nom du film ? ....
   D'après ce que dit cette personne, connaissez-vous ce film ? Quel est son titre ?
   ....

c. Quel(s) film(s) est (sont) résumé(s), raconté(s) ?
   ....

d. Qui porte un jugement sur le film qu'il (elle) présente ?
   ....

e. Quel mini-exposé ne comporte pas d'introduction ?

....

f. Comment les trois autres mini-exposés commencent-ils ? Notez les phrases qui servent d'introduction.

....

....

....

g. Pour quel(s) film(s) connaît-on :

    1. le réalisateur ? ....

    2. le(s) acteur(s) ? ....

9 Lisez attentivement le sujet suivant : *Avez-vous un objet porte-bonheur ? Qu'est-ce que c'est ? Comment est-il ?*
– Dans cet exposé, s'agit-il surtout de : décrire ? expliquer ? raconter ?
– Que dites-vous si vous répondez à cette question ?
Pour vous aider à construire votre exposé, lisez les propositions qui vous sont faites et cochez celles qui correspondent à votre cas.

a. Vous dites que vous avez :

    1. ☐ un seul porte-bonheur.

    2. ☐ plusieurs porte-bonheur. Combien ?

b. Vous précisez :

    1. ☐ quel est cet objet.

    2. ☐ quels sont ces objets.

c. **1.** ☐ Vous montrez cet (ces) objet(s).

    2. ☐ Vous ne montrez pas cet (ces) objet(s).

d. Vous expliquez :

    1. ☐ quelle est sa (leur) forme.

    2. ☐ quelle(s) est (sont) sa (ses) couleur(s).

    3. ☐ quelle est (quelles sont) sa (ses) matière(s).

    4. ☐ à quoi cet (ces) objet(s) sert (servent) normalement.

e. Vous précisez :

    1. ☐ comment vous l'avez obtenu.

    2. ☐ depuis quand/combien de temps vous l'avez.

f. Pour conclure :

    1. ☐ Vous dites que vous le portez toujours.

    2. ☐ ... que vous avez confiance en cet (ces) objet(s).

    3. ☐ ... que c'est (ce sont) un (des) porte-bonheur traditionnel(s).

10 📼 Écoutez les deux mini-exposés qui portent sur le sujet de l'activité n° 9. Répondez ensuite aux questions suivantes.

a. Dites :

  1. quel(s) est (sont) le(s) porte-bonheur de la première personne : ....

  2. quel(s) est (sont) le(s) porte-bonheur de la deuxième personne : ....

b. Par quelle phrase d'introduction commence :

  1. le premier exposé ? ....

  2. le deuxième exposé ? ....

c. Est-ce que la première personne :

  1. décrit son porte-bonheur ? ....

  2. Pourquoi ? ....

d. Est-ce que la deuxième personne :

  1. décrit son porte-bonheur ? ....

  2. Pourquoi ? ....

e. Pourquoi ces deux personnes ont-elles ces porte-bonheur ?

  1. La première : ....

  2. La deuxième : ....

f. Lequel de ces deux mini-exposés comporte une conclusion ? ....

  Quelle est la phrase de conclusion ? ....

11 Lisez attentivement le sujet suivant : *Qu'est-ce que vous détestez faire ? Pourquoi ?*
– Dans cet exposé, s'agit-il surtout de décrire ? expliquer ? raconter ?
– Que dites-vous si vous répondez à cette question ?
Pour vous aider à construire votre exposé, lisez les propositions qui vous sont faites et cochez celles qui correspondent à votre cas.

a. Vous dites :

  1. ☐ qu'il n'y a rien que vous détestez faire.

  2. ☐ qu'il y a beaucoup de choses que vous détestez faire et une en particulier.

  3. ☐ qu'il y a une seule chose que vous détestez faire.

b. Vous précisez ce que vous détestez :

  1. ☐ vous lever tôt.

  2. ☐ vous coucher tard.

  3. ☐ faire du sport. (Lequel en particulier ?)

  4. ☐ faire le ménage. (Quoi en particulier ?)

  5. ☐ parler en public.

  6. ☐ voyager.

  7. ☐ ....

c. Vous donnez les raisons de cette attitude.

....

d. Pour conclure vous pouvez dire :
- **1.** ☐ que cela ne vous arrive pas souvent.
- **2.** ☐ que cela vous arrive trop souvent.
- **3.** ☐ comment vous évitez cette situation.
- **4.** ☐ ....

12 📼 **Écoutez les trois mini-exposés qui portent sur le sujet de l'activité n° 11. Répondez ensuite aux questions suivantes.**

a. Dites ce que déteste faire :
- **1.** ☐ la première personne : ....
- **2.** ☐ la deuxième personne : ....
- **3.** ☐ la troisième personne : ....

b. Quelles raisons donnent les trois personnes ?
- **1.** ☐ La première : ....
- **2.** ☐ La deuxième : ....
- **3.** ☐ La troisième : ....

c. Une personne dit ce qu'elle préfère. Laquelle ?

....

d. Ces mini-exposés comportent-ils :
- **1.** ☐ une introduction ? ....
- **2.** ☐ une conclusion ? ....

13 **Lisez les sujets d'exposés suivants ainsi que les amorces d'introductions proposées. Quelles amorces correspondent aux différents sujets ?**

1. Pratiquez-vous un sport ? Lequel ? Pourquoi ?
2. Décrivez votre ville.
3. Quel est votre animal préféré ?
4. Racontez votre dernier voyage.
5. Quelle est votre saison préférée ? Pourquoi ?
6. Parlez de votre meilleur(e) ami(e).
7. Quel objet aimeriez-vous posséder ? Pourquoi ? Décrivez-le.
8. Racontez votre dernière fin de semaine.
9. Décrivez un monument de votre ville.
10. Où aimez-vous passer vos vacances ? Pourquoi ?

a. Dans mon pays il y a une seule saison…

b. J'aime surtout les activités à l'extérieur, aussi j'aime faire…

c. Depuis longtemps je rêve d'acheter, d'avoir un petit…

d. Chez moi nous avons un chien, un chat et trois oiseaux.

e. Ma ville est très ancienne. Dans le vieux quartier, sur une place…

f. Cela fait dix ans que je connais Dominique.

g. J'habite dans une petite ville qui se trouve dans le sud. Elle est…

h. Cela s'est passé au printemps. Je suis parti(e) avec mon…

i. Moi j'aime surtout le soleil et la mer. Aussi j'aime aller…

j. Elle a été comme toutes les autres. Il faisait très froid, alors…

1 : ….. 2 : ….. 3 : ….. 4 : ….. 5 : ….. 6 : ….. 7 : ….. 8 : ….. 9 : ….. 10 : …..

14 Lisez les sujets d'exposés suivants ainsi que les conclusions proposées. Quelles conclusions correspondent aux différents sujets ?

1. Quel pays aimeriez-vous visiter et pourquoi ?

2. Racontez un événement important de votre vie.

3. Quelle est la fête la plus importante dans votre pays ?

4. Comment préférez-vous passer vos soirées ?

5. Quelle est votre musique préférée ?

6. Aimez-vous vous lever tard ?

7. Vous souvenez-vous de votre premier jouet ? Décrivez-le.

8. Quel est l'homme ou la femme que vous admirez le plus ? Pourquoi ?

9. Qu'est-ce que vous trouvez passionnant dans votre vie actuelle ?

10. Quel est votre meilleur souvenir d'études ? Racontez-le.

a. C'est vraiment quelqu'un qui a beaucoup compté dans l'histoire.

b. Ce jour-là est le plus beau et le plus drôle de toute l'année.

c. Je vais bientôt aller à un nouveau concert.

d. Ma grand-mère vient de là-bas. Et elle nous en parle tant !

e. J'avais sept ans, mais je m'en souviens encore et je n'ai rien oublié.

f. Je fais enfin ce que je veux : je commence à exercer ma profession.

g. Après une longue journée de travail, c'est bien ce qui est le plus agréable !

h. Quelle joie, la proclamation des résultats !

i. Mais le dimanche, ou pendant les vacances, j'en profite !

j. Son bonnet n'était plus très blanc non plus ! Mais c'était le plus beau pour moi !

1 : ….. 2 : ….. 3 : ….. 4 : ….. 5 : ….. 6 : ….. 7 : ….. 8 : ….. 9 : ….. 10 : …..

15 Organiser un exposé : décrire.
Lisez ces phrases qui appartiennent à la description d'une personne.
Distinguez :
– les phrases qui font référence à son physique.
– les phrases qui font référence à son caractère.
Classez ensuite ces phrases.
Pour vous aider :
– trouvez les phrases qui vont ensemble, se complètent.
– trouvez la première phrase.

a. Elle est presque toujours de bonne humeur.

b. Ses jambes sont très longues.

c. Elle a un petit nez retroussé avec des taches de rousseur.

d. Elle prend plaisir à aider ses amis.

e. Elle a les cheveux blonds.

f. Mais elle se met parfois en colère.

g. Mon amie est grande et mince.

h. Ses yeux sont noirs comme les miens.

i. Elle a un visage plutôt long, très agréable.

j. Elle fait beaucoup de sport.

k. Comme elle les porte longs elle a souvent une queue de cheval.

l. Pour eux elle est toujours disponible.

Description physique : ....

Caractère : ....

Organisation de la description : ....

16 Organiser un exposé : expliquer.
Lisez ces phrases qui appartiennent à un exposé explicatif. Classez-les.
Pour vous aider, observez la ponctuation des phrases et les majuscules.

a. Depuis, j'ai quelquefois essayé d'en boire,

b. Je déteste vraiment boire de la bière

c. C'était amer et écœurant.

d. un jour ma mère l'a mélangé avec un peu de bière.

e. Maintenant, l'odeur même de la bière me dégoûte.

f. parce que dans mon enfance on m'a obligée à en boire.

g. et j'ai toujours été malade ensuite.

h. J'ai associé la bière à ce goût horrible.

i. En effet, pour me faire avaler un mauvais médicament

Ordre des explications : ....

17 Organiser un exposé : raconter.

Lisez ces phrases qui appartiennent à un récit. Classez-les. Pour vous aider, observez la ponctuation des phrases et les majuscules.

a. La traversée a duré une heure et demie.

b. Ensuite, nous nous sommes baignés jusqu'à 14 heures,

c. À dix-huit heures nous avons pris le bateau du retour.

d. D'abord, nous avons fait un tour dans le petit village,

e. puis nous sommes allés nous installer dans un café-restaurant au bord de la plage.

f. L'été dernier nous avons fait une promenade en mer, jusqu'à l'île de Tabarca.

g. Nous sommes partis très tôt pour aller au port.

h. Là, nous avons bien déjeuné.

i. Nous sommes arrivés dans l'île en même temps que d'autres bateaux pleins de touristes.

j. À huit heures nous avons embarqué et le bateau a levé l'ancre.

k. Après le déjeuner, quelques-uns ont fait une petite sieste,

l. où nous avons acheté quelques souvenirs.

m. Là nous avons acheté les billets.

n. d'autres sont allés se promener sur l'île.

Ordre du récit : ....

18 Reportez-vous au sujet de l'exposé de l'activité n° 4. Racontez comment se déroule un mariage dans votre pays.

19 Reportez-vous au sujet de l'exposé de l'activité n° 5. Que pouvez-vous dire ?

20 Reportez-vous au sujet de l'exposé de l'activité n° 7. Que pouvez-vous dire ?

21 Reportez-vous au sujet de l'exposé de l'activité n° 9. Que pouvez-vous dire ?

22 Reportez-vous au sujet de l'exposé de l'activité n° 11. Que pouvez-vous dire ?

Épreuve orale 1

(oral collectif)

23   ☲ Vous allez entendre un dialogue dans un magasin. Écoutez-le sans lire les questions et sans prendre de notes. Lisez ensuite les questions.
Écoutez de nouveau le dialogue. Faites une petite pause après chaque « bip » pour noter vos réponses.
Écoutez une dernière fois le dialogue, sans pause. Complétez et relisez vos réponses.

PREMIÈRE PARTIE

a. Qu'est-ce que la dame achète ?
   1. ☐ Des tomates ?
   2. ☐ Des pommes ?
   3. ☐ Des pommes de terre ?

b. Elle prend :
   1. ☐ deux kilos de tomates.
   2. ☐ un kilo de tomates.
   3. ☐ un demi-kilo de tomates.

DEUXIÈME PARTIE

a. Elle demande aussi :
   1. ☐ dix œufs.   **2.** ☐ deux œufs.   **3.** ☐ six œufs.

b. Elle achète :
   1. ☐ un litre de lait et un paquet de farine.
   2. ☐ un demi-litre de lait et un paquet de farine.
   3. ☐ un demi-litre de lait et un paquet de riz.

c. Elle veut faire :
   1. ☐ une crème.   **2.** ☐ des crêpes.   **3.** ☐ un gâteau.

TROISIÈME PARTIE

a. Le marchand propose :
   1. ☐ du camembert.   **2.** ☐ du gruyère.   **3.** ☐ du beurre.

b. La dame prend :

    1. ☐ du camembert et de la crème.

    2. ☐ du fromage blanc et du beurre.

    3. ☐ du fromage blanc et de la crème.

QUATRIÈME PARTIE

a. La note est de :

    1. ☐ 67,40 francs.   2. ☐ 65,40 francs.   3. ☐ 65,14 francs.

b. Le marchand a oublié de compter :

    1. ☐ les tomates.   2. ☐ la salade.   3. ☐ la farine.

c. La dame se trouve dans :

    1. ☐ une crèmerie.   2. ☐ une pâtisserie.   3. ☐ une épicerie.

24 🔊 **Vous allez entendre cinq annonces enregistrées dans une gare. Écoutez les cinq annonces sans lire les questions et sans prendre de notes.**
Lisez ensuite les questions.
Écoutez de nouveau les annonces. Faites une petite pause après chaque annonce pour noter vos réponses.
Écoutez une dernière fois les cinq annonces. Complétez et relisez vos réponses.
Attention : Notez les numéros et les heures en chiffres.

ANNONCE N° 1

a. 1. Quel est le n° du train ? …..   2. Quelle est la voie ? …..

b. Le train :

    1. ☐ vient de Clermont-Ferrand.

    2. ☐ va à Clermont-Ferrand.

c. Le train :

    1. ☐ est déjà arrivé.   2. ☐ va arriver.   3. ☐ arrive.

ANNONCE N° 2

a. 1. Quel est le n° du train ? …..   2. À quelle heure est le train ? …..

b. Le train :

    1. ☐ vient de Clermont-Ferrand.

    2. ☐ va à Clermont-Ferrand.

c. Ce train :

    1. ☐ est avec supplément.   2. ☐ est sans supplément.

ANNONCE N° 3

a. L'annonce est faite :

    1. ☐ Gare de Lyon, à Paris.   2. ☐ à la gare, à Lyon.

b. Des autobus peuvent conduire les voyageurs :

    1. ☐ Gare de Lyon.   2. ☐ Gare d'Austerlitz.   3. ☐ Gare de l'Est.

ANNONCE N° 4

a. Le train :

    1. ☐ est déjà arrivé.   **2.** ☐ va arriver.   **3.** ☐ arrive.

b. **1.** Quelle est la voie ? ..... **2.** Quel est le retard ? .....

ANNONCE N° 5

a. **1.** Quel est le n° du train ? .....   **2.** Quelle est la voie ? .....

b. La correspondance pour Roanne est à :

    1. ☐ Moulins-sur-Allier.

    2. ☐ Saint-Germain-des-Fossés.

    3. ☐ Vichy.

25 🔊 **Vous allez entendre cinq annonces à la radio. Écoutez les cinq annonces sans lire les questions et sans prendre de notes.**
Lisez ensuite les questions. Écoutez de nouveau les annonces. Faites une petite pause après chaque annonce pour noter vos réponses.
Écoutez une dernière fois les cinq réponses. Complétez et relisez vos réponses.
Attention : notez les numéros de téléphone en chiffres.

ANNONCE N° 1

a. **1.** Quel est le nom de l'annonceur ? ....

    2. Quel est son numéro de téléphone ? ....

b. La personne veut :

    1. ☐ acheter des timbres.

    2. ☐ échanger des timbres.

    3. ☐ vendre des timbres.

c. Elle s'intéresse au :

    1. ☐ football.   **2.** ☐ basket-ball.   **3.** ☐ hand-ball.

ANNONCE N° 2

a. **1.** Quel est le nom de l'annonceur ? ....

    2. Quel est son numéro de téléphone ? ....

b. La personne recherche :

    1. ☐ des livres.   **2.** ☐ des vêtements.   **3.** ☐ des jeux.

ANNONCE N° 3

a. **1.** Quel est le nom de l'annonceur ? ....

    2. Quel est son numéro de téléphone ? ....

b. La personne recherche quelqu'un parce qu'elle :

    1. ☐ veut visiter Paris.

    2. ☐ cherche un logement à Paris.

    3. ☐ ne connaît personne à Paris.

ANNONCE N° 4

a. 1. Quel est le nom de l'annonceur ? ....

   2. Quel est son numéro de téléphone ? ....

b. La personne veut apprendre :
   1. ☐ le finnois.   2. ☐ le chinois.   3. ☐ le suédois.

ANNONCE N° 5

a. 1. Quel est le nom de l'annonceur ? ....

   2. Quel est son numéro de téléphone ? ....

b. La personne :
   1. ☐ propose de donner des chats.
   2. ☐ veut acheter des chats.
   3. ☐ veut vendre des chats.

26 ▭ **Madame et Monsieur Janin parlent de leurs vacances. Vous allez entendre leur dialogue. Écoutez-le sans lire les questions et sans prendre de notes. Lisez ensuite les questions.**
Écoutez de nouveau le dialogue. Faites une petite pause après chaque « bip » pour noter vos réponses.
Écoutez une dernière fois le dialogue, sans pause. Complétez et relisez vos réponses.

PREMIÈRE PARTIE

a. Pour avoir des renseignements :
   1. ☐ Monsieur Janin est allé à l'agence.
   2. ☐ Madame Janin est allée à l'agence.

b. Ils ne veulent pas aller :
   1. ☐ en Irlande.   2. ☐ en Grèce.   3. ☐ en Espagne.

DEUXIÈME PARTIE

a. Madame et Monsieur Janin ne partent pas en avion parce que :
   1. ☐ c'est trop loin.   2. ☐ ils ont peur.   3. ☐ c'est trop cher.

b. 1. Le bateau part de la ville de : ....

   2. Il arrive à : ....

c. 1. À quelle heure part le bateau ? ....

   2. À quelle heure arrive le bateau ? ....

TROISIÈME PARTIE

a. Madame et Monsieur Janin vont :
   1. ☐ loger chez l'habitant.
   2. ☐ aller à l'hôtel.
   3. ☐ louer une maison.

b. Ils veulent :

    1. ☐ rester au même endroit.

    2. ☐ visiter le pays.

QUATRIÈME PARTIE :

a. **1.** ☐ Les enfants savent monter à cheval.

    2. ☐ Les enfants ne savent pas monter à cheval.

b. **1.** ☐ Madame Janin va s'occuper des réservations.

    2. ☐ Monsieur Janin va s'occuper des réservations.

27 🔊 **Vous allez entendre cinq annonces d'émissions de télévision, faites à la radio. Écoutez les cinq annonces sans lire les questions et sans prendre de notes. Lisez ensuite les questions.**
Écoutez de nouveau les annonces. Faites une petite pause après chaque annonce pour noter vos réponses.
Écoutez une dernière fois les annonces, sans pause. Complétez et relisez vos réponses. Attention : notez les heures en chiffres.

ANNONCE N° 1 :

a. Quel est le type d'émission ? ....

b. Quelle est la chaîne ? ....

c. Quelle est l'heure de l'émission ? ....

ANNONCE N° 2 :

a. Quel est le type d'émission ? ....

b. Quelle est la chaîne ? ....

c. Quelle est l'heure de l'émission ? ....

ANNONCE N° 3 :

a. Quel est le type d'émission ? ....

b. Quelle est la chaîne ? ....

c. Quelle est l'heure de l'émission ? ....

ANNONCE N° 4 :

a. Quel est le type d'émission ? ....

b. Quelle est la chaîne ? ....

c. Quelle est l'heure de l'émission ? ....

ANNONCE N° 5 :

a. Quel est le type d'émission ? ....

b. Quelle est la chaîne ? ....

c. Quelle est l'heure de l'émission ? ....

28 🔊 Dans une école de langues, la secrétaire demande quelques précisions à cinq étudiants. Écoutez ce que demande la secrétaire sans lire les questions et sans prendre de notes.
Lisez ensuite les questions.
Écoutez de nouveau ce que dit la secrétaire. Faites une pause après chaque petit dialogue pour noter vos réponses.
Écoutez une dernière fois les cinq petits dialogues sans faire de pause. Complétez et relisez vos réponses.

DIALOGUE N° 1 :

a. Quel est le prénom de l'étudiant ? ....

b. Quelle est sa profession ? ....

DIALOGUE N° 2 :

a. De quelle ville vient cette étudiante ? ....

b. Où est-ce qu'elle loge ? ....

DIALOGUE N° 3 :

a. Quel est le nom de cet étudiant ? ....

b. Quelle est sa situation familiale ? ....

DIALOGUE N° 4 :

a. Jusqu'à quelle date reste cette étudiante ? ....

b. Comment est-ce qu'elle va payer ? ....

DIALOGUE N° 5 :

a. Quelle est la nationalité de cette dame ? ....

b. Où va-t-elle étudier ensuite ? ....

Épreuve orale 2

29 🔊 Écoutez les six dialogues suivants. Indiquez s'ils correspondent à :
– une demande de renseignement(s),
– un problème (qui concerne une des deux personnes),
– un conflit (un différend qui oppose les deux personnes qui parlent).

	1	2	3	4	5	6
Un conflit						
Un problème						
Une demande de renseignement(s)						

30 🔊 Écoutez de nouveau le premier dialogue. Indiquez si les affirmations sont vraies ou fausses.

L'homme qui téléphone :

a. vérifie qu'il appelle au bon numéro, VRAI FAUX

b. se présente tout de suite, VRAI FAUX

c. ne dit pas immédiatement pourquoi il appelle. VRAI FAUX

L'homme se renseigne sur :

d. l'âge de la voiture, VRAI FAUX

e. sa couleur, VRAI FAUX

f. la possibilité de payer en quatre fois. VRAI FAUX

L'homme demande :

g. à voir la voiture, VRAI FAUX

h. le nom et l'adresse du vendeur. VRAI FAUX

31 🔊 Écoutez de nouveau le deuxième dialogue. Indiquez si les affirmations sont vraies ou fausses.

La cliente :

a. se fait reconnaître par la vendeuse. VRAI FAUX

b. ne dit pas tout de suite ce qui ne va pas. VRAI FAUX

c. montre qu'elle n'est pas contente. VRAI FAUX

d. exige que la vendeuse répare le pantalon. VRAI FAUX

e. se calme quand une solution est trouvée. VRAI FAUX

f. accepte de payer la retouche. VRAI FAUX

g. demande à parler à la responsable du magasin. VRAI FAUX

h. part du magasin satisfaite. VRAI FAUX

32 📻 Écoutez de nouveau le troisième dialogue. Indiquez si les affirmations sont vraies ou fausses.

La cliente :

a. appelle le serveur. VRAI FAUX

b. proteste très fort. VRAI FAUX

c. explique calmement ce qui ne va pas. VRAI FAUX

d. propose une première solution. VRAI FAUX

Pour obtenir ce qu'elle veut, la cliente :

e. dit qu'elle va partir. VRAI FAUX

f. parle de sa santé. VRAI FAUX

g. dit qu'il est interdit de fumer. VRAI FAUX

h. propose une autre solution. VRAI FAUX

i. ne répète pas qu'elle va partir. VRAI FAUX

La cliente :

j. n'arrive pas à convaincre le serveur. VRAI FAUX

k. trouve normal d'obtenir ce qu'elle veut. VRAI FAUX

l. ne remercie pas le serveur. VRAI FAUX

33 📻 Écoutez de nouveau le quatrième dialogue. Indiquez si les affirmations sont vraies ou fausses.

L'homme :

a. se présente tout de suite. VRAI FAUX

b. dit tout de suite pourquoi il vient. VRAI FAUX

c. n'explique pas comment ça s'est passé. VRAI FAUX

d. cherche une explication à la perte du portefeuille. VRAI FAUX

Le commissaire :

e. lui demande de décrire son portefeuille. VRAI FAUX

f. ne demande pas beaucoup de précisions. VRAI FAUX

g. ne veut pas aider l'homme. VRAI FAUX

h. lui remet le portefeuille. VRAI FAUX

34 🔊 **Écoutez de nouveau le cinquième dialogue. Indiquez si les affirmations sont vraies ou fausses.**

La dame :

a. ne se présente pas.   VRAI FAUX

b. connaît bien Marianne.   VRAI FAUX

c. ne dit pas tout de suite ce qu'elle veut.   VRAI FAUX

Marianne :

d. renseigne son amie seulement sur deux points :
   la boisson et la viande.   VRAI FAUX

e. ne rassure pas vraiment son amie.   VRAI FAUX

f. conseille un dessert à son amie.   VRAI FAUX

La dame :

g. n'est pas satisfaite de ce que dit Marianne.   VRAI FAUX

h. remercie Marianne.   VRAI FAUX

35 🔊 **Écoutez de nouveau le sixième dialogue. Indiquez si les affirmations sont vraies ou fausses.**

Le contrôleur :

a. examine mal le billet.   VRAI FAUX

b. s'impatiente un peu.   VRAI FAUX

c. veut faire payer une amende à la jeune fille.   VRAI FAUX

La jeune fille :

d. ne sait pas qu'il faut composter.   VRAI FAUX

e. donne trois raisons :   VRAI FAUX

   – elle est étrangère.

   – elle n'est pas montée à Lyon.

   – elle n'a jamais pris le train en France.

f. demande comment on composte.   VRAI FAUX

Le contrôleur :

g. fait payer la jeune fille.   VRAI FAUX

h. redonne son billet à la jeune fille.   VRAI FAUX

36 🔊 **Reprenez vos réponses aux activités 30 à 35. Écoutez de nouveau, si nécessaire, les six dialogues. Lisez les affirmations suivantes. Cochez toutes les réponses correctes.**

Quand on a un conflit ou un problème, quand on demande un (des) renseignement(s),

a. 1. ☐ on se présente toujours au début de la conversation.

   2. ☐ on se présente parfois au début de la conversation.

   3. ☐ on se présente parfois à la fin de la conversation.

   4. ☐ parfois on ne se présente pas.

b. On ne se présente pas :

    1. ☐ si on connaît son interlocuteur.

    2. ☐ si l'interlocuteur n'a pas besoin de nous connaître.

c. 1. ☐ On parle tout de suite de l'objet du conflit, du problème ou de la demande de renseignement(s).

    2. ☐ On attend que quelqu'un nous demande ce qui se passe ou ce qu'on désire.

d. Dans le cas d'un conflit, d'un problème,

    1. ☐ si on est mécontent, inquiet, on parle le premier.

    2. ☐ si on est mécontent, inquiet, on attend qu'on nous parle.

e. Dans le cas d'une demande de renseignement(s),

    1. ☐ on demande tout de suite ce qu'on veut.

    2. ☐ on attend qu'on nous demande ce qu'on veut.

f. Dans tous les cas,

    1. ☐ on donne nous-même des explications.

    2. ☐ on attend qu'on nous demande des explications.

g. Quand tout a été dit, la personne qui a un problème, qui veut un renseignement :

    1. ☐ attend que son interlocuteur arrête la conversation.

    2. ☐ arrête la conversation d'elle-même.

    3. ☐ Généralement les personnes se saluent.

37 **Lisez les répliques suivantes. Reconstituez le dialogue auquel elles correspondent.**

a. Chez Martine. C'est son anniversaire. Avec les copains on se retrouve chez elle et après on va danser.

b. Non, non et non ! Avant une heure. Tu as cours à 9 heures vendredi.

c. Ce soir ! J'ai déjà commencé et ce n'est pas très difficile.

d. Maman, je sors demain !

e. Oh maman, s'il te plaît… un peu plus !

f. Ça va, ça va… allez, file travailler !

g. Mais maman, c'est demain son anniversaire ! Et le jeudi c'est moins cher à la discothèque !

h. Oui, je sais, en semaine tu ne veux pas, mais…

i. Pourquoi vous ne faites pas ça samedi ?

j. Alors tu es d'accord ? Je peux y aller ? Merci maman !

k. Comment ça ? Tu sors ? Un jeudi ?

l. Bon, peut-être… J'accepte ! Mais à deux conditions : tu fais tout ton travail ce soir et tu rentres avant une heure.

m. Il n'y a pas de « mais » ! Et ton travail ? Tu as des maths pour vendredi, non ? Tu vas les faire quand ?

n. Et où est-ce que tu veux aller ?

1 : …..   2 : …..   3 : …..   4 : …..   5 : …..   6 : …..   7 : …..   8 : …..   9 : …..

10 : …..   11 : …..   12 : …..   13 : …..   14 : …..

38 Lisez les répliques suivantes. Reconstituez le dialogue auquel elles correspondent.

a. Vous proposez un circuit avec Grenade, Cordoue et Séville, n'est-ce pas ?
Il dure combien de jours ?

b. C'est parfait ! Et les visites ? Les excursions ?

c. J'ai reçu votre publicité sur les voyages à prix réduit. L'Espagne m'intéresse.

d. Bonjour madame.

e. Bien. Le logement est en chambre double ?

f. Très bien. Je vous remercie, madame. Je vais réfléchir.

g. Oui. Quelle région préférez-vous ?

h. Monsieur, vous désirez ?

i. Quelques-unes, oui. Les autres sont à votre charge.

j. Oui, peut-être... Mais qu'est-ce que le prix comprend exactement ? Le voyage ?
L'hébergement ? Les visites ?

k. Dans le sud, bien sûr. Et à cette époque il ne fait pas trop chaud.

l. Le voyage et la demi-pension.

m. Non, individuelle pour les personnes seules.

n. Je n'ai pas encore décidé. Je voudrais quelques précisions. Où y a-t-il plus de soleil ?

o. Dix. Mais il est possible de le prolonger. Par un séjour sur la côte si vous voulez.

1 : .....   2 : .....   3 : .....   4 : .....   5 : .....   6 : .....   7 : .....   8 : .....   9 : .....

10 : .....   11 : .....   12 : .....   13 : .....   14 : .....   15 : .....

39 Lisez les répliques suivantes. Reconstituez le dialogue auquel elles correspondent.

a. Très bien, madame Chêne, c'est noté !

b. Le matin ? Non, je ne peux pas. Mais vers 15 heures, oui.

c. C'est vrai, j'oubliais ! Alors vendredi peut-être ?

d. Merci mademoiselle. À vendredi !

e. Non, je regrette, le docteur Sérac a des rendez-vous jusqu'à 19 heures au cabinet.

f. Cabinet du docteur Sérac, j'écoute.

g. À 11 heures 30, ça va ! Oh non ! Je préfère 11 heures. Je dois aller chercher ma
fille à l'école.

h. Alors à 19 heures, c'est possible ?

i. Attendez, je regarde... Je vous propose... à 11 heures, à 11 heures 30, à 16 heures
ou aussi à 17 heures.

j. Allô ? Bonjour mademoiselle, ici madame Chêne. J'ai rendez-vous avec le docteur
Sérac à 16 heures, mais j'ai un empêchement. Je peux venir vers 18 heures ?

k. Ah non, impossible ! Madame Sérac ne consulte pas le mercredi après-midi.

l. Non, pas ce soir. À 19 heures elle va faire ses visites. Demain matin si vous voulez.

1 : .....   2 : .....   3 : .....   4 : .....   5 : .....   6 : .....   7 : .....   8 : .....   9 : .....

10 : .....   11 : .....   12 : .....

40 Lisez les expressions suivantes. À quelle(s) situation(s) correspondent-elles ? Cochez-la (les). Attention : plusieurs solutions sont possibles.
(C : conflit – P : problème – R : renseignement(s))

	C	P	R
1. Je voudrais savoir…			
2. C'est scandaleux ! Vous avez…			
3. Vous vous moquez de moi ! Tu te moques de moi !			
4. Je voudrais voir votre chef !			
5. Qu'est-ce que vous me conseillez ? Qu'est-ce que tu me conseilles ?			
6. Non, je crois que vous faites erreur. Non, je crois que tu fais erreur.			
7. Pouvez-vous m'expliquer… Peux-tu m'expliquer…			
8. Absolument pas !			
9. J'en ai assez !			
10. J'ai une réclamation à faire !			
11. Ce n'est pas vrai !			
12. Vous êtes sûr de ce que vous dites ? Tu es sûr(e) de ce que tu dis ?			
13. Je suis furieux(euse) !			
14. Pourriez-vous m'indiquer… Pourrais-tu m'indiquer…			
15. C'est inacceptable !			
16. Je ne suis pas d'accord.			
17. Qu'est-ce que vous en pensez ? Qu'est-ce que tu en penses ?			
18. Vous voulez bien appeler le responsable ?			
19. C'est inadmissible !			
20. Madame (Monsieur), je ne comprends pas. Vous ne pourriez pas…			

41 Si votre logeur(euse) vous réclame le loyer que vous avez déjà payé, votre conversation peut se dérouler de différentes façons, suivre des « chemins » différents.
Lisez ce qui se passe à chaque « étape » du dialogue :

1. Votre logeur (logeuse) vous réclame le loyer.

2. Vous répondez (calmement/en colère) que vous avez déjà payé. Vous donnez une (des) précision(s).

3. Votre logeur (la logeuse) insiste, maintient ce qu'il (elle) dit.

4./13. Le logeur (logeuse) s'excuse. Vous exprimez votre satisfaction.

5. Vous répétez à votre logeur (logeuse) qu'il (elle) se trompe.

6. Vous assurez que vous avez une preuve écrite.

7. Vous regrettez de ne pas avoir de preuve écrite.

8. Vous montrez votre preuve (reçu, talon de chèque, relevé bancaire…).

9. Vous essayez de lui rappeler les circonstances.

10. Vous avez un (des) témoin(s) de votre paiement.

11. Votre logeur (logeuse) reconnaît son erreur.

12. Il (elle) persiste, ne reconnaît pas son erreur.

14. Vous devez repayer.

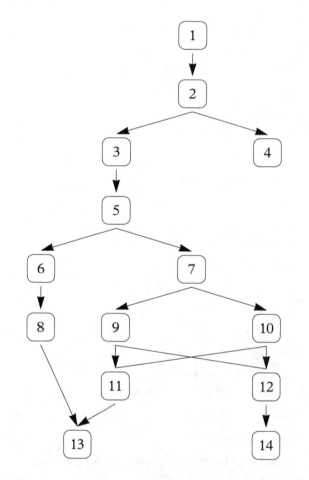

À l'aide du schéma, retrouvez toutes les possibilités de déroulement du dialogue.

Exemple : 1 – 2 – 3 – 5 – 6 – 8 – 13.

42 **Reportez-vous au schéma de l'activité n° 41. Choisissez deux « parcours » (déroulements du dialogue). Dites ce qui se passe à chaque « étape ».**

Exemple : 1 – 2 – 4.

    1. Mon logeur (ma logeuse) me réclame le loyer.

    2. Je réponds calmement que j'ai déjà payé. Je donne une précision.

    4. Il (elle) s'excuse et j'en suis content(e).

43 Reportez-vous au schéma et aux « étapes » de l'activité n° 41. Pour exprimer chaque « étape » du dialogue, quelle(s) expression(s) peut (peuvent) convenir ?

1. Vous répondez calmement :
   a. ☐ Mais vous êtes fou !
   b. ☐ Je pense que vous faites erreur !
   c. ☐ C'est inadmissible !

2. Vous répondez en colère :
   a. ☐ Vous voulez rire ?
   b. ☐ Pourquoi pas ?
   c. ☐ Il n'en est pas question !

3. Il (elle) insiste :
   a. ☐ Non, non, je n'ai rien reçu !
   b. ☐ Je me trompe peut-être…
   c. ☐ Mais je vous dis que non !

4. / 13. Il (elle) s'excuse :
   a. ☐ N'insistez pas, c'est non !
   b. ☐ Je vous prie de m'excuser !
   c. ☐ Je dois faire erreur…

Vous exprimez votre satisfaction :
   a. ☐ Vous me rassurez ! Merci !
   b. ☐ Ça m'ennuie beaucoup !
   c. ☐ Ah, je préfère ça !

5. Vous répétez qu'il (elle) se trompe :
   a. ☐ Vous êtes bien sûr(e) de ce que vous dites ?
   b. ☐ Je pense que vous vous trompez.
   c. ☐ Je vous assure que j'ai payé !…

6. Vous assurez que vous avez une preuve écrite :
   a. ☐ Vous savez, j'ai une preuve…
   b. ☐ Croyez-moi, j'ai une preuve…
   c. ☐ Bien sûr, j'ai une preuve…

7. Vous regrettez :
   a. ☐ Quelle chance ! Je n'ai pas de preuve !
   b. ☐ Malheureusement, je n'ai pas de preuve !
   c. ☐ C'est dommage, je n'ai pas de preuve !

8. Vous montrez votre preuve :
   a. ☐ Tenez, regardez mon chéquier !
   b. ☐ C'est bien votre reçu, non ?
   c. ☐ Vous n'avez pas vu mon reçu ?

9. Vous lui rappelez les circonstances :
   a. ☐ Rappelez-vous, je vous ai payé(e) le 30 !
   b. ☐ Vous ne vous souvenez pas ? Je vous ai payé(e) le 30 !
   c. ☐ Vous n'avez pas oublié ? Je vous ai payé(e) le 30 !

10. Vous avez un (des) témoin(s) :
   a. ☐ Je crois qu'il n'y avait personne !
   b. ☐ Attendez ! Madame Blanc était là aussi !…
   c. ☐ Il y avait aussi votre autre locataire…

11. Il (elle) reconnaît son erreur :

    a. ☐ En effet, vous avez raison.

    b. ☐ Je crois bien que je ne me suis pas trompé(e) !

    c. ☐ Mais non, pas du tout, vous avez tort !

12. Il (elle) persiste :

    a. ☐ Après tout, je dois faire erreur…

    b. ☐ Non, je maintiens ce que je dis !

    c. ☐ Je ne me trompe jamais !

14. Vous devez repayer :

    a. ☐ Bon, eh bien je paierai ! …

    b. ☐ Tant pis ! S'il faut payer…

    c. ☐ Vous ne pensez pas que je vais payer ?

44 Vous avez donné un vêtement à nettoyer. Il a rétréci, il est devenu trop court et trop étroit ! Vous demandez une indemnisation, une certaine somme pour acheter un autre vêtement. Observez le schéma suivant. Complétez-le.

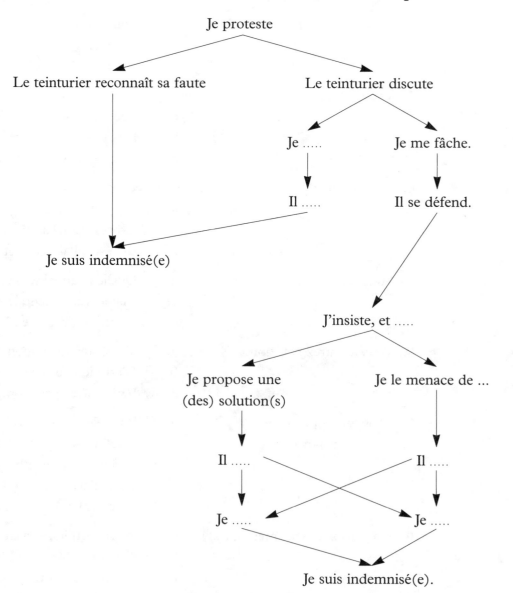

45 Vous devez faire un cadeau à une personne que vous connaissez peu. Vous interrogez un de ses amis. Observez le schéma suivant. Complétez-le.

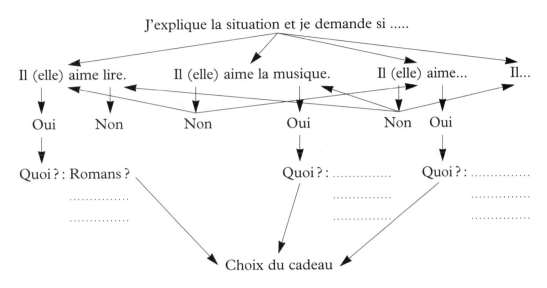

46 Choisissez une possibilité de déroulement de dialogue pour le schéma de l'activité n° 45. Proposez un dialogue.

47 Vous avez réservé une chambre avec vue sur la mer pour une semaine de vacances. On vous donne une chambre avec vue sur le jardin. Imaginez toutes les possibilités de situations. Représentez-les à l'aide d'un schéma général.

48 Complétez le dialogue suivant.
Pour vous aider, lisez toutes les répliques avant et réfléchissez :
• Est-ce que c'est une conversation en face à face ?
• Retrouvez les excuses de Claude.
• Sur quel ton parle-t-il probablement ?

Chez un professeur :

– ....

– Oui. Bonjour Claude. Je vous ai demandé de m'appeler parce que ça ne va pas ! Ça ne peut pas continuer !

– ....

– Mais vous le savez bien ! Je n'ai pas encore reçu votre travail !

– ....

– Qu'est-ce que vous avez eu ?

– ....

– Et à cause d'un petit rhume vous n'avez rien fait ?

– ....

– Vous l'envoyez demain ? C'est sûr ? Je l'attends déjà depuis trois semaines !...

– ....

– Bon, admettons... Mais dites-moi, pourquoi est-ce que vous ne venez pas régulièrement en cours ?

– ....

– Non, je ne savais pas ! Et qu'est-ce que vous faites dans ce supermarché ?

– ....

– Vous allez travailler longtemps à la caisse ? Votre remplacement se termine quand ?

– ....

– C'est bien. Et ce que vous avez gagné va suffire pour terminer votre année ?

– ....

– Alors c'est parfait ! J'espère qu'après votre diplôme vous trouverez vite du travail ! Au revoir Claude. À bientôt !

– ....

49 **Complétez le dialogue suivant.**
Pour vous aider, lisez toutes les répliques avant et réfléchissez :
• **Bangkok est la capitale de quel pays ?**
• **Comment y va-t-on ?**
• **Quelles précisions peut-on demander sur : le voyage ? les formalités ?**

À l'agence de voyages :

– Monsieur, vous désirez ?

– ....

– En ce moment nous avons une promotion intéressante : trois jours à Bangkok et un circuit de huit jours dans le nord.

– ....

– Bien sûr ! Tenez, vous voyez ? Nous proposons différents circuits vers l'est et le Cambodge, l'ouest et le Myanmar ou encore le sud et ses magnifiques plages. Il y a beaucoup de possibilités.

– ....

– Le vol aller-retour et le séjour en demi-pension. Les excursions sont en plus. Vous voyagez seul ?

– ....

– Dans ce cas le logement en chambre double est moins cher. Mais, je regrette, il n'y a pas de formule en pension complète.

– ....

A1 • ÉPREUVE ORALE 2

– Non, le vol est en général direct. Il dure une dizaine d'heures.

– ....

– Si vous restez moins de quinze jours, il n'est pas nécessaire. Mais pour un long séjour il faut un visa.

– ....

– Il vaut mieux prendre quelque chose contre le paludisme. Surtout si vous allez dans le sud.

– ....

– Parlez-en avec elle ! Tenez, prenez ces catalogues. Cela vous aidera.

– ....

– À bientôt, monsieur.

50 **Complétez le dialogue suivant.**
Pour vous aider, lisez toutes les répliques avant et réfléchissez :
• De quel appareil s'agit-il ?
• Le vendeur connaît-il le client ?
• Quel est le ton du client ? Est-il content ?

Dans un magasin :

– Bonjour monsieur. Vous désirez ?

– ....

– Je ne sais pas s'il est réparé. Je vais demander.

– ....

– Il y a une semaine ? Oh, c'est sans doute fait ! Qu'est-ce qui n'allait pas ? L'image ?

– ....

– Un moment. J'appelle l'atelier… Jacques ? Où en est l'appareil de monsieur Courtois ?… Oui… Oui… Bien… Je vais lui expliquer…

– ....

– Non, je regrette. Ils ont regardé mais ils n'ont pas eu le temps de le réparer parce que…

– ....

– Excusez-nous. Mais… ce n'est pas notre faute. Nous venons de recevoir la pièce ce matin seulement.

– ....

– Eh bien… après-demain, je pense.

– ....

– Si vous voulez, pour vous dépanner nous pouvons vous en prêter un.

– ....

– Bien sûr ! Vous rentrez chez vous tout de suite ? Quelle est votre adresse, s'il vous plaît ?

– ....

– Nous y allons immédiatement.

– ....

– Au revoir monsieur… Et excusez-nous encore !

51 **Complétez le dialogue suivant.**
Pour vous aider, lisez toutes les répliques avant et réfléchissez :
• **Quel(s) type(s) de travail font les étudiants en été ?**
• **Où est-ce qu'ils trouvent plus facilement du travail ?**

Chez les Sylvestre :

– Tu sais, je voudrais bien trouver un petit boulot pour cet été…

– ....

– Deux mois. Trois si c'est possible !

– ....

– Même jusqu'à fin septembre… Comme ça j'ai encore trois ou quatre semaines
de vacances avant de reprendre mes cours.

– ....

– Je n'aime pas beaucoup m'occuper des enfants… Et en groupe… Je crois bien qu'il
faut un diplôme pour ça !

– ....

– Pour distribuer le courrier ? Pourquoi pas ? Mais il faut demander longtemps à
l'avance… C'est peut-être trop tard ?

– ....

– Tu crois qu'ils cherchent quelqu'un pour le travail à la chaîne ? C'est sans doute toute
la journée, non ? Je voudrais quelque chose qui me laisse un peu de temps libre…

– ....

– Après tout ?… C'est un peu spécial… mais cela ne me dérange pas ! Tu sais à quelle
heure est le ramassage des ordures ?

– ....

– Ça oblige à se lever tôt, mais après j'ai toute la journée pour moi ! Tu as beaucoup
d'idées ! Tu penses à autre chose ?

– ....

– Ah ça, j'aimerais bien ! Et puis je connais la ville par cœur. L'Office du tourisme a beaucoup de travail en été !

– ....

– C'est exact ! Qu'est-ce que je risque ? Ça serait bien !... Avec mes études d'histoire... Et un guide a des pourboires... Merci Jean-Paul. Tu m'as donné de bonnes idées !

52 🔲 **Une candidate a, comme sujet de dialogue simulé, le sujet suivant :** *Votre logeuse vous demande de passer la voir. Elle veut augmenter votre loyer.*

a. Avant d'écouter le dialogue, cherchez :
   1. quelles peuvent être les raisons de la logeuse ;
   2. quels arguments, quelles explications peut donner la locataire pour ne pas payer l'augmentation.

b. Écoutez attentivement le dialogue une première fois et dites :
   1. quelles sont les raisons données par la logeuse ;
   2. si la logeuse augmente le loyer.
   3. Si oui, quelle est l'augmentation ?

c. Écoutez de nouveau le dialogue jusqu'à : «Je prends sa douche».
   1. Quelle est la première raison donnée par la logeuse ?
   2. Quelle est la réponse de la locataire ?
   3. Vous jugez cette réponse :
      ☐ mauvaise ?   ☐ assez bonne ?   ☐ bonne ?   ☐ excellente ?
   4. Quelle(s) autre(s) réponse(s) étai(en)t possible(s) ?

d. Écoutez la suite du dialogue jusqu'à : «je paie».
   1. Quelle est la deuxième raison donnée par la logeuse ?
   2. La raison de la locataire vous semble :
      ☐ mauvaise ?   ☐ assez bonne ?   ☐ bonne ?   ☐ excellente ?
   3. Vous pensez qu'il existe une meilleure réponse ?
   4. Si oui, laquelle ?

e. Écoutez la fin du dialogue :
   1. Quels sont les reproches de la logeuse ?
   2. Est-ce que la locataire est d'accord ?
   3. Qu'est-ce qu'elle propose ?
   4. Est-ce que la logeuse accepte ?
   5. À votre avis qu'est-ce que la locataire pouvait dire pour se défendre, pour ne pas payer l'augmentation ?

f. Comment est-ce que vous jugez les réactions de la candidate ?
   1. ☐ Lentes ?   ☐ Rapides ?
   2. ☐ Mauvaises ?   ☐ Assez bonnes ?   ☐ Bonnes ?   ☐ Très bonnes ?

g. Pensez-vous que la candidate :

    1. a su communiquer ce qu'elle voulait dire ?

      – Est-ce qu'elle a bien compris le sujet du dialogue ?

      – Est-ce qu'elle a su trouver les mots qui convenaient ?

      – Est-ce qu'elle a su bien réagir, répondre, aux questions de la « logeuse » ?

    2. s'est exprimée de façon satisfaisante en ce qui concerne :

      – l'intonation et la prononciation ?

      – la grammaire ?

---

53 🔊 **Une candidate a, comme sujet de dialogue simulé, le sujet suivant :**
Au restaurant, le serveur (la serveuse) ne vous apporte pas assez vite votre repas. Vous protestez.

a. Avant d'écouter le dialogue, cherchez :

    1. pour quelle(s) raison(s) le serveur (la serveuse) n'apporte pas vite le repas ;

    2. quelle(s) peut (peuvent) être la (les) réaction(s) de la cliente.

b. Écoutez attentivement le dialogue une première fois et dites :

    1. quelle est la nationalité de la cliente ?

    2. pourquoi est-ce que la cliente ne peut pas avoir le plat du jour ?

    3. qu'est-ce qu'elle choisit à la place ?

    4. qu'est-ce qu'elle va manger finalement ?

c. Écoutez de nouveau le dialogue jusqu'à : « je peux changer de... ».

    1. À votre avis, pourquoi est-ce que la cliente ne dit pas tout de suite ce qu'elle a choisi à la place du plat du jour ?

    2. Est-ce que vous jugez que la cliente est :

      ☐ polie ?   ☐ impolie ?   ☐ gentille ?   ☐ trop gentille ?

    3. Est-ce qu'elle a raison de dire « désolée » ? Normalement, qui doit être désolé ?

    4. Qu'est-ce que la cliente peut dire, faire, pour être plus vite servie ?

d. Écoutez la suite du dialogue jusqu'à : « ce n'est pas bon pour moi ».

    1. Pourquoi la cliente est-elle pressée ? Quelles sont les deux raisons qu'elle donne ?

    2. Est-ce que ces raisons sont bonnes ?

    3. Alors pourquoi est-ce que la serveuse insiste encore ?

    4. Comment la cliente donne-t-elle les deux raisons ?
       Qu'est-ce qu'elle dit ?

    5. Pour être mieux écoutée par la serveuse, comment pouvait-elle donner, dire, ces deux raisons ?

e. Écoutez la fin du dialogue.

    1. Est-ce que la cliente

– reste toujours calme ?	oui ☐	non ☐
– va vite manger ?	oui ☐	non ☐
– a raison de rester calme et polie ?	oui ☐	non ☐

2. Pourquoi, à votre avis, la serveuse accepte-t-elle de changer le plat ?

Parce que :

☐ elle est pressée ?

☐ la cliente continue de refuser ?

☐ la cliente reste toujours polie ?

☐ c'est son travail, elle doit accepter ?

f. Comment jugez-vous les réactions de la candidate ?

1. ☐ Lentes ? ☐ Rapides ?

2. ☐ Mauvaises ? ☐ Assez bonnes ? ☐ Bonnes ? ☐ Très bonnes ?

g. Pensez-vous que la candidate :

1. a su communiquer ce qu'elle voulait dire ?

– Est-ce qu'elle a bien compris le sujet du dialogue ?

– Est-ce qu'elle a su trouver les mots qui convenaient ?

– Est-ce qu'elle a su bien réagir, répondre, aux questions de la « serveuse » ?

2. s'est exprimée de façon satisfaisante en ce qui concerne :

– l'intonation et la prononciation ?

– la grammaire ?

54 🔲 **Un candidat a, comme sujet de dialogue simulé, le sujet suivant :** *Vous allez chercher un pantalon à la teinturerie, mais vous avez perdu le ticket.*

a. Avant d'écouter le dialogue, cherchez :

1. ce que peut dire, ce que peut faire l'employée de la teinturerie si un client n'a pas de ticket.

2. ce que peut dire, ce que peut faire le client pour obtenir son pantalon.

b. Écoutez attentivement le dialogue une première fois.

1. Pourquoi l'employée ne donne-t-elle pas le pantalon au client ? Quelle est la principale raison ?

2. Est-ce que l'employée cherche à aider le client ?

3. Est-ce que le client trouve les justifications : seul ? grâce à l'employée ?

c. Écoutez le début du dialogue jusqu'à : « il est jean ».

1. Est-ce que le client dit :

– où et quand il croit avoir perdu le ticket ?

– pourquoi il a besoin du pantalon ?

2. Qu'est-ce qu'il pourrait dire ?

3. Est-ce que le client donne des indications suffisantes sur son pantalon ? Qu'est-ce qu'il dit ? Qu'est-ce qu'il pourrait dire ?

d. Écoutez la suite du dialogue jusqu'à : « rien ».

1. Est-ce que l'employée de la teinturerie cherche à aider le client ?

2. Comment ?

3. Est-ce que le client le comprend ? Est-ce qu'il donne plus d'indications, de précisions sur son pantalon ?

4. Est-ce que le client/candidat accepte de rentrer dans le jeu de l'employée/examinatrice ?

e. Écoutez la fin du dialogue.

1. Est-ce que le client donne de lui-même des précisions, des preuves pour obtenir son pantalon ?

2. Il réussit à obtenir son pantalon parce que :
   ☐ il a pensé à donner toutes les précisions nécessaires.
   ☐ il a bien su répondre aux questions de l'employée.
   ☐ l'employée l'a aidé à donner des précisions, des preuves.

f. Comment est-ce que vous jugez les réactions du candidat ?

1. ☐ Lentes ?   ☐ Rapides ?

2. ☐ Mauvaises ?   ☐ Assez bonnes ?   ☐ Bonnes ?   ☐ Très bonnes ?

g. Pensez-vous que le candidat :

1. a su communiquer ce qu'il voulait dire ?
   ☐ Est-ce qu'il a bien compris le sujet du dialogue ?
   ☐ Est-ce qu'il a su trouver les mots qui convenaient ?
   ☐ Est-ce qu'il a su bien réagir, répondre, aux questions de l'« employée » ?

2. s'est exprimé de façon satisfaisante en ce qui concerne :
   – l'intonation et la prononciation ?
   – la grammaire ?

Épreuve écrite 1

55 François Delarue sera seul demain : sa femme Isabelle va à Paris et ne rentre qu'à 19 h 30. Il note tout ce qu'il doit faire avant ou après le travail.

    a. Passer à la banque avant 16 h 30.

    b. Laisser la voiture au garage pour la révision des 5 000 km.

    c. Déjeuner rapide avec Leclerc.

    d. Déposer les enfants à l'école.

    e. Aller chercher Isabelle à la gare.

    f. Faire les courses pour le dîner pendant ce temps.

    g. Téléphoner à Michel dans la soirée.

    h. Conduire Anne à son cours de danse (18 h - 19 h).

    i. Retourner au garage prendre la voiture.

    j. Aller chercher les enfants à l'école.

Classez les différentes activités de François Delarue dans l'ordre chronologique.

1. .....   2. .....   3. .....   4. .....   5. .....   6. .....   7. .....   8. .....   9. .....   10. .....

56 Racontez tout ce que François Delarue va faire.

....

....

....

57 Il est 18 h 15. Racontez ce que François Delarue fait maintenant, ce qu'il a fait avant, ce qu'il va faire ensuite.

....

....

....

58 Observez ces dessins :

 a.

 b.

 c.

 d.

e.

Classez-les
dans l'ordre chronologique.

1. .....

2. .....

3. .....

4. .....

5. .....

Sempé, *Vaguement compétitif*,
© Denoël.

59 Vous êtes la vieille dame au moment de la dernière image. Vous racontez l'histoire de votre voisine et sa situation actuelle. Vous imaginez son avenir.

60 Lisez l'article suivant :

Ils achètent la maison et trouvent un magot* dans le matelas

Un jeune couple qui aménageait à Quimperlé (Finistère) une maison récemment achetée après le décès, il y a quelques mois, de l'ancien propriétaire, a eu la surprise de découvrir 880 000 F cachés dans un matelas. Les héritiers du vieux monsieur, ses frères et sœurs, après avoir pris quelques meubles, avaient décidé de vendre la maison avec le mobilier restant. Alerté par le jeune couple, le notaire leur a révélé cet héritage inattendu. ■■■

* Magot : grosse somme d'argent.

Libération (09/09/96).

A1 • ÉPREUVE ÉCRITE 1

Il y a plusieurs personnages dans cet article :
a. le jeune couple   b. le vieux monsieur   c. les héritiers   d. le notaire
Reclassez dans l'ordre chronologique les événements racontés. Dites à quels personnages ils correspondent (a/b/c/d) :
– *aménager la maison – acheter une maison – décéder – découvrir 880 000 F – cacher 880 000 F – prendre quelques meubles – décider de vendre la maison – alerter le notaire – révéler l'héritage.*

1. ....

2. ....

3. ....

4. ....

5. ....

6. ....

7. ....

8. ....

9. ....

61 La jeune femme écrit à une amie pour lui raconter ce qui s'est passé. Complétez cette lettre.

Quimperlé, le 10 septembre

Chère Karine,

Je vais te raconter une histoire vraiment extraordinaire ! Il y a un mois .....

....

....

....

Maintenant ....

....

J'espère que tu viendras bientôt nous voir.

Nous ....

....

....

FROID, TEMPÊTE ET ALTITUDE

Sauvés du froid

SAINT-FRANÇOIS-LONGCHAMP (Savoie). – «Dieu, merci, vous voilà» : c'est par ces mots qu'une skieuse allemande, bloquée avec sept compatriotes depuis plus de quarante heures dans une tempête de neige au-dessus de Valmorel (Savoie), a accueilli le premier sauveteur, hélitreuillé.

Lundi, vers 16 heures 30, une avalanche a surpris le groupe, parti en hors-piste sous la conduite d'un accompagnateur. Les skieurs, âgés de moins de 35 ans et originaires de Düsseldorf, ont pu se dégager, mais, devant le risque de nouvelles coulées de neige, sont restés là-haut, à 2 500 m d'altitude, tandis que l'accompagnateur descendait donner l'alerte. Puis la tempête s'est levée. Les secouristes les ont retrouvés sains et saufs, ne souffrant que de quelques gelures et de déshydratation.

Finalement rejoints hier, vers 4 heures du matin, par les sauveteurs, les skieurs, dont une femme, ont été emportés trois fois par des coulées de neige.

Ils ont creusé un trou dans la neige, se sont serrés les uns contre les autres, pour se réchauffer et se réconforter.

À la faveur d'un bref répit, une sortie a été tentée en hélicoptère. Seul l'hélicoptère pouvait permettre de tirer les skieurs prisonniers de la paroi.

© AFP (15/02/96).

a. Relevez les événements / actions dans l'ordre de l'article.

Exemple : Une skieuse a accueilli le premier sauveteur.

b. Remettez ces événements dans l'ordre chronologique.

63 À l'hôpital la skieuse raconte ce qui s'est passé.
Que fait-elle maintenant ? Que va-t-elle faire ensuite ?

64 **a.** Dans un programme de voyage, on trouve souvent les noms suivants :
envol – départ – installation – retour – promenade – arrêt – découverte – continuation – visite – embarquement – arrivée – traversée.
Retrouvez les verbes qui correspondent aux noms.

Exemple : envol → s'envoler.

....

....

....

b. Pour d'autres noms il n'y a pas de verbe correspondant. On associe un nom à un verbe. À quel verbe associez-vous : *étape – nuit – spectacle – après-midi de détente – tour (de la ville) – repas – concert.*

Exemple : excursion → faire une excursion.

....

....

....

65 Observez le programme suivant :
Nous sommes le quatrième jour du voyage. Racontez ce que vous avez déjà fait, ce que vous faites ce jour-là et ce que vous allez faire.

NUITS BLANCHES À SAINT-PÉTERSBOURG
DU 16 AU 20 JUIN

1er jour : Paris / Saint-Pétersbourg.
Envol à destination de Saint-Pétersbourg.
À votre arrivée, transfert et installation à l'hôtel.

2e jour : Saint-Pétersbourg.
Le matin, vaste tour de ville pour découvrir l'admirable ensemble architectural de Saint-Pétersbourg : la place du Palais d'Hiver, l'Amirauté, la perspective Nevski bordée de palais, d'églises… Visite du musée d'Art russe, qui offre un panorama complet de toutes les écoles russes du XIIIe au XVIIe siècle.

3e jour : Saint-Pétersbourg.
Visite du musée de l'Ermitage : un voyage extraordinaire à travers les chefs-d'œuvre de la peinture flamande, espagnole, italienne et française… Découverte de la forteresse Pierre-et-Paul, la cathédrale et les tombeaux impériaux de Pierre le Grand à Alexandre III et visite de la somptueuse cathédrale Saint-Isaac, construite au XIXe siècle par l'architecte français Auguste de Montferrand. En soirée, spectacle (opéra, ballet ou concert).

4e jour : Saint-Pétersbourg.
Excursion à Pavlovsk, la résidence du tsar Paul Ier. Un lieu superbe par son raffinement, la sûreté de son goût, l'harmonie des tons. Arrêt à Pouchkine, la résidence d'été de Catherine. Visite du palais Youssoupov, où fut assassiné Raspoutine. Concert privé dans la salle de musique. Le soir, dîner traditionnel au club des Architectes.

5e jour : Saint-Pétersbourg / Paris.
Transfert à l'aéroport et envol pour Paris.

---

66 La presse régionale a beaucoup parlé du nouveau lycée Alexandre-Vialatte à Clermont-Ferrand. Voici les titres des différents articles. Reclassez-les dans l'ordre chronologique.

...) Étude des différents projets.

...) Début des travaux.

...) Rentrée scolaire au lycée Alexandre-Vialatte.

...) Grave accident pendant les travaux.

...) Inauguration.

...) Décision de construire un nouveau lycée.

...) Choix du projet.

...) Fin de la première tranche des travaux.

...) Poursuite des travaux. Début de la deuxième tranche.

...) Reprise du chantier et achèvement.

67 Nous sommes le 1er septembre 1997, à la veille de l'inauguration. L'article du journal rappelle ce qui s'est passé et évoque aussi l'avenir du nouveau lycée. Écrivez cet article.

68 Complétez ce texte avec des expressions de lieu.

La Nouvelle-Zélande est située .... Océanie, ... le quart sud-ouest de l'océan Pacifique, ... 20 000 km .... l'Europe et .... 2 000 km .... sud-est .... l'Australie. D'une superficie de 270 000 km carrés, l'archipel s'étend .... 1 500 km .... nord .... sud. Il compte de nombreuses îles, dont deux principales. L'île .... Nord abrite les deux principales villes du pays : Auckland, ... nord-ouest, et Wellington, la capitale, ... sud. L'île .... Sud est traversée par une chaîne de montagnes qui culmine .... mont Cook .... 3 764 mètres. La population s'est installée principalement .... côtes. Leur relative étroitresse – .... Nouvelle-Zélande on n'est jamais .... plus de 120 kilomètres .... l'océan – fait que le pays est sous l'influence d'un climat océanique tempéré.

69 Complétez le texte avec les expressions de temps suivantes : *vendredi – en – d'abord – puis – au moment de – après – en – chaque année – à l'âge de.*

PANINI : VIGNETTES SANS PÈRE

MODÈNE.

L'industriel italien Giuseppe Panini, fondateur des « figurines Panini », est mort ...., ... 71 ans, victime d'une crise cardiaque.

Giuseppe Panini, collectionneur passionné, a lancé ses « figurines », des petites vignettes autocollantes représentant des joueurs de football, ... 1961. Elles ont connu un succès immédiat auprès des enfants.

.... cantonné aux joueurs de la Péninsule, Giuseppe Panini a étendu son empire sur toute l'Europe. .... les figurines Panini se sont intéressées aux « hommes illustres », « aux merveilles de la Terre » et aux succès télévisés.

.... la vente de sa société au groupe Maxwell, Panini vendait .... environ 700 millions de figurines. .... 1988, l'empire Panini a périclité. Vendu à un groupe d'industriels milanais, Panini a été racheté .... 1994 par le groupe Marvel, leader mondial des articles pour jeunes.

© AFP (20/10/96).

---

70 *Drôles d'animaux.* Complétez chacun des deux articles à l'aide des expressions de temps et de lieu proposées.

Article *Un sanglier sans tactique* :
parmi – dans les parages – à – finalement – pendant – jusque dans – jeudi soir – ensuite – alors – vendredi – sur – pendant.

UN SANGLIER SANS TACTIQUE

VARSOVIE.

Un sanglier a fait le siège .... plusieurs heures d'un commissariat de police .... Lublin, à l'est de la Pologne, en semant la panique .... les fonctionnaires.

Arrivé .... du commissariat .... , l'animal a creusé des trous dans le gazon et léché les voitures de police. Poursuivant les gardiens de la paix .... le bâtiment, il a cassé une porte vitrée, mais n'a pu traverser une grille, fermée à temps.

.... , il a élu domicile .... le parking, reniflant les voitures volées retrouvées par la police.

Le sanglier devait s'attaquer .... à une maison voisine, où il a mordu un chien et empêché la propriétaire, effrayée, de sortir .... plusieurs heures.

.... abattu .... par deux chasseurs, il devait être examiné par un vétérinaire pour vérifier s'il n'avait pas la rage.

© AFP (20/10/96).

Article *Bouchon bœuf*:
puis – sur – pendant que – entre... et – finalement – sur – lundi à l'aube.

BOUCHON BŒUF
Une vache provoque la panique sur l'autoroute

BESANÇON.

Une vache montbéliarde particulièrement nerveuse a provoqué une belle panique et trois kilomètres de bouchon, ... l'autoroute A36, ... Besançon .... Montbéliard (Doubs). La vache avait franchi, ... , une clôture de plus d'un mètre, ... la glissière de sécurité, pour se retrouver .... la voie de droite, où elle a parcouru plusieurs kilomètres.

.... la brigade d'intervention essayait en vain de la maîtriser, des routiers ont bloqué la circulation, provoquant un bouchon de trois kilomètres. Des pompiers sont arrivés en renfort, accompagnés d'un vétérinaire, qui a calmé la vache à l'aide d'une injection hypodermique. Le bovin a .... été coincé sur une aire de repos et les gendarmes ont réussi à lui passer un lasso autour du cou.

© AFP (17/10/96).

71 Dans ces deux articles et dans le précédent (*Vignettes sans père*), quels sont les mots qui marquent l'ordre des actions ?
Utilisez-les pour compléter le texte suivant.

Dimanche dernier, mes cousins ont voulu visiter le campus universitaire.

.... , je leur ai montré la faculté des Lettres, où j'ai étudié,

.... nous sommes allés voir la nouvelle école de commerce ;

.... nous sommes passés devant le Théâtre universitaire ;

.... nous avons vu le Centre d'enseignement des langues.

72 Complétez avec des expressions de temps et de lieu la biographie de François Mitterrand.

François Mitterrand est mort lundi .... Paris .... 79 ans. Il est

né .... 1916 .... Jarnac (Charente) .... une famille aisée

et catholique. .... 1934 il entame .... Paris des études de droit et

de sciences politiques.

.... de la guerre, ... 1940, François Mitterrand devient

fonctionnaire .... le gouvernement du maréchal Pétain .... Vichy.

.... 1943, il change de camp et s'engage dans la Résistance. ....

la guerre, ... 1945, il rejoint la gauche. Il entame .... une longue

carrière politique en devenant, ... 30 ans, député de la Nièvre.

Quand .... 1981 il est élu président de la République, c'est la première fois

.... la Ve République que la France a un chef d'État socialiste. Il est réélu

.... 1988. .... ses deux septennats, François Mitterrand a beaucoup

fait évoluer la politique.

73 À partir des notes suivantes, écrivez la biographie de Picasso.

1881	→	Naissance à Malaga (Espagne). Père professeur à l'école des Beaux-Arts.
1891-1895	→	Séjour à La Corogne et premières œuvres.
1896-1899	→	Séjours à Barcelone et Madrid. Développe sa connaissance des maîtres anciens et de l'art moderne français.
1900	→	Première expérience parisienne.
1904	→	Après une dernière période barcelonaise, installation définitive en France.
1907	→	Peinture des *Demoiselles d'Avignon* et découverte de l'art africain au musée du Trocadéro.
1908-1914	→	Années cubistes. Développement d'une démarche expérimentale. Chef de file avec Braque du mouvement cubiste.

1914-1918	→	Création d'un ballet, *Parade*, avec Cocteau et Diaghilev. Rencontre de la danseuse russe Olga Khokhlova. Mariage.
1928-1929	→	Premières sculptures en fer.
1937	→	Peinture de *Guernica* en hommage à la République espagnole.
1944	→	Adhésion au Parti communiste.
1947	→	Installation dans le Midi.
1966	→	Rétrospective au Grand Palais.
1967	→	Refus de la Légion d'honneur.
1973	→	Décès à Mougins.

74 **Pour enrichir un récit, on peut détailler une action. Par exemple, « assister à un spectacle à l'Opéra » peut être détaillé, développé ainsi :**

Nous nous sommes préparés. Nous sommes partis en voiture avec .... Nous sommes arrivés un peu en avance. Nous avons rejoint nos places. L'orchestre s'est installé. Le spectacle a commencé. ....

Pendant l'entracte ....

À la fin du spectacle on a beaucoup applaudi ....

À votre tour, détaillez de la même manière :
a. « Transfert à l'hôtel »
Vous pouvez penser :
– à l'arrivée à l'aéroport (atterrissage – bagages – formalités) ;
– au trajet en car ;
– à l'arrivée à l'hôtel (fiches – clés – installation – rendez-vous avec le guide).
b. « Achat d'une maison »

75 **Pour préciser un nom, on peut ajouter différents adjectifs. Pour chacun des noms ci-dessous, séparez les adjectifs de sens positif et ceux de sens négatif.**

a. Un voyage peut être : *agréable – fatigant – pénible – rapide – long.*

positif : ....

négatif : ....

b. Un repas peut être : *excellent – copieux – médiocre – mauvais – bon – raffiné – gastronomique – délicieux.*

positif : ....

négatif : ....

c. Des compagnons de voyage, des voisins, des personnes en général peuvent être : *bavards – charmants – sympathiques – ennuyeux – discrets – agréables – bruyants – antipathiques.*

positif : ....

négatif : ....

76 Parmi les adjectifs proposés, choisissez ceux qui conviennent pour qualifier aussi bien : une ville, un monument, un paysage ou un spectacle.
Relevez ensuite le ou les adjectif(s) qui ne convient (conviennent) pas pour décrire : une ville, un monument, un paysage ou un spectacle.
Beau – animé – varié – magnifique – bien (ou mal) restauré – bien (ou mal) conservé – bien (ou mal) entretenu – coloré – pittoresque – intéressant – extraordinaire – ancien – ennuyeux – splendide – moderne – récent.

    a. Adjectifs qui conviennent pour décrire :

        – une ville : ....

        – un monument : ....

        – un paysage : ....

        – un spectacle : ....

    b. Adjectifs qui ne conviennent pas pour décrire :

        – une ville : ....

        – un monument : ....

        – un paysage : ....

        – un spectacle : ....

77 Trouvez des adjectifs, positifs ou négatifs, qui pourraient qualifier :

un hôtel : ....

....

une conversation ou une soirée : ....

....

78 De Vichy, vous êtes allé à Lyon pour un week-end : *Tout s'est très bien passé.*
Complétez le texte avec les adjectifs qui conviennent.

Le voyage en autocar a été .... J'ai regardé le ....

paysage et bavardé avec mon voisin, un jeune homme ....

Arrivés à Lyon, nous avons fait un tour de la ville. Elle est .... avec

ses rues .... et les deux cours d'eau qui la traversent.

Nous avons déjeuné dans un restaurant .... On nous a servi un

repas .... ; le service était .... et la conversation

à notre table ....

Après le déjeuner, nous avons visité le .... musée gallo-romain.

Et le soir nous avons assisté à un spectacle .... à l'Opéra, qui est

.... Notre hôtel était ....

79 Au contraire, pour un autre voyageur, *tout s'est mal passé!* Reprenez le même récit mais changez les adjectifs.

80 *Histoire du Louvre.*
Complétez le texte en choisissant chaque fois l'expression de temps qui convient.

d'abord – avant de – après	Avant de devenir un musée, le Louvre a été un palais royal
pendant – en – depuis	.... des siècles.
avant – d'abord – déjà	C'était .... une forteresse construite sous le règne
	de Philippe Auguste.
au – le – en	.... XVIᵉ siècle, François Iᵉʳ a fait abattre cette forteresse
puis – finalement – ensuite	et construire à sa place un palais neuf qui a ....
	été agrandi par différents rois.
dans – depuis – il y a	C'est .... un peu plus de deux siècles, ...
à l'époque de – avant – en	la Révolution, que le Louvre est devenu un musée. La décision a été
depuis – à – en	prise .... 1791 par l'Assemblée, et ....
à – le – en	18 novembre 1793, pour la première fois, les Parisiens sont venus
à – après – depuis	visiter le nouveau musée. .... cette date, le Louvre
il y a – pendant – depuis	est toujours un musée mais il a beaucoup changé. ....
	très longtemps le musée n'a occupé qu'une partie des bâtiments
	de l'ancien palais, il cohabitait avec différentes administrations. Le
en – pendant – jusqu'en	ministère des Finances y est resté .... 1988, six
après – à l'époque de – à	ans .... l'annonce par F. Mitterrand de la création
	du Grand Louvre.
dans – en – pendant	.... moins de quinze ans, le Louvre a été
	considérablement transformé et agrandi. Les travaux seront terminés
finalement – jusqu'à – avant	.... la fin de notre siècle, ... très
pendant – il y a – dans	peu de temps.

81 Mettez une croix dans la case si la phrase est possible.

a. Avant hier, l'avion décollera. ☐   g. Tout à l'heure il aura soif. ☐
b. Demain, il a épousé sa voisine. ☐   h. Tout à l'heure il a soif. ☐
c. Hier, il détachera le chien. ☐   i. Tout à l'heure, il a eu soif. ☐
d. Demain, il grimpait à l'arbre. ☐   j. Ce matin, il plaisante. ☐
e. Ce soir, je termine à cinq heures. ☐   k. Hier après-midi, il jouera. ☐
f. Ce soir j'ai terminé à cinq heures. ☐   l. Il y a huit jours, il tombera. ☐

Mettez une croix dans la case si la phrase est possible.

a. Cent personnes ont été interrogées la semaine prochaine. ☐

b. Quand l'hiver arrive, il faisait froid. ☐

c. Quand le printemps arrivera, les feuilles pousseront. ☐

d. Ce matin un promeneur a aperçu un sanglier. ☐

e. Tous les soirs, en arrivant devant chez lui, il klaxonnait. ☐

f. L'hiver prochain nous avons skié sur des pistes noires. ☐

83 Observez cette histoire en images. Racontez : 1) ce que font les personnages à l'image n° 4, 2) ce qu'ils ont fait avant, 3) ce qu'ils vont faire ensuite.

84 Observez cette image. Qui est cet homme ? Imaginez : 1) ce qu'il a fait avant,
2) ce qu'il fait maintenant, 3) ce qu'il va faire ensuite.

85 Madame Lepage est maire de Saint-Sylvestre. Observez son agenda et racontez
sa semaine. Nous sommes le jeudi 19 novembre.

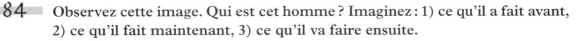

Épreuve écrite 2

86 Écrivez les dates.

Exemple : 08/10/96 → *le 8 octobre 1996*

a. 05/03/96 → ....

b. 20/07/97 → ....

c. 29/02/96 → ....

d. 15/08/97 → ....

e. 03/05/97 → ....

f. 11/12/97 → ....

g. 01/04/98 → ....

h. 24/09/96 → ....

i. 10/06/97 → ....

87 Pour son travail, Pierre a fait le tour des capitales de l'Union européenne. Écrivez les lieux et les dates des lettres envoyées à sa famille.

Exemple : Lisbonne : 15/05/96 → *Lisbonne, le 15 mai 1996*

a. Madrid : 18/05/96 → ....

b. Rome : 06/06/96 → ....

c. Vienne : 05/07/96 → ....

d. Berlin : 19/07/96 → ....

e. Helsinki : 10/08/96 → ....

f. Stockholm : 25/08/96 → ....

g. Copenhague : 08/09/96 → ....

h. Amsterdam : 19/09/96 → ....

i. Londres : 30/09/96 → ....

j. Dublin : 09/10/96 → ....

k. Athènes : 14/10/96 → ....

l. Bruxelles : 17/10/96 → ....

88 Pour écrire à : *son père* (a.), *des amis très proches* (b.), *un(e) collègue de bureau* (c.), *sa femme* (d.), *une petite fille* (e.), *son fils* (f.), *un(e) camarade d'université* (g.), quelle(s) formule(s) peut-on choisir ?
Plusieurs solutions sont parfois possibles.

1. *Ma chère Martine,*   5. *Cher papa,*   9. *Ma chère vieille,*
2. *Bonjour Éric,*   6. *Mon amour,*   10. *Mon chéri,*
3. *Ma chérie,*   7. *Très cher François,* 11. *Mon cher Alain,*
4. *Mon lapin,*   8. *Chers vous deux,*   12. *Bien chers amis,*

Exemple : **a.** *5.*

b. : .... c. : .... d. : .... e. : .... f. : .... g. : ....

89 Cochez la ou les formule(s) possible(s) si vous écrivez à :

a. votre meilleure amie
  1. ☐ Madame,   2. ☐ (Très) chère Françoise   3. ☐ Chère amie,

b. votre mari
  1. ☐ Mon chéri,   2. ☐ Mon amour,   3. ☐ Mon cher,

c. votre fille
  1. ☐ Ma chérie,   2. ☐ Ma puce chérie,   3. ☐ Mademoiselle,

d. une amie âgée
  1. ☐ Madame chérie,   2. ☐ Chère madame,   3. ☐ Chère amie,

e. votre mère
  1. ☐ Maman chérie,   2. ☐ Mère chère,   3. ☐ Ma petite mère chérie,

f. un(e) camarade de travail
  1. ☐ camarade Claude,   2. ☐ Cher Claude,   3. ☐ Bonjour Claude,

90 La formule de politesse est souvent brève. Quelle(s) formule(s) convient (conviennent) à qui ? Attention : plusieurs solutions sont parfois possibles.

a. Cordialement, ——————————┐
                               │
b. Avec toute mon affection,   │
   grosses bises,   │
                               │
c. Bien amicalement à toi,   │
                               │
d. Un gros câlin et gros bisous,│
                               ▼
e. Avec mes respectueuses salutations,

f. Je vous embrasse,

g. Avec mon bon souvenir,

1. une personne âgée
   que vous connaissez peu

2. un(e) ancien(ne) camarade

3. votre maman

4. un couple d'amis

5. un(e) collègue

6. votre enfant

7. un(e) ami(e)

91 Complétez ces formules de politesse à l'aide des mots proposés :

À – cher – adresse – bien – de – souvenir – chère – respect – embrasse – sentiments – recevez – salutations – veuillez.

1. *Veuillez* croire, (a) .... Madame, à mes (b) .... très amicaux,

2. (c) .... amicalement (d) .... vous,

3. Je vous (e) .... bien affectueusement,

4. (f) .... , cher collègue, mes cordiales (g) .... ,

5. Je vous (h) .... , cher ami, mon amical (i) .... ,

6. Je vous prie d'agréer, (j) .... Monsieur, l'expression (k) .... mon profond (l) .... ,

92 Associez la formule d'appel et la formule de politesse correspondante.

a. Mon chéri,   1. Je vous adresse mon cordial souvenir,

b. Chère Maman,   2. Nous vous envoyons nos amicales pensées,

c. Mon lapin,   3. Avec tout mon amour, je t'embrasse,

d. Cher Monsieur,   4. Je t'embrasse bien affectueusement,

e. Chère collègue et amie,   5. Recevez, cher Monsieur, mes meilleures salutations,

f. Ma chère Martine,   6. Gros bisous et à bientôt,

g. Bien chers amis,   7. Bien amicalement à toi,

93 Reconstituez les formules de politesse. Pensez à la majuscule et à la ponctuation.

Exemple : vous – affectueusement – embrasse – je – bien
→ *Je vous embrasse bien affectueusement.*

a. Monsieur – de – assuré – cher – bon – soyez – mon – souvenir

....

b. aux – vous – bises – à – enfants – et – grosses

....

c. chère – amicaux – croire – Madame – veuillez – sentiments – à – mes

....

d. t'– avec – mon – embrasse – toute – je – affection

....

e. amis – souvenir – je – très – mon – vous – amical – adresse – chers

....

f. vous – amitié – de – vous – embrassons – toute – adressons – nous – tout – et – cœur – notre

....

94 Observez ces deux lettres.
Quelles sont les erreurs de la lettre B ? Indiquez-les et corrigez-les.

LETTRE A

> Paris, le 15 janvier 1997
>
> Cher Pierre,
>
> J'ai bien reçu ta lettre et je suis ravie d'apprendre que tu vas bientôt te marier.
>
> Bien sûr, j'accepte ton invitation avec plaisir.
>
> Je suis très heureuse d'assister à ton mariage et à la fête que tu organises.
>
> À bientôt !
>
> Je t'embrasse affectueusement,
>
> Marie

LETTRE B

> A Paris le 15 Janvier 97
>
> cher Pierre
>
> j'ai bien reçu ta lettre et je suis ravie d'apprendre que tu vas bientôt te marier.
>
> Bien sûr, j'accepte ton invitation avec plaisir.
>
> Je suis très heureuse d'assister à ton mariage et à la fête que tu organises.
>
> À bientôt !
>
> Je t'embrasse. Affectueusement.
>
> Marie

95 À l'aide des éléments donnés, rédigez des débuts de lettres.

Exemple : Recevoir – plaisir – ta carte postale de vacances
Je... → *J'ai reçu avec plaisir ta carte postale de vacances.*

a. Surprise agréable – recevoir – votre lettre

Quelle ....

b. Bien recevoir + date – ta lettre + date – remercier

Je ....

c. Joie – recevoir – vos nouvelles – long moment

Quelle ....

d. Être très heureux(se) – avoir des nouvelles – toi – ta famille

Nous ....

e. Répondre – ta carte – date

Je ....

f. Prier d'excuser – répondre – si tard – votre lettre – date – malade

Je ....

g. Ne pas pouvoir écrire plus tôt – répondre ta lettre – date – cause : voyage

Je ....

96 **Si on vous invite à :**

a. un mariage

b. un dîner

c. aller à un concert

d. un baptême

e. un anniversaire de mariage

f. une exposition

g. une remise de diplôme

h. une fête pour célébrer un succès

i. passer des vacances chez des amis

Quelle(s) formule(s) pouvez-vous utiliser dans votre lettre ?
Attention : plusieurs réponses sont parfois possibles.

1. Quelle bonne idée !

2. Je suis ravi(e) de ta proposition.

3. Quelle bonne nouvelle ! (Toutes) Mes félicitations aux heureux parents !

4. Je suis (très) heureux(se) d'apprendre que Sylvie va se marier.

5. Bravo ! C'est une belle réussite ! Tous mes compliments !

6. Aller écouter du Beethoven ? Pourquoi pas ?

7. Je suis très content(e) de savoir que tu as réussi et je t'en félicite.

8. Quel plaisir de fêter vos cinquante ans de bonheur ensemble !

9. Merci d'avoir pensé à moi ! Je serai heureux(se) de t'accompagner.

10. Quelle bonne surprise ! Je t'adresse tous mes vœux de bonheur !

11. C'est chouette d'avoir pensé à ça !

12. Je suis enchanté(e) de passer quelques jours avec toi !

a. ..... **b.** ..... **c.** ..... **d.** ..... **e.** ..... **f.** ..... **g.** ..... **h.** ..... **i.** .....

97 Vous vous trouvez dans ces situations :
1. Des amis vous invitent à pendre la crémaillère de leur nouvelle maison.
2. Un(e) camarade vous invite à sa soutenance de thèse.
3. Un(e) collègue vous propose d'aller à un spectacle.
4. Vos cousins vous proposent de partir avec eux en week-end.

À l'aide des éléments des tableaux A, B et C, rédigez, pour chaque situation, deux phrases d'acceptation.

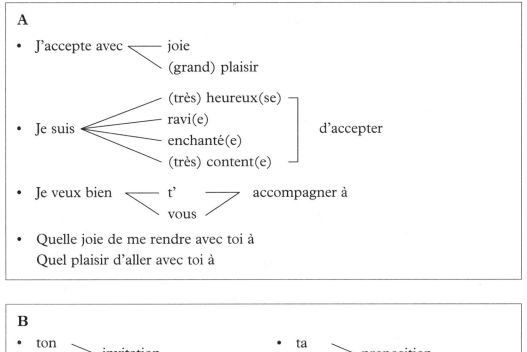

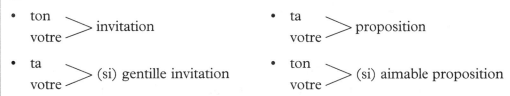

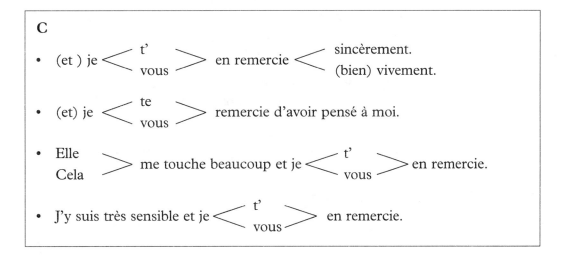

Exemple : J'accepte avec joie ton invitation et je t'en remercie sincèrement.

98 Vous vous trouvez dans les mêmes situations qu'à l'activité précédente.
À l'aide des éléments des tableaux A, B, C et D, rédigez, pour chaque situation,
deux phrases de refus.

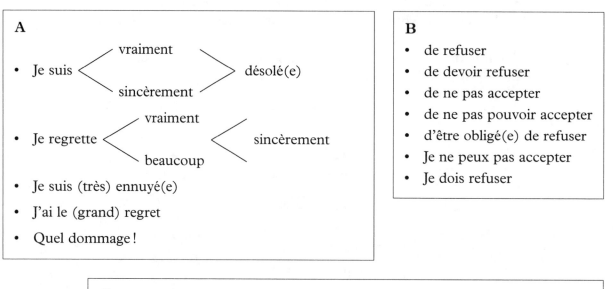

A
- Je suis vraiment / sincèrement désolé(e)
- Je regrette vraiment / beaucoup / sincèrement
- Je suis (très) ennuyé(e)
- J'ai le (grand) regret
- Quel dommage !

B
- de refuser
- de devoir refuser
- de ne pas accepter
- de ne pas pouvoir accepter
- d'être obligé(e) de refuser
- Je ne peux pas accepter
- Je dois refuser

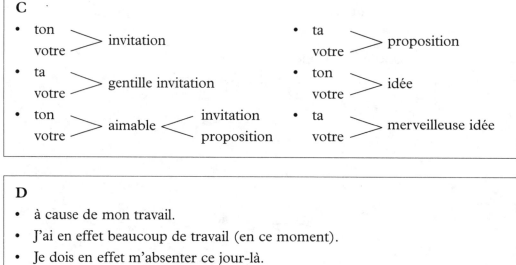

C
- ton / votre invitation
- ta / votre gentille invitation
- ton / votre aimable invitation / proposition
- ta / votre proposition
- ton / votre idée
- ta / votre merveilleuse idée

D
- à cause de mon travail.
- J'ai en effet beaucoup de travail (en ce moment).
- Je dois en effet m'absenter ce jour-là.
- à cause d'un empêchement.
- parce que je suis encore malade. / souffrante.
- parce que j'ai un autre rendez-vous ce jour-là. / d'autres obligations

Exemple : *Je suis vraiment désolé(e) de refuser ton invitation à cause de mon travail.*

Les éléments de cette lettre ont été mélangés. Classez-les et reconstituez la lettre avec toutes ses parties.

a. Toutes mes félicitations !

b. Je n'ai pas pu te répondre plus tôt parce que j'ai été malade.

c. Martine

d. Vichy, le 15 mai 1997

e. L'île de Ré en ce moment doit être bien agréable !

f. Ton idée de célébrer ton succès est excellente !

g. Chère Françoise,

h. Dis-moi vite quelle date tu proposes.

i. J'ai bien reçu ta dernière lettre du mois d'avril et je t'en remercie.

j. J'attends ta réponse avec impatience.

k. Heureusement je vais mieux maintenant.

l. Amitiés et grosses bises,

m. J'ai été bien contente d'avoir de tes nouvelles et d'apprendre que tu as eu ton permis de conduire.

n. Salue tes parents de ma part.

o. En effet, pourquoi ne pas partir ensemble quelques jours ?

1. ..... 2. ..... 3. ..... 4. ..... 5. ..... 6. ..... 7. ..... 8. ..... 9. ..... 10. .....

11. ..... 12. ..... 13. ..... 14. ..... 15. .....

Madame Bardet se sent un peu seule et cherche quelqu'un avec qui se promener et parler anglais ou espagnol. Carlos Johnson a lu son annonce dans un magazine et lui écrit. Corrigez les erreurs de la lettre de Carlos.

Marseille, 20 de mai 1997

Chère Mme,

J'ai lu ton annonce dans le magazine « Femme actuelle » du 30 avril précédent. Je comprends lequel est ton problème et je propose à toi mon aide. Moi aussi je n'ai pas beaucoup d'amis ici. Comme j'ai une voiture, je veux bien aller promener et parler avec toi à ta maison deux ou trois fois la semaine.

Je suis étudie le français en l'université et je suis besoin parler beaucoup en français. Alors, si tu veux, nous pouvons parler ensemble : toi en anglais ou espagnol et je en français. Mon mère est espagnole et mon père anglais et je parle très bien ces deux languages.

J'attends votre réponse,

Recevez Chère Mme, mes meilleures salutations.

Lisez cette lettre et répondez ensuite aux questions.

> *Böblingen, le 29 avril 1996*
>
> *Chers amis,*
>
> *Le 22 novembre j'aurai 50 ans.*
>
> *J'aimerais beaucoup fêter cet événement avec vous et vous invite à passer le week-end du 23/24 novembre avec nous en France.*
>
> *Pourriez-vous nous confirmer votre venue d'ici la mi-mai? Merci.*
> *L'invitation « officielle » vous parviendra après les grandes vacances.*
>
> *Je vous embrasse bien fort,*
>
> *Corinne*

Cochez les réponses correctes :

a. ☐ Il s'agit d'une invitation
☐ Il s'agit d'une proposition

b. ☐ Nous connaissons la date
☐ Nous connaissons le lieu de l'invitation / la proposition

c. C'est une invitation/proposition pour aller à ....

d. Quand ? ....

e. Où ? ....

Attention : Une proposition est une suggestion, une offre, que l'on peut accepter ou non, comme une invitation, mais que l'on peut modifier, proposer de modifier, alors qu'il est en général impossible de changer la date et/ou le lieu d'une invitation.

Reconstituez la réponse faite à Corinne par une de ses amies. Choisissez pour chaque élément de la lettre celui qui convient.

a. 1. ☐ Vichy, le 12/03/96
2. ☐ Vichy, le 10 juin 1996
3. ☐ Vichy, le 5 mai

b. 1. ☐ Madame,
2. ☐ Ma chère Corinne,
3. ☐ Mon amie,

c. 1. ☐ J'ai bien reçu ta lettre du 29 mars et je t'en remercie.
   2. ☐ Merci infinitivement pour ta lettre du 29 avril !
   3. ☐ Tu as enfin décidé de m'écrire !

d. 1. ☐ Tu crois que c'est une bonne idée ?
   2. ☐ Pourquoi cette idée ?
   3. ☐ C'est vraiment une merveilleuse idée !

e. 1. ☐ Je me réjouis déjà de participer à cette fête !
   2. ☐ Je regrette de devoir participer à cette fête !
   3. ☐ Je ne crois pas que j'irai à ta fête !

f 1. ☐ Avez-vous déjà décidé où nous irons ?
   2. ☐ Pourquoi venir en France ?
   3. ☐ Pourquoi ne pas venir en France ?

g. 1. ☐ Toute une semaine, c'est formidable !
   2. ☐ Je pense que ce sera un week-end fatigant !
   3. ☐ Quel excellent week-end en perspective !

h. 1. ☐ J'attends ton invitation officielle avec impatience !
   2. ☐ À qui vas-tu envoyer l'invitation officielle ?
   3. ☐ Quand vas-tu m'envoyer l'invitation officielle ?

i. 1. ☐ Je te téléphonerai d'ici là.
   2. ☐ Téléphone-moi plus souvent.
   3. ☐ Ne me téléphone pas si souvent.

j 1. ☐ Reçois mes bonnes salutations,
   2. ☐ Bien affectueusement à toi, grosses bises,
   3. ☐ Avec mes meilleurs sentiments,

103 **Lisez les six lettres suivantes et complétez le tableau qui suit.**

1

le 20/3/97

Bien chers amis,

Les beaux jours approchent. Que pensez-vous d'une randonnée de quatre ou cinq jours en Haute Provence ? Nous pouvons y aller pendant les prochaines vacances de printemps, si cela vous convient.

Envoyez-nous un petit mot pour nous dire si vous êtes d'accord.

Nous vous embrassons,

Anna et Michel

2

le 7/7/97

Salut Monique,

Mes parents ont décidé d'organiser un grand pique-nique pour célébrer mon succès au bac. Je vais donc inviter toutes mes camarades de classe et du club de gymnastique. Tu veux bien venir aussi ?

Je pense que ce sera le 19, au bord du lac de Saint-Clément. Nous irons là-bas sans doute à bicyclette. Ce sera plus drôle qu'en voiture.

À bientôt j'espère. Bises,

Christine

3

Lyon, le 25/01/97

Chers Jacques et Sylvie,

Il paraît que vous allez déménager ? Je l'ai appris hier par Maman qui a rencontré votre père. Où allez-vous habiter ? De toute façon vous serez mieux que dans votre chambre d'étudiant.

En ce moment je suis assez libre, aussi, si vous le voulez je peux vous aider à transporter vos affaires. Il suffit de me dire quand vous devez quitter votre logement actuel.

Bien amicalement à vous,

Bernard

4

Aumont, le 4/08/97

Cher Gilles,

Je suis enfin en vacances ! Tu sais après tout le travail de ces derniers mois j'apprécie beaucoup le calme de ma maison de campagne.

Je crois que tu vas aussi avoir quelques jours de vacances ? Non ? Viens donc les passer ici ! Cette fois tu ne peux pas refuser mon invitation. De cette façon tu vas enfin connaître cette belle région de l'Aubrac. Décide-toi vite et dis-moi quand tu arrives.

Amitiés,

Philippe

5

Que font 2 petits cœurs lorsqu'ils se rencontrent ?

Ils décident de n'en former plus qu'un !

Ce sera chose faite le 3 Août 1996 à 16 heures

en la chapelle du Château de Châteaugay.

Rejoignez-nous à la sortie de la chapelle
pour déguster le Nectar des Mariés et
pour partager le gâteau à partir de 22 heures
à la Chaumière au bord du lac de Tazenat.

Madame,
David et moi serions très heureux
de vous compter parmi nos invités.
Avec mes meilleures salutations,
Valérie

Valérie et David

Madame Jacqueline BOREL
9 rue des Vignots
63119 CHATEAUGAY

Monsieur et Madame Guy MURIN
Route du Lac de Tazenat
63410 MANZAT

6

Ce mercredi 5 février

Chère Colette,

Comme tu le sais je dois bientôt aller faire un stage de six mois dans ta bonne ville de Clermont-Ferrand et je cherche un petit appartement.

Une agence m'en a indiqué plusieurs mais trois d'entre eux m'intéressent davantage. Je dois aller les visiter jeudi prochain. J'aimerais bien avoir ton avis, car je ne sais pas s'ils sont bien placés et s'ils sont chers ou non.

Si tu es d'accord je te propose de passer te chercher pour y aller ensemble.

Merci d'avance. Gros bisous,

Bérengère

	Il s'agit d'une		Dans la lettre figure		Invitation	Date	Lieu
	invitation	proposition	la date	le lieu	proposition à ...		
1							
2							
3							
4							
5							
6							

104 Répondez à la première lettre ou à la lettre n° 5. Dites que vous refusez et pourquoi.

105 Répondez à la lettre n° 2. Dites que vous n'êtes pas sûr(e) de pouvoir accepter et pourquoi.

106 Répondez à la lettre n° 3 ou à la lettre n° 4. Dites que vous acceptez.

107 Répondez à la lettre n° 6. Dites que vous n'êtes pas sûr(e) d'être libre. Proposez une autre solution.

Épreuve orale 1

108 Êtes-vous partisan de défendre les espèces animales en voie de disparition, comme les requins, les pandas, les ours, etc. ?

109 Lisez ces lignes.

> L'effet de serre, la détérioration de la couche d'ozone, la pollution des rivières par les produits chimiques... Autant de sujets qui ont été abordés afin de permettre aux gouvernements de l'Union européenne de prendre des mesures précises et préventives dans leur lutte contre la pollution.

Est-il urgent de préserver l'environnement ?

110 Donnez votre opinion personnelle à propos de cette affirmation : *« La pollution n'est qu'une illusion. »*

111 Donnez votre opinion personnelle à propos de cette affirmation : *« On parle de phénomènes paranormaux quand on ne sait pas expliquer les choses. »*

112 Pensez-vous que les phénomènes paranormaux existent vraiment ?

113 Est-il raisonnable de dépasser ses limites ?

114 Est-il juste de faire payer beaucoup de taxes aux automobilistes ?

115 Lisez le texte *L'Âge ingrat* (p. 103). Comment réagiriez-vous si vous étiez dans la situation de la mère (ou du père ?)

116 Lisez le texte *L'Âge ingrat*. Comment réagiriez-vous si vous étiez dans la situation de la fille de quinze ans (ou du fils de quinze ans ?)

117 Le maquillage est-il nécessaire ? Est-il utile ? Donnez votre opinion sur le maquillage.

SUJETS DONNÉS
SOUS FORME DE QUESTIONS

■

118 Pensez-vous que l'ordinateur nous donne plus de liberté ?

119 Pensez-vous que la consommation du haschich doive être libéralisée ?

120 Pensez-vous que le travail est la chose la plus importante de la vie ?

121 Pensez-vous qu'il est important d'apprendre des langues étrangères ?

SUJETS DONNÉS
SOUS FORME D'ASSERTIONS

■

122 L'école ne devrait plus être obligatoire.

123 Pour réduire le chômage, les femmes ne devraient plus travailler.

124 La télévision fera disparaître le livre.

125 Il faut interdire les animaux domestiques en ville.

Pour l'épreuve orale 2 de l'unité A2, on vous demande de « décrire et interpréter un document visuel ».

DÉCRIRE

• Vous devez d'abord identifier le document, éventuellement dire rapidement d'où il vient.
Exemples : – Il s'agit d'une photo extraite du magazine...
          – C'est un dessin humoristique.
          – Il s'agit d'une publicité (pour...).

• Il faut ensuite le décrire. Vous pouvez utiliser les expressions suivantes :
Cette photo ⎤
Ce dessin   ⎥ représente / montre
Cette image ⎦
Sur cette image, on voit / on remarque :
Au premier plan / au deuxième plan / à l'arrière-plan...
Sur la gauche / la droite / au centre de l'image...

**• L'image parfois n'est pas très claire. Dans ce cas, vous n'affirmez pas : « c'est » ou « on voit »,
mais vous dites :**
– on dirait
– il me semble que
– ce doit être
– c'est sans doute / probablement / peut-être

et vous justifiez éventuellement : parce que... / puisque...

126 Observez cette photo et
préparez votre description :

  a. Qui sont les personnages ?

  b. Que font-ils ?

  c. Où sont-ils ?

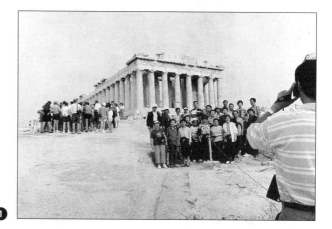

❶

Observez ce dessin :

    a. Dans quel cadre se situe-t-il ?

    b. Qui est le personnage sur la droite de l'image ?

    c. Qu'est-il en train de faire ?

    d. Que se passe-t-il ?

    e. Qui sont les petits personnages à gauche ?

❷

128 Préparez de même votre description du dessin suivant en réfléchissant aux questions :

    a. Où se passe la scène ?

    b. Qui sont les personnages assis ? Quelle est leur fonction ?

    c. Qui est le personnage à gauche ? Qui pourrait-il représenter ?

    d. Quel est le problème évoqué ici ?

❸

129 Décrivez le dessin suivant :

    a. Qui est le personnage ?

    b. Quels objets sont devant lui ?

    c. Que semble-t-il faire ?

    d. Pourquoi ?

❹

INTERPRÉTER

Souvent l'image fait référence à un thème général, à un fait de société. Elle peut simplement l'illustrer ou avoir une intention plus nettement critique.

130 Reprenez les quatre images déjà décrites.

    a. Retrouvez à quoi chacune fait référence :
        – les avantages de l'informatisation
        – le développement du tourisme, des voyages organisés
        – la part réduite de la culture
        – l'importance de la culture
        – l'apprentissage de langues étrangères
        – les dangers de l'informatisation.

    b. Pour chaque image, dites si elle illustre le problème ou le critique.

131 Rappelez-vous que, de toute façon, vous pouvez interpréter un document comme vous voulez. Votre interprétation sera acceptée si elle est cohérente et argumentée. N'ayez donc pas peur de la donner. D'ailleurs certaines images peuvent clairement être interprétées de différentes manières.

Voici une photo : décrivez-la brièvement puis essayez de proposer plusieurs interprétations.

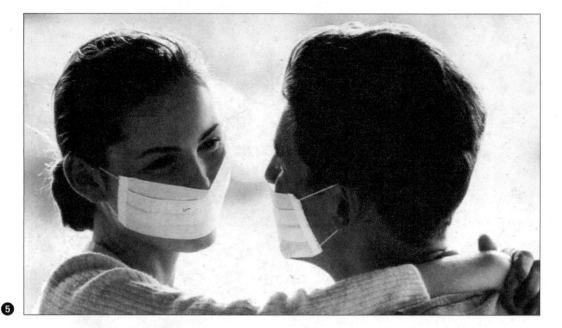

❺

Exemple : Un homme et une femme enlacés se regardent tendrement. Mais ils portent tous les deux un masque sur la bouche.

→ Impossibilité de communiquer dans un couple.

→ Inutilité de la parole dans l'amour...

132 Faites de même pour la photo suivante :

❻

133 Faites de même pour le dessin suivant :

❼

134 Faites de même pour le dessin suivant :

...vues à la télévision...

❽

135 Reprenez ces expressions pour interpréter les images ❷, ❸ et ❹.

> **Pour interpréter une image, vous pouvez utiliser les expressions suivantes :**
>
> | | | illustre | |
> |---|---|---|---|
> | | | évoque | |
> | | | fait référence à | |
> | | | attire notre attention sur | |
> | Pour moi, | cette photo | nous rappelle | le thème de... |
> | Selon moi, | ce dessin | nous fait réfléchir à / sur | le problème de... |
> | À mon avis, | cette image | critique | |
> | | | dénonce | |
> | | | se moque de | |
> | | | est une satire de | |
> | | | est un appel à /contre | |
>
> *Exemple* (image ❶) :
> « Cette photo illustre le développement du tourisme et des voyages organisés. Il me semble qu'il y a une intention un peu critique car elle montre le ridicule de tous ces groupes gentiment rangés derrière leur guide et dont le principal souci est de se faire photographier devant un monument célèbre. »

136 Vous pouvez bien sûr mettre en relief votre interprétation en utilisant les tournures vues dans le tableau de la page 107.

> *Exemple :* « Ce que cette photo illustre, c'est le développement du tourisme. »

Reportez-vous à ce tableau et entraînez-vous sur les images ❺ et ❻.

137
En revanche, si vous n'êtes pas très sûr de votre interprétation, vous pouvez, comme pour la description, nuancer, utiliser des expressions plus « prudentes » :
– On pourrait peut-être   interpréter cette photo comme une illustration de...
                          voir dans ce dessin une critique de...
– Ce dessin   pourrait illustrer un article sur...
             doit accompagner...
– Il me semble que ce dessin représente...

Utilisez ces expressions pour proposer votre propre interprétation des images ❼ et ❽.

138
Vous devez ensuite développer un peu le thème lui-même.
Exemple (pour l'image ❶) :
« Aujourd'hui, en effet, presque tous les pays du monde connaissent ce phénomène. Des groupes de touristes défilent devant un certain nombre de monuments ou de sites très célèbres qui figurent dans tous les guides, dans toutes les langues. Ils passent souvent en courant et ce qui est le plus important pour eux, c'est de rapporter des photos. »
Vous pouvez donner votre opinion sur le thème évoqué, comme pour l'épreuve orale 1 :
Exemple :
« Je n'aime pas du tout les voyages organisés. D'abord parce que je pense qu'on a une vision très superficielle d'un pays. Et puis, c'est très contraignant de se déplacer toujours tous ensemble avec un chef, comme des enfants. »
Ou au contraire :
« Je trouve que le développement des voyages organisés est une bonne chose. C'est difficile de voyager seul dans un pays inconnu surtout quand on ne connaît pas la langue. On perd beaucoup de temps, on a beaucoup de problèmes... »
Vous pouvez aussi ajouter un exemple ou une anecdote personnelle :
« Ça me rappelle un voyage que j'ai fait moi-même en Égypte. Il y avait des centaines de cars qui s'arrêtaient devant les Pyramides... »

À votre tour, choisissez deux des images précédentes et développez l'interprétation que vous retenez, si possible de manière différente :
– une discussion du thème lui-même
– un ou des exemple(s)
– une anecdote personnelle.

APPRÉCIER UNE IMAGE

Voici quelques expressions que vous pouvez utiliser pour apprécier une image, dire ce que vous en pensez, comment vous la trouvez, quelle réaction elle vous inspire :

Je trouve cette image (très) réussie, intéressante, forte, frappante, parlante, claire,...
étrange, curieuse, obscure, difficile à comprendre,...
amusante, drôle, comique,...
terrible, tragique, inquiétante, émouvante,...

Je ne comprends pas très bien (le sens de) cette image...

Cette image me plaît (beaucoup) parce que...
ne me plaît pas (du tout) car...
me fait peur, m'inquiète,...
m'amuse,...
me touche,...
me met en colère,...

139 Donnez maintenant votre opinion sur quelques-unes des images déjà vues.

RACONTER UNE HISTOIRE À PROPOS D'UNE IMAGE

140 L'image peut quelquefois évoquer non pas un problème mais un événement, une histoire. On peut alors essayer d'imaginer l'histoire. Regardez par exemple la photo ci-dessous.

a. Que se passe-t-il ?

b. Qui est cet homme ?

c. Qu'est-ce qui s'est passé avant ?

d. Qu'est-ce qu'il va faire ?

e. Qu'est-ce qui va se passer après ?

© Gaumont 1976.

141 Imaginez de même une histoire à propos de cette photo.

❿

142 Le document visuel qu'on vous présente peut parfois être une publicité. Vous devez alors :
– l'identifier clairement (de quel produit s'agit-il ?)
– voir à quel public elle s'adresse
– décrire l'image
– relever le ou les slogan(s)
– noter les qualités du produit qui sont mises en valeur
– dire comment vous jugez cette publicité.

Vous pouvez aussi, comme pour les autres images, développer davantage le (ou les) thème(s) auquel (auxquels) elle fait référence.

A2 • ÉPREUVE ORALE 2

Observez cette publicité.

a. C'est une publicité pour quoi ?

b. À qui s'adresse-t-elle ?

c. Décrivez l'image.

d. Repérez les slogans.

e. Comment les comprenez-vous ?

f. Êtes-vous d'accord avec leur message ?

g. Trouvez-vous cette publicité réussie ?

11

ET SI LES OISEAUX **MAZOUTÉS** ÉTAIENT LAVABLES EN MACHINE ?

Les hommes d'Elf Aquitaine font tout pour éviter les marées noires.

Mais, comme un accident peut toujours arriver, ils ont inventé une machine qui nettoie

rapidement les oiseaux, pour en sauver le plus grand nombre possible.

elf
L'énergie humaine

144 Même s'il ne s'agit pas explicitement d'une publicité, ou si elle ne vous est pas présentée ainsi, une image peut quelquefois faire penser à un message publicitaire. Vous pouvez alors dire quel produit elle défendrait à votre avis et même imaginer quel serait le slogan.

Reprenez les photos ❺ et ❻. Il s'agit en fait d'images publicitaires. Pouvez-vous imaginer pour quel(s) produit(s) ? Inventez-leur des slogans.
L'image ❾ est une photo de film mais elle a été aussi utilisée comme publicité. Pour quel produit à votre avis ?

145 Les images ❶, ❹, ❼ ne sont pas publicitaires mais elles vont le devenir grâce à vous !
Trouvez au moins un produit et un slogan pour chacune.

RÉPONDRE À DES QUESTIONS AU SUJET D'UNE IMAGE

Après avoir présenté votre interprétation du document, vous devez répondre à quelques questions de l'examinateur. Il peut vous demander par exemple :
– de préciser un peu ce que vous avez dit, d'expliquer plus clairement ou de développer davantage ;
– de donner votre opinion sur l'image elle-même ou sur le sujet évoqué, si vous ne l'avez pas encore fait ;
– de comparer le problème auquel l'image fait référence à ce qui se passe chez vous.

A2 • ÉPREUVE ORALE 2

146 Préparez vos réponses aux questions qu'on pourrait vous poser sur l'image ❸.

    a. L'animal de gauche : qui pourrait-il symboliser ?

    b. Que pensez-vous du choix des animaux pour symboliser les trois ministres à table ?

    c. Lesquels choisiriez-vous pour d'autres ministères ? (la Justice, l'Agriculture, les Affaires étrangères...)

    d. Pensez-vous que la Culture doive recevoir autant que les autres ?

    e. À votre avis quels postes doivent recevoir le plus d'argent ?

147 Essayez de prévoir les questions qu'on pourrait vous poser sur l'image ❹.

ENTRAÎNEZ-VOUS

148 Que pensez-vous de ce dessin ?

❸

149 Que représente ce dessin ?
À quel problème fait-il référence ?

150 À quoi cette photo vous fait-elle penser ?

151 Quel est selon vous le sens de ce
dessin ? Donnez votre opinion sur
le sujet auquel il fait référence.

A2 • ÉPREUVE ORALE 2

152 Qu'évoque selon vous ce dessin ?

153 Interprétez librement ce dessin.

154 Décrivez ce document. Quel pourrait en être l'objectif ?

⑲

155 Décrivez ce document. Donnez votre opinion sur cette affiche.

⑳

Acheté comme un jouet... jeté comme un objet !

Cadeau de Noël... Abandonné six mois après.

FONDATION BRIGITTE BARDOT
45, rue Vineuse 75116 Paris - Tél. 01 45 05 14 60

Campagne choc de la Fondation Brigitte Bardot pour inciter le public à ne plus acheter ou offrir un animal qui risque d'être abandonné quelques mois plus tard.

Épreuve écrite 1

156 Quand vous êtes en vacances, en voyage, pour quelles raisons, sur quels critères décidez-vous de visiter ou non une ville ?
Faites-en la liste.

– Musées, ...

....

....

....

....

157 Lisez les huit présentations suivantes.

❶

DINAN (22100)

L'une des plus belles cités bretonnes, ville d'art et d'histoire qu'il faut visiter en prenant son temps. Dinan, puissante ville commerçante au Moyen Âge, a pour héros Bertrand Du Guesclin. Il y livra, place du Champ (aujourd'hui, elle porte le nom du preux chevalier), un fameux duel contre un Anglais, à l'issue duquel il gagna aussi le cœur d'une belle. Oh ! là ! là ! c'est beau l'Histoire ! Ville à visiter à pied, bien sûr. Enchantement permanent dont le prix à payer est inévitablement l'énorme flux touristique de l'été. Site particulièrement apprécié par nos amis d'outre-Manche qui ont même leur église anglicane sur place.

❷

VITRÉ (35500)

Importante cité du Moyen Âge qui s'enrichit, jusqu'à la fin du XVIIe siècle, du commerce de la toile et des textiles. Également l'une des grandes villes frontières qui protégèrent l'indépendance de la Bretagne. De cette période subsistent un splendide château et des rues

médiévales parmi les plus homogènes et les plus pittoresques de Bretagne (à égalité avec Dinan, mieux que Quimper peut-être). Dans cette charmante petite ville, même la gare est mignonne à souhait, c'est dire !

❸

CONCARNEAU (29181)

Port de pêche actif (le 3e de France pour la pêche au chalut, après Boulogne et Lorient, et le 1er pour le thon), Concarneau est surtout connu pour sa célèbre ville close, son musée de la Pêche, et sa fête des Filets bleus l'avant-dernier dimanche d'août. La pêche fait vivre 1 800 marins embarqués sur 300 bateaux.

❹

DOUARNENEZ (29100)

Grand port de pêche et cinquième cité du Finistère. Douarnenez ne possède certes pas de réel charme architectural mais elle a, à nos yeux, bien des qualités que ne possèdent pas d'autres villes « charmantes ». C'est l'une des capitales importantes de la mémoire bretonne. Ses héros ne sont pas des saints, des princes ou des belles dames, mais ses marins, ses ouvriers, le petit peuple... Ville passionnée, ville vivante, ville aux particularismes bien sympathiques, Douarnenez offre un port-musée unique en France, ainsi qu'une splendide église gothique flamboyante. Et, en prime, son vieux quartier de pêcheurs descendant vers la mer (n'oubliez pas d'emprunter ses venelles évocatrices de la vie d'autrefois). Bon, bien sûr, vous étiez déjà convaincu que la ville valait largement le détour !

❺

RENNES (35000)

Où l'on s'aperçoit que peu de gens connaissent vraiment Rennes. On arrive souvent ici avec l'idée de trouver une grande ville un peu austère, sans monuments éblouissants et ne possédant pas d'image de marque précise du genre. « Quimper, ah, oui, la cathédrale ! » En fait, c'est une heureuse surprise de découvrir une ville architecturalement intéressante, révélant une riche vie culturelle (Rennes, laboratoire du rock en France), et proposant le prestigieux festival des Tombées de la nuit, l'été. Contre toute attente, Rennes est aussi devenue l'une des villes les plus animées de France, comme en témoigne cette concentration inhabituelle de bons bars au mètre carré (jetez donc un coup d'œil à la rubrique « Où boire un verre ? »...).

❻

QUIMPERLÉ (29300)

Agréable petite ville au confluent des rivières Isole et Ellé (qui vont former la Laïta). De pittoresques ruelles médiévales livrent leur pesant de vieilles demeures et débouchent sur de merveilleuses églises. Visite guidée de la ville tous les jours sauf le mardi. Départ à 14 h 30 de la maison des Archers.

❼

SAINT-MALO (35400)

« Couronne de pierre posée sur les flots ! » (Gustave Flaubert). L'une des villes de Bretagne les plus visitées. À juste titre. Enclose dans ses hauts remparts, cernée par la mer, chargée de tant d'histoire, elle occupe évidemment en Bretagne une place exceptionnelle. À la limite, elle pourrait presque se passer de texte dans ce guide, car elle se vend toute seule sans peine.
Flux touristique s'étalant pratiquement toute l'année, nourri régulièrement, entre autres, par les bateaux bourrés de nos amis d'outre-Manche. Évidemment, le revers de la médaille, c'est l'atmosphère hypertouristique en haute saison, les frites bien grasses, les cars bouchant l'horizon, les comportements « business-business » de pas mal de commerçants et gens liés au tourisme.
Ajoutez à cela que les quelque 48 000 Malouins de souche sont plutôt considérés comme renfermés et peu chaleureux, et vous comprendrez que ce n'est pas ici que vous prendrez une leçon de convivialité et qu'il vaudra mieux vous investir à fond dans l'architecture et l'histoire, ou vous plonger dans cette pléthore de merveilles que vous offrent ici la mer et cette baie peu commune faite d'îlots rocheux, de courants malicieux, et de cette lumière souvent magique.

❽

MORLAIX (29600)

Cité portuaire agréable, carrefour géographique, historique et humain. À l'est, le Trégor et son bocage encore préservé ; à l'ouest, les espaces légumiers du Léon ; au nord, la Manche ; au sud, les monts d'Arrée. Morlaix nous a plu : son site assez original, entre ses trois collines, ses vieilles maisons s'étageant de part et d'autre de la rivière de Morlaix et l'immense viaduc coupant la ville en deux lui donnent une sorte de troisième dimension.

Le Guide du Routard Bretagne (1995-1996).

Parmi les raisons énumérées dans le tableau ci-dessous, quelles sont celles qui apparaissent dans le guide ? Pour quelle(s) annonce(s) ?

	N'apparaît pas	Apparaît dans l'annonce n°
Situation géographique, paysage		
Intérêt des monuments		
Prix des hôtels, des restaurants		
Gastronomie		
Beauté de la ville, architecture		
Vie culturelle		
Artisanat		
Fait de ne pas être « trop » touristique, authenticité		
Animation		
Intérêt historique		

158 Lisez l'article suivant et répondez aux questions.

Crazy George's, c'est le nom du magasin d'un tout nouveau style qui ouvre ses portes aujourd'hui dans le centre commercial de Bobigny-2 en Seine-Saint-Denis.

L'enseigne, qui a déjà ouvert cinquante-cinq magasins en Grande-Bretagne et plus de mille aux États-Unis, veut permettre aux plus défavorisés d'acheter des biens de consommation durable. Permettre à ceux dont les revenus font peur aux banquiers de s'offrir le réfrigérateur ou la hi-fi dont ils rêvent... Absence de dépôt de garantie et petits paiements hebdomadaires, bimensuels ou mensuels permettant aux éré-mistes ou aux petits retraités sans le sou de consommer. En cas de problème, *Crazy George's* reprend son matériel et le rêve s'envole en fumée.

Propriétaire au bout de trois ans
Le revers de la médaille : la formule coûte très cher à l'acheteur. Vous paierez le produit plus de deux fois son prix et vous n'en serez propriétaire qu'au bout de trois ans, si vous arrivez au terme des échéances. Voilà en quoi consiste le « nouveau système d'achat », le NSA.

Aujourd'hui le Parisien (09-10/11/96).

a. À quelle clientèle le magasin s'adresse-t-il ?

b. Pour les consommateurs : Quels sont les avantages du magasin ? Quel est l'inconvénient ?

c. Dans l'article, quelle expression introduit l'inconvénient ?

159 Lisez maintenant l'opinion de cinq personnes interrogées au sujet du *Crazy George's*. Cochez la case qui vous semble correspondre à chacune de ces personnes.

QUE PENSEZ-VOUS DE CE SYSTÈME D'ACHAT ?

1 « Franchement, je trouve la méthode détestable. C'est pousser les gens à la consommation et au surendettement sans en avoir l'air... Et en plus, au bout du compte, les malheureux se retrouvent à payer deux fois plus cher ! Quand on a des envies, on s'enthousiasme, on signe sans réfléchir... Et on vous reprend la marchandise si vous ne pouvez plus payer ! À mon avis, cela fera plus de mal que de bien. »

2 « Je vois surtout le côté arrangeant de ce magasin. Il y a plus de cent mille chômeurs sur le département, cela va sûrement ôter une belle épine du pied à plus d'un... Il faut se mettre à leur place ! Un frigo, une machine à laver, un lit, ça fait partie de l'essentiel, et je trouve normal qu'ils puissent y accéder. Pourquoi critiquer ce système ? De toute façon, on est dans une société de consommation, qu'on le veuille ou non. »

3 « Personnellement, ça ne m'intéresse pas. Je n'aime pas vivre à crédit. Pour les gens qui ne peuvent faire autrement, c'est une solution intéressante, mais pas sympathique pour autant. Le pire c'est que ça va avoir un succès fou dans le coin, c'est certain ! Mais si arnaque il y a, ce sera des deux côtés. Certains vont sans doute profiter du système, repartir avec une télé pour 10 F, et disparaître dans la nature sans laisser d'adresse ! »

4 « Si j'avais su que ce magasin allait ouvrir, j'aurais attendu un peu ! Je viens de prendre un crédit pour une machine à laver dans un autre magasin, et je vais devoir débourser 250 F tous les mois pendant seize mois. Une somme plus raisonnable sur une durée plus longue m'aurait bien arrangée ! Mon petit budget de 5 000 F par mois s'en serait moins ressenti, même si j'avais dû payer plus cher au bout du compte. C'est vraiment bien, ce système... »

5 « C'est le système américain ! Une entreprise privée qui a adapté son offre au portefeuille d'une certaine catégorie de clients... Tant que le système est légal et qu'il n'y a pas d'arnaque avérée, je me garderai bien de juger de sa moralité. Je dirai simplement qu'une femme démunie, qui a besoin d'un réfrigérateur pour stocker les aliments de son bébé, sera peut-être heureuse d'en trouver un pour 30 F par semaine... »

	Nettement pour	Plutôt pour	Plutôt contre	Nettement contre
1re personne				
2e personne				
3e personne				
4e personne				
5e personne				

160 Relevez, pour chacune des cinq personnes de l'activité 159, la ou les phrase(s) qui résume(nt) le mieux son opinion.

> *Exemple : 1ʳᵉ personne :* « Franchement, je trouve la méthode détestable. À mon avis cela fera plus de mal que de bien. »

161 Cinq lecteurs d'un magazine donnent leur opinion sur le doublage des films. Lisez ces lettres et cochez dans le tableau la case correspondante à chacune d'elles.

1 Le doublage trahit tout. Tout sonne horriblement faux. C'est particulièrement criant, bien sûr, lorsqu'on double un film d'une culture qui nous est lointaine. Mais récemment, je n'ai pas pu apprécier non plus *Smoke* qu'ont beaucoup aimé mes amis qui l'ont vu en VO.

2 On voudrait nous faire croire que tout le monde comprend aujourd'hui non seulement l'anglais, l'allemand, l'italien, mais encore le russe, l'arabe, le japonais et toutes les autres langues. Pas moi en tout cas ! Préférer la VO, c'est du snobisme, voilà tout !

3 En Allemagne ou en Suisse on peut choisir de regarder, à la télévision, un film en VO ou doublé : il suffit de changer de canal. Pourquoi la télévision française ne nous offre-t-elle pas le même choix ? Si ce n'est pas techniquement possible, pourquoi ne pas passer le même film dans les deux versions à quelques jours d'intervalle ?

4 Le doublage est une bénédiction pour moi. Quand je dois lire sur l'écran plusieurs lignes de dialogue, je ne peux pas en même temps regarder l'image. Et c'est pire encore à la télé ! Voir ou lire, il faut choisir.

5 Ah, les chants de samouraï en français ! Ah, Lady Macbeth avec une voix de midinette parisienne ! Ah, les inimitables bafouillages de Woody Allen bien standardisés et aplatis ! Quand serons-nous délivrés des horreurs du doublage ?

	pour le doublage	contre le doublage	ne prend pas parti
Lettre n° 1			
Lettre n° 2			
Lettre n° 3			
Lettre n° 4			
Lettre n° 5			

162 Retrouvez le nom qui correspond à chacun de ces adjectifs.

> *Exemple :* Joyeux(euse) : la joie.

1. Surpris(e) : ....
2. Stupéfait(e) : ....
3. Ému(e) : ....
4. Triste : ....
5. Inquiet(ète) : ....
6. Soulagé(e) : ....
7. Contrarié(e) : ....
8. Mécontent(e) : ....
9. Irrité(e) : ....
10. Étonné(e) : ....
11. Déçu(e) : ....
12. Satisfait(e) : ....
13. Impatient(e) : ....
14. Amusé(e) : ....
15. Heureux(euse) : ....
16. Enthousiasmé(e) : ....
17. Indigné(e) : ....
18. Admiratif(ive) : ....
19. Intéressé(e) : ....
20. Indifférent(e) : ....

163 Classez les adjectifs suivants par ordre d'intensité croissante.

1. **a.** stupéfait   **b.** surpris
2. **a.** content   **b.** enchanté   **c.** heureux
3. **a.** touché   **b.** bouleversé   **c.** ému
4. **a.** scandalisé   **b.** choqué   **c.** indigné
5. **a.** inquiet   **b.** angoissé
6. **a.** fâché   **b.** furieux   **c.** contrarié   **d.** irrité
7. **a.** passionné   **b.** intéressé

1. b. a.   2. ....   3. ....   4. ....   5. ....   6. ....   7. ....

164 Associez les noms qui correspondent au même sentiment.

1. Regret   **a.** Colère
2. Tristesse   **b.** Gratitude
3. Irritation   **c.** Étonnement
4. Satisfaction   **d.** Chagrin
5. Indignation   **e.** Contrariété
6. Surprise   **f.** Embarras
7. Reconnaissance   **g.** Nostalgie
8. Confusion   **h.** Contentement
9. Mécontentement   **i.** Révolte

165 Retrouvez le sentiment exprimé par ces six lettres de lecteurs à un magazine de télévision : a. *regret* b. *soulagement* c. *indignation* d. *déception* e. *agacement* f. *enthousiasme*.

❶ Quoi, qu'est-ce que j'apprends ? Il serait question de revoir les programmes de France-Culture jugés trop « élitistes » et pas assez « pédagogiques ». Ah non ! Touchez pas à ma radio ! Je ne veux pas qu'on remplace la vie et l'humour par d'assommantes leçons bien claires ! Le monde appartient à ceux qui l'écoutent ; laissez-moi l'écouter.

❷ Deux heures de bonheur avec la grande Giovanna Marini ! Tant de talent, d'intelligence, de passion et d'humour ! Si par miracle elle vient chanter pas trop loin de chez vous, courez-y !

❸ Je suivais fidèlement l'excellente émission d'Éliane Contini, *Mise au point*, tous les soirs à 18 h 45. Depuis les changements d'horaires je ne peux plus l'écouter. Quel dommage !

❹ Quand va-t-on enfin nous débarrasser d'*Interville* ? Chaque été la télé nous ressert ce vieux truc complètement dépassé. Quel manque d'imagination !

❺ Après les éloges dont on a couvert *Le Patient anglais*, je m'attendais vraiment à autre chose ! J'aurais beaucoup mieux fait de lire un bon livre, au lieu de perdre mon temps au cinéma avec ce mélo banal.

❻ Ouf ! Bientôt la fin du Tour de France ! Je vais pouvoir recommencer à regarder la télé...

1. → ....   2. → ....   3. → ....   4. → ....   5. → ....   6. → ....

166 Associez les phrases suivantes à un des sentiments proposés.

a. *indignation*   b. *intérêt*   c. *enthousiasme*   d. *confusion*

e. *mécontentement*   f. *surprise*   g. *inquiétude*   h. *reconnaissance*

i. *découragement*   j. *déception*   k. *satisfaction*   l. *nostalgie*

1. Je n'aurais pas dû accepter ce travail. Je n'y arriverai jamais.
2. C'est vraiment magnifique ce qu'il a fait !
3. Toi ! À cette heure-là ! Mais d'où viens-tu ?
4. Original, ce projet ! J'aimerais bien en savoir un peu plus long.
5. Ça me fait plaisir qu'il se soit décidé.
6. Pourquoi ne m'a-t-on pas prévenu ? Je n'apprécie pas beaucoup.
7. C'est très sympa ce que tu as fait pour moi.
8. Tout a changé dans ce quartier. C'était bien plus joli avant.
9. C'est un scandale ! Comment peut-on écrire des choses pareilles ! C'est un tissu de mensonges, cet article !
10. Vous verrez, tout ça finira mal, j'ai bien peur...
11. J'espérais vraiment qu'il pourrait venir. Quel dommage !
12. Je suis désolé pour ce malentendu. C'est de ma faute. J'aurais dû vérifier.

Exemple : **1. i.**

2. ..... 3. ..... 4. ..... 5. ..... 6. ..... 7. ..... 8. ..... 9. ..... 10. ..... 11. ..... 12. .....

167 Voici une liste de sentiments : *agacement – angoisse – émotion – déception – soulagement – amusement – étonnement – joie – colère – chagrin.* Quels sont ceux que les héros des faits divers suivants ont pu éprouver ?

MARI À VENDRE

ISANTI (ÉTATS-UNIS), 1ER FÉV. « *Mari à vendre pour pas cher. Avec équipement complet de chasse et de pêche, un jeans, deux chemises, un labrador et 12 kilos de viande de chevreuil.* »

Sheryl Weidall, 23 ans, n'en pouvait plus : son mari n'était jamais là. Quand ce n'était pas la pêche, c'était la chasse, le baseball, le football ou le golf. Pendant ce temps, elle gardait les enfants à la maison. Elle fit donc passer une petite annonce dans un hebdomadaire du Minnesota.

L'annonce, par un curieux hasard, fut publiée le jour même de l'anniversaire du mari. Au premier appel téléphonique d'une dame intéressée, le mari trouva l'affaire assez drôle. Au dixième, il était fou de rage. Quelques hommes appelèrent aussi, pour proposer leurs services après le départ du mari.

Devant la tournure que prenaient les événements, Mme Weidall publia alors une nouvelle annonce : « *Finalement, disait ce deuxième texte, je l'aime, et il n'est pas à vendre. Pardon chéri.* »

© AP.

LE PILOTE S'ÉVANOUIT

WELLINGTON. Le pilote d'un avion charter s'est évanoui en vol, hier. Mais un des cinq passagers, Chris Well, a aussitôt pris les commandes et, aidé par le contrôle au sol, a piloté l'avion pendant une demi-heure. Au bout de ce temps, le pilote a repris connaissance et a pu poser l'avion sans encombre à Palmerston North, à 120 kilomètres au nord de Wellington.

M. Well possède une licence de pilote privé, mais il n'avait jamais piloté au-dessus des nuages et, qui plus est, un bimoteur.

Il a dit qu'il avait un peu « paniqué » en comprenant ce qui se passait, mais qu'il avait trouvé l'expérience « intéressante ».

© AP.

LA PETITE FILLE ET LA REINE	CINQUANTE-DEUX ANS APRÈS
VICTORIA (COLOMBIE BRITANNIQUE). À la surprise générale, la petite Sally DeCuir, âgée de quatre ans, a fondu en larmes après avoir remis à la reine Elisabeth le traditionnel bouquet de fleurs, à la sortie d'un stade où se déroulent les Jeux du Commonwealth. Non pas que la reine ait refusé les fleurs. Mais Sally est persuadée qu'on s'est moqué d'elle : « Ce n'était pas la reine », a-t-elle pleurniché. « Elle s'attendait à la voir avec une couronne sur la tête » a expliqué la maman. La petite fille a été rassurée par les spectateurs venus voir Sa Majesté : c'est bien la vraie reine qui a accepté son bouquet, et non pas un sosie.	TOULOUSE. Une mère de nationalité espagnole, âgée de 93 ans, a retrouvé, hier à Seilh, dans la banlieue de Toulouse, son fils Jesus, dont elle était séparée depuis 52 ans. Theodora Monter avait été expulsée avec son mari vers la France en 1938. N'ayant pu suivre leurs parents, leurs deux filles et leur fils étaient restés à Barcelone. Âgé de 13 ans, le jeune garçon disparaît. Il ira d'orphelinats en maisons de placement. Il s'installera ensuite à Lerida, où il vit aujourd'hui, persuadé que ses parents avaient été tués au cours de la guerre civile.
© AP.	© AP.

168 Les dix phrases suivantes sont extraites d'un débat.
Retrouvez à quelle intention correspond chacune.

1. Je ne peux pas vous laisser dire ça !	a. Prendre la parole
2. À propos, et votre fameux projet ?	b. Résumer
3. Personnellement je suis convaincu que…	c. Demander l'opinion
4. Si vous permettez, j'aurais un mot à ajouter là-dessus.	d. Expliquer, préciser
5. Qu'est-ce que vous entendez par là ?	e. Contester
6. Bref, c'est tout le système qu'il faut changer !	f. Donner son avis
7. Alors là, je vous rejoins entièrement.	g. Demander une précision
8. Et vous, qu'est-ce que vous en pensez ?	h. Éveiller l'intérêt
9. Vous ne devinerez jamais ce qui s'est passé.	i. Approuver
10. Ce que je veux dire par là, c'est que…	j. Changer de sujet

169 Associez chaque lettre à l'intention qu'elle exprime : a. *remercier et se plaindre* b. *critiquer et proposer* c. *témoigner et formuler un souhait* d. *rectifier et protester* e. *donner son avis et se justifier.*

❶ J'aimerais bien qu'on cesse une bonne fois de confondre deux adjectifs de sens bien différents : Les « vichystes » ne sont pas les « vichyssois »… et réciproquement ! Entendre des gens théoriquement cultivés (sur une radio nationale par exemple) confondre régulièrement les partisans d'une idéologie et les habitants d'une ville devient vraiment agaçant !

❷ Je voudrais vous exprimer ma reconnaissance pour votre article sur les visiteurs de prison. Les médias parlent si rarement de nous ! Nous sommes inconnus du grand public ou, pire encore : méconnus et incompris. « Quelle idée de s'occuper ainsi de malfaiteurs ? » c'est ce que beaucoup pensent hélas !

❸ Scène vécue dans un petit restaurant à Paris : Un couple de vieux Américains près de nous est complètement perdu dans le déchiffrage de la carte. Nous venons tant bien que mal à leur secours. Ils en sont stupéfaits et ravis.

Quand nous quittons le restaurant et que nous leur disons au revoir, ils ont cette phrase terrible : « Nos amis nous avaient dit que les Français ne sont pas accueillants ; nous leur dirons que ce n'est pas vrai. »

Et si c'étaient leurs amis qui avaient raison ?... Et si nous y pensions un peu plus quand nous rencontrons des étrangers perdus dans notre ville...

❹ Eh bien oui ! Je suis pour l'interdiction de la mendicité dans les villes. Non, je ne suis pas égoïste. J'envoie régulièrement de l'argent à plusieurs associations caritatives, mais je trouve dégradant le spectacle de la mendicité d'abord pour ceux qui la pratiquent. De plus le comportement des mendiants d'été, souvent flanqués de chiens, est fréquemment agressif. On ne peut pas leur abandonner ainsi la rue.

❺ L'attribution de la Légion d'honneur ne correspond plus du tout à la haute idée que je me faisais de cette décoration. Ne pensez-vous pas comme moi qu'il faudrait créer une nouvelle distinction, une véritable Légion d'honneur pour celles et ceux qui le méritent vraiment, qui sont au service de l'homme et non de l'argent ?

1. → .... 2. → .... 3. → .... 4. → .... 5. → ....

170 **Attention : ironie ! Lisez cette lettre de lecteur à un magazine :**

> Un grand merci à toutes les chaînes de télévision de programmer, dans une parfaite solidarité, des émissions toutes aussi nulles les unes que les autres le samedi en début de soirée. C'est vrai, le samedi, c'est fait pour sortir, pour aller au cinéma ou pour voir des amis. Il n'y a pas de cinéma dans votre village ou votre petite ville ? Vos amis sont loin ? Eh bien le samedi, c'est fait pour se coucher tôt !

Le lecteur, en apparence, remercie les chaînes de télévision, mais pour une raison un peu curieuse : les émissions du samedi soir sont toutes « nulles » ! Ces remerciements sont ironiques ; il s'agit en fait d'une critique.
Lisez maintenant cette autre lettre :

> Bravo au fonctionnaire zélé qui a décidé de ne pas laisser déjeuner à l'école une enfant de 10 ans parce que sa mère n'avait pas payé la cantine ! Bravo surtout de l'avoir fait ramener chez elle entre deux agents de police ! Oublier de payer la cantine, c'est vraiment scandaleux ! Cela mérite en effet une sanction exemplaire ; et il est tout à fait juste que ce soit d'abord l'enfant qui soit punie. Et puis ainsi tous les enfants de l'école seront bien informés des problèmes d'argent des parents de leur petite camarade. Quelle délicatesse ! Vraiment toutes mes félicitations pour cette décision géniale !

Elle est, bien sûr, également ironique. Les mêmes reproches auraient pu être exprimés de façon plus directe, sans ironie :

> « Honte au fonctionnaire zélé qui a décidé ... »

Continuez la lettre en modifiant ce qui est nécessaire pour qu'elle ne soit plus ironique, mais directement indignée.

Encore

Scénariste, ex-journaliste des *Cahiers du cinéma*, Pascal Bonitzer réussit, pour son premier film, à nous parler de l'amour, de la fidélité (militante ou résignée) et de l'adultère (organisé ou honteux) avec une virtuosité d'écriture pleine de finesse et de drôlerie. Les comédiens jouent le jeu (décalé) à fond.

Darkly noon

S'il dérange, ce film noir ne convainc pas, à trop combiner — sans finesse — l'imagerie du conte de fées et celle de l'horreur.

Breaking the waves

La dernière folie du Danois Lars von Trier l'impur. Magnifique, violent et éternel. Grand prix du Jury au dernier festival de Cannes. Que les fidèles soient rassurés. Le prochain raflera la palme, juré-craché par terre.

Le Jaguar

Soyons honnêtes. La première demi-heure fait rire. Wanù est irrésistible et les situations comiques — bien qu'un peu faciles — fonctionnent. Ensuite il ne se passe pratiquement rien : le tandem Reno-Bruel rame péniblement sur l'Amazone à la recherche d'un scénario. Le spectateur, lui, sombre dans l'ennui. Après une *Chèvre* cabriolante, Francis Veber nous livre aujourd'hui un *Jaguar* amorphe.

Fourbi

Vingt-cinq ans après. Alain Tanner revient sur les thèmes abordés dans *La Salamandre* : la perversité et l'hégémonie du monde audiovisuel, le système capitaliste, l'importance des relations humaines. Dommage que cela soit dit avec tant de lourdeur ! Heureusement, Karine Viard et Cécile Tanner apportent une bouffée d'air frais.

Ligne de vie

Où l'on retrouve l'univers impitoyable de Lounguine, peuplé de personnages surprenants, avec la maîtrise d'un formidable cinéaste. Le film, hélas, n'est qu'une demi-réussite à cause d'une lourde erreur de casting : Vincent Perez n'a pas la carrure suffisante pour porter cette histoire féroce. Dommage.

Walking and talking

Filmée avec un naturel étonnant, une sensibilité exquise, cette comédie amicale ne dépasse malheureusement pas le niveau de l'anecdote. Charmant mais sans grand intérêt.

When night is falling

L'amour, la religion, le spectacle, le rêve et l'homosexualité, autant de mythologies éternelles que Patricia Rozema, chef de file, avec Atom Egoyan, de la nouvelle vague anglo-canadienne, explore avec finesse, profondeur et talent.

Frissons anglais

Six comédies noires, inégales, dont certaines montrent beaucoup de charme, d'esprit. Humour anglais en prime, *of course*.

Mondo

Adapté d'une nouvelle de Le Clézio, ce film traduit la fascination commune de l'écrivain et du cinéaste pour les gens de nulle part.
Hymne à l'innocence et à la beauté du monde, qui eût beaucoup gagné à être un peu plus resserré. Mais qui apporte un souffle nouveau dans le cinéma français.

Mort subite

Comme d'habitude, Jean-Claude Van Damme à la rescousse. C'est plutôt bien filmé, mais on a quand même l'impression d'avoir déjà vu, revu et re-revu le film. Marre du prédigéré.

Marie Reilly

Un film beau et inconfortable, comme d'habitude chez Stephen Frears. Le style photo est à l'opposé de ce qui se fait (gommage des contrastes), le mythe est pris à contre-pied (le regard de la bonne), et la guerre des classes est présente (comme dans *My Beautiful Laundrette*). C'est à la fois étonnant et très intrigant.

Le Facteur

Michael Radford a réussi de main de maître cette adaptation du beau roman d'Antonio Skarmeta, *Une Ardente Patience*.

Interprétation poignante de Massimo Troisi, disparu au lendemain du tournage, et qui arrive à intégrer sa douleur dans son jeu d'acteur. Unique.

Professeur Holland

Millième mouture de *Goodbye Mr. Chips*, modernisée. C'est du ciné costaud, mélo, manipulateur, qui sollicite la larme et l'émotion. La réalisation est banale, mais l'interprétation (Richard Dreyfuss) formidable. Lourd mais efficace.

Smoke

Wayne Wang (réalisateur sous-estimé en France, qui a signé *Dim Sum* et « le Club de la chance ») et Paul Auster (écrivain surestimé en France mais bien quand même) se sont associés pour ce conte merveilleux : le résultat est un chef-d'œuvre.
C'est gai, inattendu, original, touchant. On en sort ravi, ému, ébouriffé. Les deux auteurs ont réalisé une suite, *Brooklyn Boogie* (sortie le 3 janvier), avec les mêmes acteurs, sur un ton encore plus libre. Ne ratez aucun des deux films : c'est votre cadeau de Noël.

La Semaine sainte

En principe, c'est une plaidoirie pour beaucoup de catholiques polonais, souvent accusés d'indifférence à l'égard du sort des juifs.
À ce titre, le film a provoqué des polémiques, certains allant jusqu'à le taxer d'antisémitisme au motif que l'héroïne est montrée sans angélisme... Une œuvre intense, bouleversante et splendidement filmée.

Le Président et Miss Wade

Dans le sillage de Frank Capra (parrainage avoué), cette comédie sympathique et fade tente de retrouver la facette des années 40.
Michael Douglas et Annette Bening forment un couple très plausible, et le réalisateur, Rob Reiner, s'applique.
C'est du cinéma tout-terrain, tout-public, tout-sourire. On voit, on sourit, on oublie.

Small Faces

Inspiré par ses propres souvenirs d'adolescence, le réalisateur réussit à faire vivre ses personnages avec sensibilité et fraîcheur.

© *Le Nouvel Observateur* © *L'Express*.

Titre	Éléments positifs	Éléments négatifs
Encore	« réussit » « virtuosité d'écriture pleine de finesse et de drôlerie » « les comédiens jouent le jeu à fond »	
Darkly noon	« S'il dérange »	« Ne convainc pas » « trop » « sans finesse »
Breaking the waves		
Le Jaguar		
Fourbi		
Ligne de vie		
Walking and talking		
When night is falling		
Frissons anglais		
Mondo		
Mort subite		
Marie Reilly		
Le Facteur		
Professeur Holland		
Smoke		
La Semaine sainte		
Le Président et Miss Wade		
Small faces		

172 D'après les critiques, attribuez à chaque film une, deux, trois étoiles ou ... aucune !

1. *Encore* ....
2. *Darkly noon* ....
3. *Breaking the waves* ....
4. *Le Jaguar* ....
5. *Fourbi* ....
6. *Ligne de vie* ....
7. *Walking and talking* ....
8. *When night is falling* ....
9. *Frissons anglais* ....
10. *Mondo* ....
11. *Mort subite* ....
12. *Marie Reilly* ....
13. *Le Facteur* ....
14. *Professeur Holland* ....
15. *Smoke* ....
16. *La Semaine sainte* ....
17. *Le Président et Miss Wade* ....
18. *Small faces* ....

173 *Faut-il donner aux associations ?* À cette question, que répondent les quatre personnes interrogées par le journal *La Montagne* ?
Lisez les réponses et remplissez le tableau.

Un retraité

« Bien sûr qu'il faut donner aux associations caritatives. Il est indispensable à leur rôle social et humanitaire qu'on leur procure argent, nourriture, vêtements, etc.
Au-delà de l'aspect matériel des choses, il ne faut pas oublier l'œuvre considérable des bénévoles et, surtout, le soutien moral qu'ils procurent.
Dans une société où l'individualisme semble dominer les rapports humains, la solidarité est une chose que l'on doit aux plus démunis d'entre nous. »

Un lycéen

« Il faut donner, il faut bien aider ceux qui n'ont rien, autrement que par l'intermédiaire des associations.
Il faut faire profiter les gens en difficulté de ce que certains autres ont.
Il est possible de donner de l'argent, mais il faut connaître la réelle destination de cet argent. Je pense qu'il est préférable de donner des biens matériels comme de la nourriture, des médicaments.
Il y a des denrées que nous n'utilisons pas et qui pourraient faire le bonheur de beaucoup de gens. »

Un professeur de français

« Sans hésiter, je réponds oui ! Et plus que jamais en cette période de fête ! Les associations caritatives sont tout ce qui reste à certains pour vivre à peu près décemment, nous nous devons de les aider.
On ne peut rien attendre d'exceptionnel de la part de l'État, mais de l'entraide, sans doute. Qu'il s'agisse de donner des vêtements, d'acheter des articles ou encore d'apporter une contribution financière, chacun a sa façon de lutter contre la misère ou la maladie.
On peut aussi donner de son temps à ces associations. À chacun de trouver la formule qui lui convient ! »

Une mère de famille

« Je participais aux œuvres de certaines associations mais c'est fini. Regardez, on a la preuve que tout ne va pas toujours aux destinataires. L'affaire Crozemarie a fait pas mal de scandale. Et l'année dernière, tout n'a pas non plus été très honnête avec le Téléthon. Nous sommes dans une société où il faut se méfier de tout, alors il vaut mieux penser d'abord à nos jeunes. Ils doivent affronter des conditions particulièrement difficiles. »

	Faut-il donner ?		Pourquoi ?	Quoi ?
	oui	non		
Le retraité				
Le lycéen				
Le professeur				
La mère de famille				

 174* En 1994, le ministre de la Culture a proposé un projet de loi pour défendre l'emploi du français. Le magazine *Lire* a demandé l'avis de plusieurs écrivains. Lisez les interviews.

Hector Bianciotti

Les Français détruisent eux-mêmes leur langue, en voulant réformer l'orthographe, en n'utilisant que quatre ou cinq temps d'un verbe. Dans les autres langues latines, même les analphabètes connaissent le subjonctif ! Mais je pense que, plus que le français, c'est l'anglais qui est en danger aujourd'hui. Celui que l'on parle dans les hôtels n'a plus rien à voir avec la langue originale.

Irène Frain

Il faut reconnaître que l'emploi de mots américains ou anglais relève souvent de la pure paresse. Si cette loi peut nous pousser à la créativité, à la vigilance, au travail, j'en suis ravie. Elle peut également constituer une bonne opération médiatique pour la langue française, car elle va faire parler d'elle, donner lieu à des rappels historiques, à des controverses... Ce serait aussi une bonne occasion pour faire la chasse à tous ces mots franglais qui me hérissent.

Yves Berger

Je suis pour à fond ! C'est une loi qui prend en compte l'effrayante déchéance de la langue française.
Les gens qui nient la nécessité d'une loi sont en fait déjà contaminés par l'anglo-américain.

Alphonse Boudard

On ne fait rien avec les lois. Si l'intention est plutôt louable, les résultats risquent fort d'être médiocres. C'est la rue qui commande ! Je pense que les gens vont naturellement vers les solutions les plus pratiques, les mots qui sonnent bien. C'est mieux de dire un « braquage » qu'un « hold-up ». D'ailleurs, on dit un « braqueur » et pas un « hold-upeur ».
Mais, dans le sport, l'anglais est irremplaçable. Vous n'allez pas vous mettre à dire la « balle au pied » pour le « football ». Ce serait grotesque. Si cette loi peut limiter un peu l'influence désastreuse des médias sur la langue, tant mieux. Car ce sont eux qui imposent le franglais. Personnellement, je dis qu'il vaut mieux aller puiser dans les ressources de l'argot.

Alain Rey

L'esprit de cette loi n'a rien de choquant, mais je pense qu'elle est inapplicable. Si l'on interdit l'anglais dans les congrès scientifiques, les congrès se tiendront ailleurs. La loi dit que les mots étrangers seront prohibés si l'équivalent français existe. J'imagine une situation à la Orwell avec une commission gouvernementale des synonymes ! Je pense qu'il vaudrait mieux prévenir que réprimer : par exemple, un savant, qui publie en anglais, traduirait aussitôt son texte en français. Je suis choqué par la réaction de Michel Serres qui compare les inscriptions en anglais sur les murs de Paris à celles en allemand sous l'Occupation.
Aujourd'hui, pour les gamins, l'anglais représente simplement leur désir, leur fantasme, leur imaginaire...

Morgan Sportes

Il y a, d'une part, des anglophiles abrutis, d'autre part, des anglophobes primaires. Je trouve par exemple qu'il était ridicule de tourner *L'Amant* au Viêtnam en anglais devant les Vietnamiens, mais je n'ai rien contre l'emploi de mots comme « happening » ou « marketing ». Je crois que le vrai combat n'est pas à livrer au niveau de quelques mots, mais au niveau de la syntaxe et de la littérature.
Ne soyons pas des don Quichotte de la linguistique ! Je me contrefous qu'il y ait un mot anglais dans un de mes contrats, mais je m'insurge contre l'industrie du livre qui tend à imposer un langage aseptisé fait de phrases courtes, sans idiotismes, une écriture du « traduit-du ». Halte aux HLM de la langue !

■■■

Retrouvez à quel écrivain correspond chacune des opinions suivantes :

a. Cette loi peut être utile. ....

b. On ne pourra pas faire respecter cette loi. ....

c. En fait, l'anglais est plus menacé que le français. ....

d. Cette loi est indispensable. ....

e. On ne peut pas empêcher les gens de parler comme ils veulent. ....

f. Ce n'est pas sur les mots qu'il faut se battre,
le plus important c'est la phrase. ....

175* Selon les personnes interviewées dans cet article, les Instituts universitaires professionnalisés présentent beaucoup d'aspects positifs.
a. Repérez-en au moins cinq.
b. Quels sont à votre avis les deux arguments les plus importants pour les personnes interviewées ? Justifiez votre réponse.

INSTITUTS UNIVERSITAIRES PROFESSIONNALISÉS

Quelque peu atypiques dans le paysage universitaire classique, les IUP se singularisent par leur large ouverture sur le marché du travail. D'une durée de trois ans, ces formations s'adressent prioritairement aux étudiants de niveau Bac + 1. À l'issue de chaque année du cursus, un diplôme est délivré : Deug en première année, licence en deuxième année et maîtrise en fin de parcours. À Nancy, l'IUP sciences financières, qui est un département de la faculté de droit et de sciences économiques, prépare sur ce modèle un diplôme national en ingénierie de la banque, de la finance et de l'assurance. Le CFPB (Centre de formation de la profession bancaire) ainsi que plusieurs institutions financières de la région sont étroitement associés à l'organisation et au fonctionnement de cette formation.

Selon le directeur de l'Institut, Daniel Arnould, ce partenariat fait toute la richesse de ce cursus et explique en grande partie l'affluence grandissante des étudiants. « *Les formations courtes, type BTS ou IUT, conseillées au lycée s'avèrent trop souvent décevantes, certaines d'entre elles ne conduisent à aucun débouché professionnel réel, aussi nous recevons un nombre ahurissant de candidatures d'étudiants issus de ces filières. Tout comme ceux qui nous arrivent après une première année de fac, ils sont sans doute séduits par un enseignement dispensé pour moitié, soit environ 600 heures par an, par des professionnels du secteur. En outre, l'apprentissage de deux langues étrangères est obligatoire. Et un gros investissement personnel est demandé aux étudiants : au cours des trois années d'études, ils doivent réaliser un projet d'équipe ainsi qu'un mémoire sur un problème posé par une entreprise où l'élève a été stagiaire. Les stages sont en effet un volet essentiel de ce cursus et représentent au minimum six mois sur les trois années de formation.* »

Marie, Ludwig et Jean-François, trois étudiants de la toute première promotion sortie de l'IUP nancéien, confirment que c'est ce côté « pro » qui a emporté leur adhésion. Jean-

François ajoute que, pour lui, le nombre d'étudiants a aussi pesé dans la balance : « *Nous ne sommes en moyenne qu'une cinquantaine par année, ce qui contraste évidemment avec les gros bataillons des facs traditionnelles. De plus, la nouveauté du cursus me semblait être une garantie de dynamisme.* » Les étudiants et leur directeur partagent cependant le même souci de ne pas minimiser le théorique au profit du tout professionnel. D'autant que la cohabitation entre enseignants venant les uns de l'université et les autres du secteur bancaire a nécessité des ajustements. « *Il n'est pas naturel pour les universitaires que nous sommes de partager le pouvoir* », avoue avec humour Daniel Arnould. « *De leur côté, certains professionnels ont eu du mal au départ à nous transmettre leurs compétences*, constate Marie, *heureusement que les professeurs étaient là...* »

... Ils savent qu'il leur faudra très prochainement mobiliser toutes leurs ressources pour trouver leur place dans le monde du travail : « *Ce sera sûrement très dur, confie Marie, mais je me sens nettement mieux armée que la plupart des autres étudiants, y compris ceux qui sortent de certaines écoles de commerce !* »

M. le Directeur, loin de démentir cette conviction, n'hésite pas à se dire très heureusement surpris : « *Contrairement aux étudiants des filières classiques, ceux-ci ont déjà été confrontés au monde du travail et sont beaucoup plus réalistes sur les perspectives réelles de carrière qui leur seront offertes. Il s'agit presque d'une nouvelle "race d'étudiant", ils semblent échapper à la désespérance ambiante sans pour autant manquer de lucidité. Je suis par ailleurs moins étonné mais tout aussi satisfait de la mixité 50/50 qui existe dans cette filière – et les meilleurs étudiants de chaque promotion sont en majorité des filles !* »

■■■

CFDT Magazine (juillet-août 1996).

Lisez cet article.

VRAI-FAUX

Le diester, carburant vert, est bon pour l'écologie et pour l'économie.

Certes, le diester arbore fièrement le surnom de « carburant vert ». Fabriqué à partir de colza, sa transformation en énergie ne produit pas de gaz à effet de serre, contrairement aux énergies fossiles comme le charbon et le pétrole. Si l'on en croit les agriculteurs, les biocarburants comme le diester pourraient être la panacée énergétique.

Ils n'ont pas tort d'un simple point de vue technique : le diester peut aisément remplacer le gazole dans les réservoirs des voitures. À Dijon, par exemple, les bus de la ville utilisent ce carburant vert. En outre, 40 % du parc automobile français roule avec un moteur diesel, qui marche au gazole. Or les raffineries françaises n'en produisent pas assez : chaque année, 8 millions de tonnes de ce carburant doivent être importées. De là à imaginer que le diester est la solution d'avenir, réconciliant économie et écologie, il n'y a qu'un pas.

Seulement voilà. Le label écologique ne peut lui être accordé pour au moins deux raisons. Pour fournir 500 000 tonnes de diester, il faudrait planter 500 000 hectares de colza. Au rythme d'une tonne par hectare, le développement à grande échelle d'une monoculture intensive comme le colza risquerait vite d'épuiser les sols. Ensuite, la culture du colza ne peut se faire que dans les zones de grandes cultures. Le développement du diester ne peut donc en aucun cas être un palliatif à la désertification des campagnes.

Quant à la rentabilité économique de cette énergie, elle est loin d'être là. Le diester comme l'éthanol – fabriqué à partir de la betterave et du blé sont en général deux ou trois fois plus chers à produire que les carburants fossiles. La détaxation des biocarburants, décidée au début de l'année, revient à accorder des subventions de 38 000 francs par TEP (tonne équivalent pétrole) pour l'éthanol de blé et de 5 000 francs pour le diester. Cela revient aussi à accorder une subvention de l'ordre de un million de francs par an pour chaque emploi préservé par la production d'éthanol de betterave, et de 150 000 francs pour le diester... Plus qu'une énergie de substitution, les biocarburants sont un baume sur les plaies des agriculteurs. ■■■

Libération (06/05/92).

Relevez, sous forme de tableau, les arguments qui sont donnés pour et contre l'utilisation du diester.

177 D'après l'article *Vrai-Faux*, répondriez-vous « vrai » ou « faux » à l'affirmation : « *Le diester est bon pour l'écologie et pour l'économie* » ? Pourquoi ?

> *Les activités 178 à 184 peuvent être également utilisées pour préparer l'oral collectif proposé dans certains centres d'examen.*

178 ▭ Écoutez ces interjections. Retrouvez le sentiment exprimé par chacune : *surprise – soulagement – doute – énervement – regret – joie.*

1. Ouf ! ....
2. Ah bon ? ....
3. Dommage. ....
4. Encore ! ....
5. Tant mieux ! ....
6. Ouais... ....
7. Ah là là ! ....
8. Tiens, tiens... ....
9. Enfin ! ....
10. Ça alors ! ....
11. Super ! ....
12. La barbe ! ....
13. Comment ça ? ....
14. Peut-être... ....
15. Tant pis ! ....
16. Ouais ! ....
17. Ça... ....
18. Ah ! ....
19. Bof ! ....
20. Hélas ! ....

179 🔊 Écoutez ces appréciations recueillies à la sortie d'un spectacle. Notez-les :

0 : très négatif   1 : plutôt négatif   2 : plutôt positif   3 : très positif

a. Ouais... pas mal !... ......   b. Génial ! ......   c. Pas terrible ! ......

d. Fabuleux. ......   e. Nul ! ......   f. Original ! ......

g. Bof... ......   h. Sans plus... ......   i. Intéressant. ......

j. Complètement raté. ......   k. Éblouissant. ......   l. Solide. ......

m. Attachant. ......   n. Sans intérêt. ......   o. Passionnant ! ......

180 🔊 Vous allez entendre huit phrases. Chaque phrase est prononcée deux fois avec deux intonations différentes. Vous devez reconnaître les deux sentiments exprimés successivement parmi les quatre qui vous sont proposés.

1. Il n'a pas encore fini !
   a. ☐ Déception   b. ☐ Colère   c. ☐ Joie   d. ☐ Inquiétude

2. On commence lundi !
   a. ☐ Doute   b. ☐ Stupéfaction   c. ☐ Enthousiasme   d. ☐ Déception

3. Tu ne reviendras pas.
   a. ☐ Stupéfaction   b. ☐ Joie   c. ☐ Inquiétude   d. ☐ Tristesse

4. Elle a toujours raison.
   a. ☐ Agacement   b. ☐ Doute   c. ☐ Satisfaction   d. ☐ Admiration

5. C'est toi qui as fait ça !
   a. ☐ Admiration   b. ☐ Satisfaction   c. ☐ Tristesse   d. ☐ Colère

6. Vous m'avez compris !
   a. ☐ Tristesse   b. ☐ Agacement   c. ☐ Doute   d. ☐ Satisfaction

7. Vous ne savez pas conduire !
   a. ☐ Doute   b. ☐ Stupéfaction   c. ☐ Colère   d. ☐ Déception

8. Qu'est-ce que je peux faire ?
   a. ☐ Empressement   b. ☐ Inquiétude   c. ☐ Agacement   d. ☐ Résignation

181 🔊 *Les colonnes de Buren.* Les colonnes élevées par le sculpteur Daniel Buren dans la cour du Palais Royal, à Paris, ont fait l'objet d'une vive polémique. Écoutez deux fois les points de vue de quelques passants.
a. Classez-les dans le tableau suivant.
b. Quel est l'argument qui revient le plus souvent ?

	Contre	Plutôt contre	Plutôt pour	Pour
1				
2				
3				
4				
5				.

182 🔊 *Suppression du service militaire national.* L'annonce de la suppression du service national a suscité beaucoup de réactions en France. Écoutez deux fois les dix réactions et indiquez si elles sont négatives (–) ou positives (+).

1. ..... 2. ..... 3. ..... 4. ..... 5. ..... 6. ..... 7. ..... 8. ..... 9. ..... 10. .....

183 🔊 Lisez attentivement les arguments ci-dessous (pour ou contre la suppression du service national). Écoutez à nouveau les réactions de l'activité n° 182. Retrouvez à quelle réaction correspond chacun des arguments. Écoutez une dernière fois pour confirmer vos réponses.

Réaction n°	
....	**a.** La défense de la patrie est une valeur importante.
....	**b.** Une armée uniquement professionnelle présente des risques pour la démocratie.
....	**c.** Le service militaire était totalement inutile.
....	**d.** L'armée traditionnelle ne correspondait plus aux besoins de notre époque.
....	**e.** La suppression du service militaire va aggraver le chômage.
....	**f.** Il faudrait arrêter les guerres.
....	**g.** Cela accentuait les écarts entre les privilégiés qui s'en dispensaient et les autres.
....	**h.** Le service permettait à des jeunes de se côtoyer ; il créait des liens.
....	**i.** La vie militaire était abêtissante et difficilement supportable.
....	**j.** L'armée offrait aux jeunes une nouvelle formation.

184 🔊 Seriez-vous d'accord avec l'interdiction de la voiture en ville ? Écoutez ce que répond la personne interrogée et retrouvez les différents arguments.

185 Lisez ce texte, puis les avis de huit personnes sur cette question. Entourez le nom de celles qui veulent défendre les requins.

> **ALERTE AUX REQUINS !**
>
> Il a beau être le prédateur le plus puissant des océans, le requin est en train de disparaître au nom de la pêche industrielle.
> Selon certaines sources, il existe «une demande croissante de produits issus de ces poissons, convoités pour leur chair, leurs ailerons, leur peau et leur foie».
> Au moins 125 pays pêchent et commercialisent 30 à 70 millions de requins chaque année. Si l'Indonésie capture le plus de requins, sur le plan européen, c'est la France qui se trouve en tête, avec 23 500 tonnes de prises par an.

Yves : Moi, les requins, moins il y en aura, mieux je me porterai. Comme ça, je pourrai faire du bateau tranquille !

Philippe : On a accusé les requins de tout un tas de choses. Mais ce ne sont pas eux qui attaquent. C'est ridicule de les faire disparaître.

Emmanuelle : C'est scandaleux de tuer les requins pour manger leurs ailerons. Moi, je trouve que ce sont des animaux magnifiques. Il faut les laisser vivre !

Agnès : Moi je trouve que ce sont les pêcheurs qu'il faudrait faire disparaître. Tout ce qui parle des requins m'intéresse.

Véronique : De quoi parlez-vous ? Des requins ? Oh, vous savez, par ici, on n'en voit jamais... Et puis, s'ils attaquent les pêcheurs, je comprends qu'on les fasse disparaître.

Christine : Il y a des problèmes plus graves que les requins. Des enfants meurent de faim. Alors, autant les nourrir, même avec des requins !

Stéphane : Je ne demande pas mieux que d'aider à la défense des requins. Mais je voudrais qu'on me dise ce que je peux faire précisément.

Muriel : Les requins ? Qu'est-ce que vous voulez que ça me fasse ? De toutes façons, je n'en ai jamais vu !

---

186 Lisez le texte.

EXPLORER L'ESPRIT

Les phénomènes paranormaux pour la première fois en cédérom !
Présenter la télépathie, la voyance, la prémonition, la vision à distance, les fantômes ou les médiums d'une manière à la fois sérieuse et ludique était le défi relevé par Mario Varvoglis, docteur en psychologie expérimentale et spécialiste de la parapsychologie scientifique.
Il vient donc d'éditer Psi-explorer : un univers virtuel en images de synthèse et animations multimédias, qui nous invite à explorer les plus troublantes énigmes de l'esprit. D'une esthétique splendide, ce cédérom présente les recherches d'une centaine de scientifiques depuis les débuts de la parapsychologie, grâce à des séquences de films, des témoignages, des références bibliographiques, des résumés théoriques... La grande nouveauté est surtout de nous proposer des résumés extrêmement bien conçus, pour partir découvrir nos dons cachés et tester à volonté nos propres facultés.

Les personnes interrogées croient-elles aux phénomènes paranormaux ?
Répondez en mettant une croix dans la case correspondante.

Chloé : Non, mais ! Vous m'avez regardée ? J'ai une tête à croire aux fantômes ?

Claudine : Je ne sais pas... Je me demande... C'est difficile d'avoir une opinion définitive... Il y a des choses qui m'intriguent...

Christophe : Avec des amis, nous nous réunissons pour faire des expériences. Je ne peux pas vous donner de détails, mais c'est très étonnant. On est obligé d'y croire.

Corinne : Une fois, chez un copain, il a voulu nous faire communiquer avec d'autres copains qui étaient à 100 km... J'en ris encore...

Christian : Il ne faut pas plaisanter avec ces choses-là... On ne sait jamais... Alors, il vaut mieux être prudent...

Caroline : J'ai suivi de nombreuses séances. Maintenant je sais. Je suis sûre que nous ne voyons qu'une petite partie de la totalité du monde !

Claude : Des bêtises, je vous dis !

Colette : J'ai eu l'occasion de me trouver dans des situations où je ne savais pas très bien s'il fallait croire ou non...

	un peu	beaucoup	pas du tout
Chloé			
Claudine			
Christophe			
Corinne			
Christian			
Caroline			
Claude			
Colette			

187 Un journal a posé à ses lectrices (et à ses lecteurs) la question suivante : *Est-il possible d'aimer toutes les femmes ?* Voici quelques réponses. Quelles sont celles qui disent qu'il est préférable de n'en aimer qu'une seule ?

....

a. « Au contraire ! Si vous aimez toutes les femmes, ou tous les types de femmes en une seule, ça devrait vous simplifier la vie, non ? Et vous permettre de n'en aimer qu'une seule ! Plus besoin d'aller voir ailleurs ! »

b. « Comme disait le dessinateur Wolinski : mieux vaut vivre beaucoup de choses avec toujours la même femme que toujours la même chose avec beaucoup de femmes. »

c. « On en demande beaucoup aux femmes : épouse, sœur, mère, mais aussi séductrice et professionnelle. Peut-être un peu trop pour une seule femme, non ? Alors, pourquoi pas plusieurs ? »

d. « Déjà, aimer une seule femme, ce n'est pas évident. Alors si les femmes présentent trop de visages, nous les hommes, on n'y arrive plus. »

188 Lisez le texte.

LE SURF : UNE DISCIPLINE DE L'ESPRIT

Défier la peur, dépasser ses limites, savourer l'instant présent, avoir confiance en soi, accepter les échecs... Voilà ce qu'on apprend de la mer : un vrai mode de vie. Rencontre avec des surfers qui ne sont jamais au creux de la vague !

Sur une longue vague de la côte des Basques se profile la silhouette ondulante de Brian Keaulana, originaire de Hawaii, invité au festival de surf de Biarritz. Dansant sur sa planche, il glisse avec grâce et légèreté, vision irréelle d'un être mi-aquatique, mi-terrien. *« J'ai appris à surfer avant même de savoir marcher, s'exclame-t-il ! J'avais trois mois lorsque mon père m'a mis sur une planche. Ma mère s'en est aperçu, et elle a hurlé : Ça m'a pris neuf mois pour accoucher de ce bébé, et maintenant je vais le perdre ! »*

Les personnes interrogées ont-elles aimé le spectacle du festival de surf de Biarritz ? **Répondez en mettant une croix dans la case correspondante.**

Samuel : C'est génial ! Je voudrais pouvoir faire comme eux ! Vous avez vu cette souplesse ? Et la façon de prendre la vague ? C'est vraiment génial !

Stéphane : J'ai trouvé la compétition intéressante mais un peu longue. Et comme le temps n'était pas très beau, on commençait à avoir froid.

Guillaume : C'est toujours la même chose. Ce n'est pas très varié. Je me suis un peu ennuyé.

Maxime : Ma mère dit que je suis trop petit. Mais moi, je trouve que je suis assez grand. Je n'ai pas envie d'attendre l'année prochaine pour faire du surf.

Lucile : Moi, ça me fait peur. J'ai toujours l'impression qu'ils vont se noyer. Je ne peux pas regarder !

Hélène : Moi, j'ai vu un Australien, il était beau ! Mais beau ! Rien que pour ça, je reviendrai !

Le père de Brian : Ici, à Biarritz, les vagues ne sont pas aussi régulières que chez nous. Et puis l'eau est plus froide. Ce n'est pas l'idéal.

La mère de Brian : Mais qu'est-ce que j'ai fait pour mettre au monde un enfant pareil ! Son père et lui, ils me feront mourir ! De peur ou de froid, mais ils me feront mourir !

	un peu	beaucoup	pas du tout
Samuel			
Stéphane			
Guillaume			
Maxime			
Lucile			
Hélène			
Le père de Brian			
La mère de Brian			

189 **Lisez ce texte. L'auteur ne se contente pas de donner des informations, il donne aussi son opinion d'une manière ironique.**

COMBIEN VOUS COÛTERA VOTRE VIGNETTE POUR 1997 ?

La vignette auto sera en vente du 13 novembre au 3 décembre 1996 dans tous les bons bureaux de tabac. Trois éléments entrent en jeu pour en fixer le tarif : l'âge, la puissance du véhicule, et principalement le vote de votre conseil général (autrement dit les représentants du département), qui en fait varier considérablement le prix d'un endroit à l'autre. Ainsi, si vous possédez un véhicule de 5 à 7 CV, il vaut mieux pour vous habiter dans la Marne (278 F), en Corse (286 F), en Haute-Garonne (420 F) ou dans l'Essonne (432 F). En revanche, si vous habitez le Cantal (Aurillac, Mauriac ou Saint-Flour), vous aurez le triste privilège de payer la vignette la plus chère de France : 604 F pur un véhicule de 5 à 7 CV. De même si vous habitez l'Ariège (600 F), les Pyrénées-Orientales (588 F) ou les Hautes-Pyrénées (570 F).

Mettez une croix dans les cases placées devant les phrases ironiques.

a. ☐ La vignette auto sera en vente du 13 novembre au 3 décembre 1996.

b. ☐ La vignette auto sera en vente dans tous les bons bureaux de tabac.

c. ☐ Trois éléments entrent en jeu pour en fixer le tarif.

d. ☐ Si vous habitez le Cantal, vous aurez le triste privilège de payer la vignette la plus chère de France.

e. ☐ Si votre véhicule a atteint le bel âge de 5 ans, vous aurez pour son anniversaire un beau cadeau.

f. ☐ Le prix peut même atteindre le zéro pour les véhicules de plus de 25 ans.

g. ☐ Vous paierez autour de 100 F si elle a plus de 20 ans.

h. ☐ Vous verrez : rien de tel pour voir le prix de la vignette s'envoler.

i. ☐ En passant simplement de 7 à 8 CV, comptez voir votre vignette passer au-dessus de 1 000 F.

j. ☐ Après cette bonne douche fiscale, bonne année 1997 au volant de votre belle automobile !

190 **Lisez le texte. Puis mettez une croix devant les phrases ou les expressions qui indiquent une opinion de l'auteur.**

CASSIS

Le ciel bleu, la mer tout autant, voilà ce qu'il nous faut pour être heureux. Nous vous amenons cette semaine à La Ciotat, près de Marseille, pour découvrir les vins des Côtes de Provence et plus précisément l'appellation des vins de Cassis.
Le vignoble de Cassis, c'est d'abord une falaise impressionnante qui tombe sur la mer, c'est la roche qui se fond dans la grande bleue. C'est ensuite un ensemble de reliefs, de collines, de pentes accidentées, comme si Dame Nature avait passé sa colère sur cette région de Provence. Cassis, c'est aussi des calanques* et des petites plages de sable au pied de ces collines.
L'appellation cassis, c'est aussi un vin datant du XIe siècle. C'est en 1520 que des Florentins s'y installent et y font un vin blanc déjà reconnu comme meilleur que les vins rouges. Malheureusement, avec le temps, Cassis est devenue une banlieue proche de Marseille et son port – fort beau d'ailleurs – a pris l'importance qu'avaient les vignes. Heureusement pour nous, elles se sont maintenues sur les côtes. Cette appellation représente aujourd'hui près de 120 hectares pour une production de près de 6 000 hectolitres, principalement de vin blanc. Pour vous aider dans cette découverte, la chaîne d'hôtels Logis de France vous propose un week-end dans un hôtel deux étoiles situé sur le bord de mer de La Ciotat. Vous pourrez ainsi, de ce point de départ fort sympathique, mieux connaître cette belle région.
En vous souhaitant un bon week-end. Ah, au fait, n'hésitez pas à rendre visite aux vignerons et à déguster leurs productions : elles sont très intéressantes !

* Calanque : petit port naturel sur la côte méditerranéenne.

a. ☐ Le ciel bleu.

b. ☐ Le ciel bleu, voilà ce qu'il nous faut pour être heureux.

c. ☐ Cassis, c'est des petites plages de sable au pied des collines.

d. ☐ Malheureusement, Cassis est devenue une banlieue proche de Marseille.

e. ☐ Son port a pris de l'importance.

f. ☐ Son port – fort beau d'ailleurs – a pris de l'importance.

g. ☐ Heureusement, les vignes se sont maintenues sur les côtes.

h. ☐ Un hôtel deux étoiles.

i. ☐ Ce point de départ fort sympathique.

j. ☐ Les productions des vignerons sont très intéressantes.

191 Lisez le texte. Puis mettez une croix devant les phrases ou les expressions qui indiquent une opinion de l'auteur.

LA CHAMPAGNE

Certaines personnes bien pensantes vous diront que la Champagne n'est pas une des régions les plus touristiques qui soient. Qu'elles tournent sept fois leur langue dans leur bouche avant de dire une nouvelle bêtise! La Champagne, pas touristique?

À une heure de Paris, cette grande région viticole qu'est la Champagne accueille les amoureux de la vigne et du vin de fête. Qui ne connaît pas cet élixir relevé de perles? Qui n'a jamais cligné des yeux pour mieux apprécier les reflets de cette robe d'or, humer avec respect et plaisir ces bouquets subtils? Qui, par contre, pourra se souvenir de ces collines vertes de vignes, de ces grappes de Chardonnay mûrissant sur la Côte de Blanc, de ce soleil d'été caressant en dégustant une flûte loin de la terre mère? Vous, sans aucun doute, quand vous aurez suivi notre bon conseil: visitez la Champagne.

Que faire, que voir et comment?

Pour visiter les vignobles, vous n'aurez besoin de personne. Si vous êtes plutôt «voiture», près de 60 kilomètres de voies balisées, appelées «Route touristique de Champagne», vous guideront dans votre visite.

Pourquoi ne pas profiter des superbes paysages en faisant travailler vos jambes? Cycl'o vert vous louera des vélos qui vous permettront de découvrir le Parc Naturel Régional de la Montagne de Reims.

Il est possible également de se laisser porter par le charme d'antan en visitant la ville de Reims en calèche ou de la découvrir en revivant la grande épopée du chemin de fer. Mais si vous êtes partisan de sentiments plus aériens, comme les bulles dans une flûte de cristal, les montgolfières vous montreront les vignobles comme vous ne les avez jamais vus. Pour les amateurs de sensations encore plus fortes, passez à l'étage supérieur: la visite champenoise en hélicoptère. C'est superbe et impressionnant!

Enfin, si toutes ces possibilités vous ont laissé de glace, promenez-vous au fil de l'eau. Deux croisières sur la Marne sont possibles.

Pour vous reposer de vos efforts ou vous remettre de vos émotions, dégustez une flûte de champagne dans la cave de votre maison préférée. La plupart organisent des visites guidées. Mais attention! Elles ne le feront que sur rendez-vous. Vous pourrez poser toutes les questions qui vous passeront par la tête et découvrir l'envers du décor.

---

a. ☐ La Champagne, pas touristique?

b. ☐ À une heure de Paris.

c. ☐ La Champagne accueille les amoureux de la vigne.

d. ☐ Qui ne connaît pas cet élixir relevé de perles?

e. ☐ Ce soleil d'été caressant.

f. ☐ Vous aurez suivi notre bon conseil.

g. ☐ Près de 60 km de voies balisées.

h. ☐ Profiter des superbes paysages.

i. ☐ Cycl'o vert vous louera des vélos.

j. ☐ C'est superbe et impressionnant!

k. ☐ Deux croisières sur la Marne sont possibles.

l. ☐ La plupart des caves organisent des visites guidées.

DURE JOURNÉE POUR LA MÈRE

Sept heures. Le réveil sonne. Ruée vers la salle de bains. Ma fille, qui rentre en sixième, passe une heure à se coiffer, refait trois fois son cartable et change de pulls autant de fois que son armoire en contient.

Le nez dans mon café, je tente de reprendre pied après les huit semaines de vacances où mes enfants n'étaient qu'à moi. La petite dernière, six ans, prête à sept heures trente, alors que nous ne partons qu'à huit heures quinze, m'annonce : *«Je ne veux plus que tu choisisses mes affaires, maintenant je suis à la grande école. »*

Mon fils remplit son cartable de billes. Pour lui, l'école, c'est surtout la récréation.

L'aînée, quinze ans, arrive, mal réveillée et de mauvaise humeur. Pour elle, la rentrée, c'est dans huit jours. Elle annonce en bâillant : *«Je vous accompagne. »* Les autres hurlent : *«Non, nous on ne va pas au lycée, alors tu restes ici. »*

Départ vers le car du collège de ma fille qui rentre en sixième. Puis départ en fanfare vers l'école primaire et stupeur... Une banderole barre le portail. École occupée. Un poste d'instituteur a été supprimé. Nos enfants vont se retrouver entassés à trente dans des classes à trois niveaux, avec en prime un cours préparatoire surchargé !

Les parents se concertent, établissent des tours de garde pour l'occupation de l'école. Mon fils, ravi, déballe ses billes. Ma fille boude : *«Moi je voulais lire. »* Je passe la matinée dans la cour, avalant du mauvais café et écoutant affolée les plaintes des enseignants et des parents. Arrivée de l'inspecteur. Le ton monte. L'école est menacée de grève. À midi, raviolis pour tout le monde. Le ton monte. Menaces de grève à l'école. L'après-midi, retour dans la cour où mon fils organise des concours de billes. Ma fille ne veut plus aller au cours préparatoire ; elle regrette la maternelle. Débarquement de trois gendarmes intimidés, qui nous comprennent, mais effectuent leur travail. Vers seize heures trente, confiant mes petits à une amie, je cours vers le collège pour la réunion de rentrée. Le proviseur nous parle de violence, de programmes surchargés, de cartables trop lourds et de démission des parents.

Culpabilisée, je récupère mes enfants énervés par cette mauvaise journée et je rentre enfin chez moi. Je glisse un gratin de lasagnes surgelé dans le four à micro-ondes tandis que les enfants se disputent dans la salle de bains.

Ma fille qui rentre en sixième débarque avec sa collection de livres à couvrir : *«Je sais que tu n'es pas douée pour ça, mais tant pis ! »* Vingt et une heures. Tout le monde au lit. Je suis éreintée. Qui a dit qu'être maman était le plus beau métier du monde ? Certains jours, j'en doute. Pas vous ?

a. Qui parle ? ....

b. De quoi parle-t-elle ? ....

c. Durant la journée, la mère a éprouvé un certain nombre de sentiments. Mettez une croix dans la case des mots correspondant à ces sentiments.

☐ pressée   ☐ étonnée   ☐ ravie   ☐ inquiète

☐ intimidée   ☐ confiante   ☐ éreintée   ☐ découragée

d. Récapitulez l'emploi du temps de cette dame.

Sept heures : ....

Huit heures quinze : ....

Midi : ....

Seize heures trente : ....

Vingt et une heures : ....

193 Lisez le texte. Puis répondez aux questions.

L'ÂGE INGRAT

Sept ou quinze ans, dix ou seize ! Histoire de ne pas trop culpabiliser, j'ai décidé que ma fille de quinze ans et quelques mois était en plein dans cet âge dit « ingrat », tout simplement parce que je ne sais plus lui parler pour lui dire qu'un anneau dans la lèvre, c'est sans doute très joli, mais que je préférerais qu'elle ne se massacre pas les lèvres avec cet anneau...

L'âge des doutes, des tentatives désespérées pour échapper à l'image que nous avons d'eux...

Ma deuxième, qui a onze ans, a coloré en orange une de ses jolies boucles de cheveux et porte des rangers avec des jeans sur lesquels elle a écrit au feutre : *« Kurt, je t'aime. »*

Alors, elle aussi est dans cet âge où les parents, en se regardant dans la glace, s'interrogent sur la meilleure manière d'élever les enfants...

Dois-je crier, hurler, et leur rappeler qu'un 16 en anglais, c'est tout de même plus important que de connaître par cœur le dernier « tube » de Blur ? Mes demoiselles en révolte me jettent un regard noir et me répondent : *« De toutes façons, toi, tu ne peux pas comprendre ! »*

Moi, je crie grâce devant mes filles qui, au fond, en réfléchissant bien, ne font rien de plus, rien de moins que moi, quelques années plus tôt.

L'âge ingrat : quel bel âge, au fond !

---

a. Qui parle ? ....

b. De quoi parle-t-elle ? ....

c. Mettez une croix dans la case des mots correspondant aux sentiments de la mère. Attention ! Il peut y avoir plusieurs réponses justes.

   1. Cette mère :

      ☐ est triste.   ☐ est en colère.   ☐ s'interroge sur l'éducation de ses filles.

   2. La mère trouve que ses filles :

      ☐ sont très sages.   ☐ exagèrent.   ☐ sont très gentilles avec elle.

   3. La mère pense :

      ☐ qu'elle était comme ses filles au même âge.

      ☐ qu'elle était différente de ses filles au même âge.

      ☐ que ses filles ont raison.

194 Lisez le texte, puis les cinq opinions féminines sur le maquillage permanent. Complétez le tableau en mettant une croix dans la bonne case.

LE MAQUILLAGE PERMANENT

Il y a en réalité deux formes de maquillage permanent :

1. le tatouage, ou une forme évoluée du tatouage : il concerne essentiellement le contour des lèvres et des yeux.

Avantages : plus besoin de se maquiller le matin, ou en tout cas, maquillage plus rapide, puisqu'il ne concerne plus qu'une partie du visage.

Inconvénients : il ne peut pas concerner toutes les parties du visage ; il ne doit être pris que comme une base de maquillage. Si on se fait « tatouer » les lèvres en rouge vif, on risque alors de le regretter un jour ou l'autre, car on ne pourra pas changer la couleur dans l'immédiat...

2. le maquillage semi-permanent. Ce sont des produits contenant des formules très « accrocheuses », qui résistent plus longtemps que les autres aux frottements et aux contacts. On peut ainsi trouver des rouges à lèvres qui durent plus de six heures contre trois pour les rouges à lèvres classiques, ainsi que des fonds de teint qui durent toute la journée.

Pierrette : Je ne suis pas sûre que ce soit une bonne solution. En plus, si la fantaisie vous prend de changer, ce n'est pas possible. Non, vraiment, je crois que ce n'est pas une bonne idée.

Lucette : Tu te rappelles ? C'est à l'époque où je m'étais fait maquiller les lèvres en noir !

Josette : Moi, j'ai bien envie de me faire faire un maquillage permanent. J'en ai parlé avec une amie qui m'a pratiquement convaincue.

Colette : Moi ? Tu es folle ? Ce truc-là, pas question !

Mauricette : C'est sûr, c'est un progrès. C'est du temps gagné. Et puis, comme cela, on a son style !

	Pierrette	Lucette	Josette	Colette	Mauricette
approuve le maquillage permanent					
désapprouve le maquillage permanent					
est prête à utiliser le maquillage permanent					
a déjà utilisé le maquillage permanent					
n'utilisera jamais le maquillage permanent					

Épreuve écrite 2

EXPRIMER SON OPINION

195 *Il est interdit de fumer dans les lieux publics.* **En prenant un élément dans chaque colonne reconstituez les phrases qui expriment l'approbation de cette décision.**

Exemple : « Je trouve normal d'interdire de fumer dans les lieux publics. »

La décision	Expression de l'approbation
interdire de fumer dans les lieux publics	je trouve normal
d'interdire de fumer dans les lieux publics	je trouve qu'on a raison
qu'on interdise de fumer dans les lieux publics	me paraît tout à fait justifiée
pour qu'on interdise de fumer dans les lieux publics	je suis à fond pour
l'interdiction de fumer dans les lieux publics	j'approuve totalement
avec l'interdiction de fumer dans les lieux publics	est à mon avis une sage décision
à l'interdiction de fumer dans les lieux publics	je comprends
	j'estime qu'il est normal
	je suis totalement favorable
	est selon moi une excellente mesure
	il me semble absolument normal
	je suis tout à fait d'accord

196 **Faites maintenant le maximum de phrases pour exprimer une opinion contraire. Vous pourrez utiliser les expressions suivantes :** *être contre – désapprouver – être hostile – condamner – être opposé*
ou les adjectifs suivants : *anormal – injustifié – absurde – scandaleux.*

197 **Parmi les expressions suivantes, cochez celles qui doivent être suivies du subjonctif :**

    a. ☐ je trouve que...   **b.** ☐ je crois que...

    c. ☐ il est dommage que...   **d.** ☐ il est important que...

e. ☐ je suis convaincu que…   f. ☐ il est évident que…

g. ☐ je préférerais que…   h. ☐ il faudrait que…

i. ☐ je considère que…   j. ☐ j'estime que…

k. ☐ il me semble que…   l. ☐ je ne pense pas que…

m. ☐ je regrette que…   n. ☐ je n'aime pas que…

o. ☐ je trouve bien que…

198 Utilisez les expressions de l'activité 197 avec les phrases qui suivent. Pour chaque phrase utilisez deux expressions. Attention au subjonctif…!

Exemple : On ne fait pas assez de sport à l'école.

→ « Je trouve qu'on ne fait pas assez de sport à l'école. »

→ « Je ne pense pas qu'on fasse assez de sport à l'école. »

a. Il y a beaucoup d'animaux en ville.

b. On va de plus en plus vite.

c. On ne sait plus écouter.

d. On détruit l'environnement.

e. On apprend les langues étrangères plus facilement quand on est enfant.

f. On reçoit très rapidement une information.

g. On peut changer de profession.

h. On connaît les autres cultures.

i. On défend les langues menacées.

199 Parmi les adjectifs ci-dessous, quels sont ceux qui peuvent être utilisés pour qualifier : une opinion ou une affirmation ? une décision ou une mesure ? Quels sont ceux qui conviennent pour les deux ? Classez-les en « positifs » ou « négatifs ».

Liste d'adjectifs : *révoltant – discutable – intéressant – fondé – bon – faux – injustifié – sage – scandaleux – juste – excessif – ridicule – excellent – original – utile – erroné – justifié – absurde – regrettable – incompréhensible.*

Peuvent qualifier	POSITIFS	NÉGATIFS
une opinion une affirmation		
une décision une mesure		
les deux		

COMMENTER UN SONDAGE / RÉPONDRE À LA QUESTION DU SONDAGE

Pour commenter un sondage et donner votre propre réponse à la question posée, vous avez besoin de : – mettre en relief, souligner ;
– comparer ;
– expliquer.

METTRE EN RELIEF

Observez ce tableau :

Travail = sécurité

Qu'est-ce qui est le plus important dans le travail ?

(en %)

- La sécurité de l'emploi   49
- Exercer des responsabilités   26
- Gagner beaucoup d'argent   22
- Ne savent pas   3

Ce sondage a été réalisé auprès d'un échantillon de 1 019 personnes âgées de 15 à 18 ans, représentatifs par catégorie de sexe, par occupation et par académie de l'ensemble des jeunes de 15 à 18 ans en France.

Le Nouvel Observateur (08/11/95).

On peut dire pour le commenter :
« 49 % des jeunes estiment que la sécurité de l'emploi est essentielle. »

Mais, pour mieux mettre en valeur, souligner l'élément important, on utilisera plutôt l'une des formes suivantes :
– Pour 49 % des jeunes, *c'est* la sécurité de l'emploi *qui* est la plus importante.
– *C'est* la sécurité de l'emploi *que* 49 % des jeunes recherchent d'abord.
– *Ce qui* est le plus important aux yeux des jeunes, *c'est* la sécurité de l'emploi.
– *Ce que* les jeunes considèrent comme le plus important, *c'est* la sécurité de l'emploi.
– La sécurité de l'emploi, *c'est ce que* les jeunes placent en premier.
– La sécurité de l'emploi, *c'est ce qui* compte le plus pour les jeunes.

200   Commentez à votre tour le tableau suivant :

Éducation morale

Les qualités que les parents cherchent à encourager chez leurs enfants :

1. La tolérance et le respect des autres

2. Le sens des responsabilités

3. Les bonnes manières

4. L'application au travail

5. La loyauté

6. La générosité

7. La détermination, la persévérance

8. L'esprit d'économie, ne pas gaspiller l'argent des autres

9. L'indépendance

10. L'imagination

Les Valeurs des Français, sous la direction d'Hélène Riffault, PUF, 1994.

COMPARER

On peut comparer la première ligne du tableau et les autres (ou seulement une autre).
Pour le premier tableau, on écrira par exemple :
La moitié des jeunes — placent la sécurité de l'emploi avant l'argent.
                   — préfèrent la sécurité de l'emploi à l'exercice des responsabilités ou
                      à l'argent.
                   — choisissent la sécurité de l'emploi plutôt que les responsabilités.
                   — jugent la sécurité de l'emploi plus importante que l'argent.
                   — accordent plus d'importance à la sécurité qu'à l'argent.

On peut aussi, bien sûr, commenter et comparer d'autres lignes d'un tableau que la première...

---

201 Reprenez le deuxième tableau et faites quelques phrases de comparaison pour les points qui vous semblent intéressants.

EXPLIQUER

Commenter, c'est aussi expliquer. Reprenons le premier tableau :
Pour 49 % des jeunes, c'est la sécurité de l'emploi qui est essentielle.
• *En effet,* le chômage est de plus en plus grave et on sait qu'en France, il touche particuliè-rement les jeunes, qui ont beaucoup de mal à trouver un premier emploi.
• *Cela n'a rien d'étonnant car* le chômage...
• *C'est bien sûr parce que...*
• *C'est que...*

Le chômage est aujourd'hui de plus en plus inquiétant et il touche particulièrement les jeunes.
• *C'est pourquoi* la moitié d'entre eux considèrent que...
• *C'est pour cela que...*
• *C'est la raison pour laquelle...*

Il n'est pas toujours facile de trouver une explication, mais c'est surtout quand on vous demande votre propre opinion que vous devez l'expliquer, la justifier.

---

202 Quelle réponse donneriez-vous vous-même à la question : *« Quelles qualités faut-il d'abord développer chez un enfant ? »* Justifiez votre réponse.

---

203 a. Commentez brièvement l'un ou l'autre des deux sondages suivants.
b. Donnez ensuite votre propre réponse à l'une ou l'autre des deux questions.

Parmi ces différents moyens d'enrichir ses connaissances, quels sont ceux que vous jugez les meilleurs ?

	Ensemble	France	G.-B.	Allemagne	Espagne	Italie
Les livres	66 %	70 %	60 %	73 %	62 %	65 %
La télévision, la radio	37 %	31 %	35 %	54 %	21 %	44 %
Les voyages	33 %	26 %	43 %	24 %	34 %	39 %
Les conversations, les discussions	33 %	27 %	42 %	43 %	30 %	23 %
Les journaux, les revues	29 %	25 %	20 %	43 %	20 %	35 %
Les expositions, musées, spectacles	17 %	13 %	23 %	14 %	17 %	17 %

Étude réalisée dans cinq pays : France, Grande-Bretagne, Italie, Allemagne, Espagne. Échantillon dans chaque pays de 1 000 personnes, représentatif de la population âgée de 18 ans et plus.

Sondage SOFRES pour *Encyclopaedia Universalis.*

A2 · ÉPREUVE ÉCRITE 2

Dans la liste suivante, quelle est d'abord la cause qui, de nos jours, vaut la peine de prendre des risques et d'accepter des sacrifices ? Et ensuite ?

(Réponses données à l'aide d'une liste)	En premier (%)	Total premier et second (%)
– La paix dans le monde	44	64
– La lutte contre la pauvreté	13	34
– Les droits de l'homme	13	32
– La protection de l'environnement	12	22
– La lutte contre le racisme	4	10
– La défense de la France	4	7
– La lutte pour la transformation de la société	3	10
– La foi religieuse	3	6
– L'aide au tiers monde	1	4
– Les convictions politiques	–	–
– La construction de l'Europe	–	2
– Rien de tout ça	2	2
– Ne se prononcent pas	1	1
Total	100	(1)*

* Total supérieur à 100, les interviewés ayant pu donner deux réponses. *Le Monde* (12/05/94).

ARGUMENTER

– **Expliciter des arguments**	– **Nuancer**
– **Développer des arguments**	– **Répondre à une objection**
– **Ordonner des arguments**	– **Construire une argumentation cohérente**

EXPLICITER DES ARGUMENTS

204 *Pour ou contre l'heure d'été ?* **Dans différents pays (en Europe en particulier), on avance l'heure officielle d'une heure pendant l'été. Certaines personnes sont favorables à cette mesure, d'autres non.**
Voici quatre arguments. Deux arguments pour l'heure d'été : les économies d'énergie, les longues soirées d'été. Deux arguments contre l'heure d'été : le trouble des rythmes biologiques, la pollution urbaine.
Essayez d'expliciter chacun d'eux, c'est-à-dire de les formuler plus précisément.

Exemple : Les économies d'énergie : « Grâce à l'heure d'été on peut économiser chaque jour une heure d'électricité. »

Continuez avec les trois autres arguments. Comparez avec l'article qui suit.

LE POUR ET LE CONTRE

Pour l'heure d'été
– Ses économies d'énergie : seul chapitre où figurent des données réellement chiffrées ; selon les derniers calculs d'EDF, l'heure d'été permet d'économiser l'équivalent de 267 tonnes de pétrole par an. Cette économie s'applique essentiellement au secteur de l'éclairage, dont la consommation croît de 10 % par an. En termes de facture électrique, cela a représenté cette année une somme TTC de l'ordre de 920 millions de francs.

– Ses longues soirées d'été : avec le fuseau « GMT + 2 », le jour ne tombe qu'après 22 h après la fin juin. Plus de 10 millions de Français en profiteraient pour pratiquer un sport de plein air le soir, ou pour faire du tourisme.

Contre l'heure d'été

– Le trouble des rythmes biologiques : le coucher tardif du soleil empêche les enfants de dormir. Le décalage de deux heures par rapport au soleil perturbe le rythme de vie des agriculteurs, obligés de se lever très tôt pour nourrir le bétail, et des travailleurs en trois-huit, dans l'industrie et le secteur hospitalier. Cependant, l'académie de médecine a conclu à *« l'absence d'éléments cliniques ou biologiques »* permettant de conclure que l'heure d'été perturbe directement la santé.

– La pollution urbaine : en favorisant la sortie des bureaux, alors que le soleil est encore haut dans le ciel, l'heure d'été favoriserait la formation de polluants (principalement d'ozone) par action photochimique du soleil sur les émissions des pots d'échappement. Là encore, cependant, rien n'a pu être scientifiquement établi.

France-Amérique (28/11/96).

205 *Les grands projets des présidents.* **En France, les derniers présidents de la République ont marqué leur passage au pouvoir par au moins un grand projet. Les critiques ne manquent pas en général. Voici quatre sujets de critiques souvent faites à la construction d'un nouveau bâtiment (musée ou opéra, par exemple) :** *son coût, son esthétique, son utilité, l'arbitraire de la décision de construction.* **Formulez chacune d'elles plus explicitement : faites une phrase qui développera chacun des noms.**

Exemple : l'arbitraire → « Est-il bien démocratique que le président décide seul d'un aussi grand projet, sans consulter ses compatriotes ? »

206 *Contre la publicité.* **Voici trois arguments contre la publicité :** *Elle nous envahit. | Elle nous pousse à acheter. | Elle nous trompe.* **Essayez de développer un peu chacun d'eux :** *Elle nous envahit → où ? quand ? comment ? | Elle nous pousse à acheter → quoi ? qui influence-t-elle surtout ? | Elle nous trompe → comment ?*

DÉVELOPPER DES ARGUMENTS (PAR DES EXEMPLES)

207 **Vous pouvez développer un argument avec un exemple : un fait connu de tous, une information que vous avez lue dans la presse, une observation sur votre propre vie quotidienne ou sur votre entourage.**

a. Vous êtes contre les centrales nucléaires à cause

• des risques d'accidents → exemple : ....

....

• du problème des déchets (stockage et retraitement) → exemple : ....

....

b. Vous êtes contre les grandes aventures sportives à cause

• des dangers → exemple : ....

• du coût → exemple : ....

c. Vous êtes pour le développement du téléphone portable.

→ Trouvez des situations où il est utile. ....

....

d. Vous êtes pour l'organisation de collectes pour des causes humanitaires.

→ Trouvez là aussi des exemples. ....

....

ORDONNER DES ARGUMENTS

208 Un lecteur de *La Vie* écrit à son journal pour dénoncer trois lacunes (trois défauts, trois manques) du système éducatif.
a. Reconstituez la lettre en remettant dans l'ordre les extraits ci-dessous.
b. Notez les mots qui indiquent l'ordre des lacunes.
c. Quel est le rôle des extraits B et F ?

DES TÊTES BIEN PLEINES OU BIEN FAITES ?

☐ A Nos élèves apprennent à disserter, à commenter avec un incroyable pédantisme, mais pas à échanger avec l'autre points de vue ou informations. «Coincés», ils ne savent pas écouter et cela explique peut-être pourquoi nos élites se sont coupées du reste de la nation.

☐ B Dire cela c'est s'exposer à plus d'une réaction hostile. Mais ces idées me tiennent à cœur. Je suis convaincu que l'on continuera à construire sur du sable si on ne s'occupe pas de traiter ces trois carences.

☐ C Carence d'abord dans le domaine de la communication.

☐ D Enfin nos lycées ont renoncé depuis longtemps à être des écoles de civisme.

☐ E Nos élèves analysent et reproduisent, mais rien n'est fait (à de rares exceptions près) pour encourager et développer chez eux l'esprit d'invention et l'imagination créatrice qui pourtant leur serait indispensable pour survivre dans un monde en plein changement, où ils devront affronter des problèmes inédits et même imprévisibles.

☐ F Je voudrais apporter ma petite contribution à votre débat sur l'école, en me cantonnant au secteur que je connais, celui des lycées, et en souligner trois carences.

☐ G La seule valeur qu'ils réussissent à inculquer, c'est la course désespérée vers la réussite. Quand rien ne vient compenser l'obsession des notes, il devient impossible de former des citoyens responsables, respectueux des autres et persuadés que sans règles il n'y a pas de société civilisée.

☐ H Deuxième carence : l'éducation de la créativité.

Vous avez noté que l'auteur de la lettre *Des têtes bien pleines ou bien faites ?*
– faisait une phrase pour introduire son sujet, c'est-à-dire présenter l'idée qu'il défend, annoncer ce qu'il va dire ;
– organisait ses critiques, marquait leur enchaînement à l'aide de certains mots ;
– faisait quelques phrases pour conclure (pour conclure on répète l'idée que l'on défend, on tire la conséquence de ce qu'on a dit).

Voici les mots que vous pouvez utiliser pour

• marquer l'enchaînement de plusieurs arguments (plusieurs idées ou critiques) :

1er argument :	d'abord	premièrement	en premier lieu
Arguments suivants :	ensuite	deuxièmement	en second lieu
	puis	troisièmement	en troisième lieu
	de plus		
	d'autre part		
	par ailleurs		
Dernier argument :	enfin		

• **souligner votre conclusion et marquer qu'elle est la conséquence de vos arguments :**

c'est pourquoi	pour toutes ces raisons
par conséquent	donc *(à placer après le verbe)*

209 a. Utilisez les mots du tableau ci-dessus pour souligner l'organisation de ce texte :

LES RYTHMES SCOLAIRES

À mon avis les journées d'école sont trop longues : les enfants ont trop d'heures de cours chaque jour.
Tous sont fatigués. Ils travaillent autant ou même plus que les adultes. Allez dans les classes en fin de trimestre et vous verrez ! Pour les plus fragiles, c'est grave, car ils ne résistent pas et c'est l'échec.
Les heures de cours en fin de journée sont inutiles : ils n'écoutent plus. D'ailleurs aucun professeur ne veut enseigner de 16 heures à 17 heures !

Ils n'ont plus de temps pour le travail personnel, qui est pourtant très important.
Ils n'ont pas non plus de temps pour d'autres activités, sportives ou culturelles par exemple. Il faut choisir entre l'école et le sport, l'école et la musique, ou alors être vraiment très résistant et très motivé !
Je pense qu'il faut absolument raccourcir la journée d'école. D'ailleurs, regardez dans les autres pays : en Italie, en Allemagne, les enfants n'ont pas cours l'après-midi. ■■■

b. Relisez le texte. Quel mot est utilisé pour introduire une explication ? (On pourrait aussi utiliser « en effet » ou le signe « : »)
c. Quels mots sont utilisés pour introduire une preuve de ce qu'on affirme ?

Quand on présente plusieurs arguments, on place habituellement en dernier celui que l'on considère comme le plus important, celui que l'on veut développer, et on présente les autres plus rapidement.

210 Rédigez une courte argumentation pour la réduction du temps de travail. Vous avez quatre arguments :

• Pour ceux qui travaillent : 1) Moins de stress. 2) Possibilité de faire d'autres activités.
• Pour les entreprises : 3) Embauche de personnes qui vont apporter du dynamisme.
• Pour la société : 4) Lutte contre le chômage par la répartition du travail.

Placez en dernière position et développez un peu plus celui qui vous semble le plus important. Pour souligner son importance vous pourrez ajouter « surtout » ou « enfin et surtout ». Faites une phrase d'introduction et une phrase de conclusion. Marquez l'organisation par l'emploi de mots de liaison.

211 Lisez cet extrait d'interview d'Alain Woodrow, journaliste et écrivain, sur le développement du numérique (la transmission d'informations par des réseaux informatiques). Alain Woodrow vous semble-t-il finalement « effrayé » ou « séduit » ? Justifiez votre réponse.

LE DÉVELOPPEMENT DU NUMÉRIQUE

Le journaliste que vous êtes est-il effrayé ou séduit par les potentialités du numérique ?

La numérisation permet de transporter des images, du son et du texte presque aussi facilement que la voix par le fil du téléphone. La transmission des informations est accélérée d'une façon incroyable. Évidemment, la possibilité de communiquer en « temps réel » avec n'importe qui, où qu'il se trouve sur la planète, m'apparaît comme un progrès éblouissant parce qu'il rapproche les gens au-delà de leurs différences culturelles, religieuses, ethniques. Mais cette notion d'instantanéité, qui rend l'information la plus lointaine et la plus rare universellement accessible, pose plusieurs problèmes. Informer, ce n'est pas seulement passer les plats. Il faut expliquer, vérifier, remettre les événements dans leur contexte, faire parler des témoins. Si chacun, via Internet ou un autre réseau informatique, peut se brancher sur toutes les banques de données du monde, ça veut dire que l'information échappe au contrôle du journaliste. Que devient son rôle de médiateur ? Déjà, les sondages montrent que leur crédibilité est chaque année de moins en moins fiable. Parce que la concurrence économique entre les médias pousse chaque reporter à gagner du temps, quitte à commettre des erreurs et à les démentir ensuite. Le numérique, qui permet d'en gagner encore plus, en facilitant la collecte et l'envoi de l'information, peut accentuer la tendance aux dérapages. D'autre part, sur Internet, on trouve certes des documents provenant des plus grandes bibliothèques, mais aussi de particuliers ou de groupes, dont on ne sait ni d'où ils viennent ni qui ils sont. Or l'identification de la source de l'information est essentielle. Et l'anonymat des réseaux la rend difficile, voire impossible.

■■■

La Vie (22/08/96).

RÉPONDRE À UNE OBJECTION

Quand on argumente on commence souvent par écarter un argument contraire.
On peut :

• **l'écarter résolument :**
– Il est faux de dire que ...
– On a tort de croire que ...
– Dire que ... est absurde.
– On entend dire que ... ⌐ c'est une erreur.
                       c'est un mensonge.
                       cela n'a jamais été prouvé.

• **minimiser, diminuer sa portée :**
– Il est ⌐ excessif de dire ...
        exagéré
– On exagère quand on affirme que ...
– On va trop loin en affirmant que ...

• **accepter en partie cet argument, mais répondre aussitôt en développant plus longuement sa position :**
– Bien sûr ...
– Certes ...
– Évidemment ...   mais / cependant ...
– Sans doute ...
– Peut-être ...
– Il est vrai que ...

212 Entraînez-vous à ces trois stratégies différentes en prenant la défense du nucléaire et des grandes aventures sportives. Reprenez les arguments de l'activité 205 et répondez-leur.

213 Vous pouvez, bien sûr, employer les mêmes expressions quand on vous demande de réagir à une affirmation, si vous n'êtes pas d'accord avec cette affirmation. On vous demande :
1. *« À 18 ans les jeunes ne sont pas assez mûrs pour voter. »* Qu'en pensez-vous ?
2. On entend dire : *« Le salaire minimum favorise le chômage. »* Qu'en pensez-vous ?
Vous n'êtes pas du tout ou pas tout à fait d'accord avec ces deux affirmations. Vous réagissez.

CONSTRUIRE UNE ARGUMENTATION COHÉRENTE

214 Améliorez le texte qui suit : supprimez une remarque qui ne va pas dans le sens de l'argumentation et ajoutez une phrase de conclusion.

> **JE SUIS CONTRE L'OUVERTURE DES MAGASINS LE DIMANCHE**
>
> D'abord, il est normal que les employés de commerce puissent profiter d'une journée de congé en famille comme tout le monde. Ensuite, ce n'est pas l'intérêt des consommateurs non plus. Il y a d'autres jours pour faire ses courses : les magasins ne sont pas fermés le samedi et les supermarchés sont ouverts tard le soir. On peut profiter du dimanche pour se promener ou aller au cinéma. D'ailleurs, il n'y a rien d'autre à faire : le dimanche les rues des villes sont tristes et vides. Enfin, les commerçants n'y gagneront pas. Bien sûr, le dimanche, ils vendront, mais du coup ils vendront moins de choses les autres jours.

215 Ce texte n'est pas tout à fait cohérent parce qu'un argument est mal placé. Corrigez-le.

> Je pense qu'il faut enseigner aux enfants une langue étrangère le plus tôt possible. D'abord, parce que les jeunes enfants l'apprennent très facilement. Regardez les enfants d'immigrés : ils parlent souvent bien mieux que leurs parents ! D'autre part, les échanges avec d'autres pays se sont multipliés à notre époque. L'apprentissage d'autres langues est donc fondamental, bien plus important que d'autres matières enseignées aux enfants. Enfin, il est important de sensibiliser les jeunes enfants à la variété des cultures.
>
> Il est bon qu'ils découvrent d'autres manières de penser, de voir le monde, que celles de leurs parents, et cela s'apprend en même temps qu'une langue étrangère. Il faut ouvrir très tôt l'oreille à d'autres sons que ceux de sa langue maternelle. Quand on est adulte on a beaucoup de mal à bien entendre, à bien distinguer les sons étrangers et cela pose de gros problèmes pour apprendre la langue. C'est pourquoi je pense que l'apprentissage d'une langue étrangère devrait être au programme de l'école primaire.

216 Vous allez lire un texte qui répond au sujet suivant :

En France on a instauré des quotas pour protéger la chanson française contre l'invasion de la chanson anglo-américaine : la loi oblige les radios qui diffusent des chansons à mettre au moins 40 % de chansons françaises dans leur programme. Que pensez-vous de cette mesure ?

À mon avis, cette mesure est indispensable à la survie de la chanson française.

Bien sûr, cela peut sembler être une atteinte à la liberté d'expression. C'est ce que disent certains animateurs de radio. Mais les compositeurs et les interprètes de chansons françaises ont aussi le droit de s'exprimer, et les radios qui ne diffusent que des « tubes » anglo-américains ne leur laissent pas ce droit.

Il est aussi exagéré de dire, comme le font des gens qui s'intéressent plus au marché de la chanson qu'à la culture, que c'est du protectionnisme, et que c'est donc contraire aux accords commerciaux entre la France et les autres pays. Car cela n'interdit pas d'importer des disques, et cela laisse tout de même 60 % du « marché » de la radio à la chanson étrangère ! En fait, ces quotas ne nuisent pas du tout à la chanson américaine et vont permettre à la chanson française de se développer en lui ouvrant un plus large public. Les jeunes, en effet, ne pouvaient pas l'apprécier car ils ne la connaissaient pas : la plupart d'entre eux écoutent des radios où l'on n'en entendait jamais.

On peut même se demander si cette mesure ne vient pas trop tard : il n'y a presque plus de bonnes chansons françaises. Et cela se comprend : un jeune chanteur français qui cherchait le succès avait intérêt à chanter en anglais s'il voulait qu'on l'entende à la radio ! Et bien des auteurs-compositeurs de talent ont été découragés et ont renoncé à écrire. C'est pourquoi on entend maintenant à la radio, à cause des quotas, 40 % de mauvaises chansons françaises et 60 % de bonne chanson américaine ; ce qui donne raison à ceux qui sont contre cette mesure.

■■■

La conclusion de ce texte est illogique. Modifiez-la pour rendre au texte sa cohérence.

APPRÉCIER – CRITIQUER

Pour écrire une critique de film, faites d'abord une ou deux phrases pour donner le sujet, le thème du film.

• **Vous pouvez utiliser les expressions suivantes :**

Ce film   – raconte l'histoire / la vie / les aventures ...
            – décrit / peint / montre la société / le milieu ...
            – analyse les relations / les rapports / les conflits ...
            – trace le portrait de ...
            – présente une vision de / un point de vue sur ...

et donner en même temps une appréciation :

Ce film   – peint *avec une grande vérité* le monde paysan.
            – raconte *fidèlement* la vie de Marie Curie.
            – analyse *sans complaisance* la dégradation des relations dans un couple.

• **Vous pouvez aussi préciser le genre du film :**

un fim policier	un film d'action	un film psychologique
un film noir	un conte	une œuvre de science-fiction
un western	une comédie	une histoire d'amour

ou encore :

une peinture	un tableau	un récit
un portrait	une analyse	*etc.*

• **et formuler alors votre appréciation d'ensemble sur le film avec des adjectifs :**
Une comédie *brillante*.
Une peinture *féroce*.
Une analyse *lucide*.
Une œuvre intense, bouleversante et splendidement filmée.
Un film beau et inconfortable. (CF. ACTIVITÉ 171)

217 Associez ces adjectifs à leurs contraires. (Attention, plusieurs associations sont parfois possibles !)

1. profond		a. terne	
2. grave		b. léger	
3. complexe		c. lourd	
4. original		d. facile	
5. émouvant		e. drôle	
6. alerte		f. superficiel	
7. brillant		g. conventionnel	
8. nouveau		h. classique	
9. exigeant		i. sommaire	
10. fort		j. plat	

218 Associez les adjectifs de sens voisin.

1. lucide		a. ordinaire	
2. vif		b. féroce	
3. facile		c. subtil	
4. léger		d. alerte	
5. soigné		e. intense	
6. méchant		f. clairvoyant	
7. fin		g. superficiel	
8. banal		h. raffiné	
9. fort		i. stéréotypé	
10. simpliste		j. complaisant	

219 Retrouvez le nom qui correspond à chaque adjectif : *drôle – lucide – fin – charmant – juste – sensible – intense – spirituel – frais – efficace – précis – lent – gai – raffiné – cruel – intelligent.*
Vous pourrez utiliser ce nom pour exprimer votre appréciation après « avec » ou « sans ».

Exemple : C'est un récit *fidèle* d'un épisode de la guerre de 1914-1918.
→ Le film retrace *avec fidélité* un épisode de la guerre de 1914-1918.

....

....

....

....

> **Vous pouvez porter une appréciation plus précise sur un ou plusieurs éléments du film :**
> - le sujet
> - le scénario
> - les dialogues
> - les personnages
> - les images
> - le rythme
> - le jeu des acteurs (l'interprétation)
> - la réalisation (la mise en scène)
>
> Exemple : *La réalisation est banale mais l'interprétation formidable.*

220 Choisissez quelques-uns des adjectifs vus dans les activités précédentes pour qualifier ces différents éléments d'un film.

Exemple : Un sujet grave / classique / original / nouveau / léger

Un scénario... ....

....

....

....

....

....

221 Rédigez maintenant deux critiques pour deux films différents. L'une doit être positive, l'autre négative.

> **Les éléments qu'on juge dans un livre sont assez largement les mêmes que dans un film.**
> – On va retrouver : le sujet, l'histoire, les personnages, les dialogues, le rythme ;
> – mais on parlera cette fois de l'écriture ou du style.
> – On retrouve aussi pour exprimer l'appréciation les adjectifs ou les noms vus dans les activités précédentes.

222 Lisez par exemple cette présentation de *La Place*, d'Annie Ernaux :

Dans ce livre fort et dépouillé, Annie Ernaux raconte la vie de son père, ouvrier puis petit commerçant dans les années 50. Elle observe avec passion, décrit sans complaisance, dans un style sobre et sec. Par-delà sa famille, c'est le milieu des petites gens qu'elle peint, un milieu qu'elle a quitté mais qu'elle retrouve avec une mémoire fidèle et nous rend avec un ton juste.

Présentez à votre tour un livre que vous avez aimé.

223 Présenter une région ou une ville. Revoyez l'activité 157. Vous pouvez aussi revoir l'activité 76.
Rédigez une courte présentation de votre ville ou de votre région pour une brochure touristique.

224 Un jeu télévisé très populaire vient d'être supprimé. Les téléspectateurs réagissent et écrivent à leur hebdomadaire de télévision pour faire part de leurs sentiments. Écrivez quatre courtes lettres correspondant chacune à un sentiment différent :

1) le soulagement, la satisfaction
2) l'indignation
3) le regret
4) la surprise et l'incompréhension.

225 Les camionneurs ont fait grève et paralysé en grande partie la circulation pour obtenir une amélioration de leurs conditions de travail. Imaginez quatre lettres que des lecteurs envoient à leur journal à la suite de ce mouvement.

1) Le premier exprime sa solidarité totale avec le mouvement.
2) Le deuxième exprime aussi son soutien mais fait des réserves sur la forme du mouvement.
3) Le troisième marque d'abord des réserves mais insiste néanmoins sur sa solidarité.
4) Le quatrième manifeste son opposition complète au mouvement.

226 On vient d'annoncer l'augmentation des taxes sur l'essence. Imaginez que vous êtes journaliste et que vous avez recueilli pour votre journal les réactions :

1) d'un pompiste
2) d'un automobiliste en train de faire le plein
3) d'un membre de l'association « *Le vélo, c'est la vie* »
4) d'un partisan du gouvernement
5) d'un adversaire du gouvernement.

227 Deux villes souhaitaient être candidates à l'organisation des Jeux olympiques : Lille et Lyon. Finalement c'est la candidature de Lille qui est retenue par le Comité olympique national. Faites réagir à cette décision les personnes suivantes :

1) un conseiller municipal de Lille
2) un conseiller municipal de Lyon
3) un jeune chômeur
4) une personne qui habite dans un quartier qu'on va raser en partie pour construire les installations sportives
5) le président d'un club de théâtre à qui la municipalité a refusé une subvention
6) le P.D.G. d'une entreprise de travaux publics
7) un habitant âgé pas très au courant.

Épreuve orale

228 Lisez attentivement le document.

Vos avantages "Découverte"

C'EST UNIQUE...

Courrier international est le seul hebdomadaire qui traverse nos frontières pour vous offrir un regard neuf et concret sur l'actualité planétaire. Avec des correspondants partout autour du monde, le nouveau *Courrier international* vous fait bénéficier chaque semaine du point de vue des meilleurs journalistes étrangers qui vous livrent leurs analyses et leurs opinions sur tous les événements qui agitent le monde.

C'EST GRATUIT...

En profitant de l'offre Découverte de *Courrier international*, vous recevez votre hebdomadaire directement chez vous pendant 4 semaines. Bien sûr, ces numéros vous seront envoyés gratuitement, sans aucun engagement de votre part.

C'EST PRATIQUE...

Vous avez aussi la possibilité de faire découvrir *Courrier international* aux mêmes conditions à vos amis, en nous indiquant leurs coordonnées. A l'issue de cette période de découverte, nous vous proposerons une offre d'abonnement à des conditions très préférentielles.

LE NOUVEAU COURRIER INTERNATIONAL : UN POINT DE VUE UNIQUE SUR TOUTE L'ACTUALITÉ MONDIALE.

4 NUMÉROS GRATUITS SANS AUCUN ENGAGEMENT

OFFRE DE DÉCOUVERTE GRATUITE POUR VOUS ET VOS AMIS.

Courrier INTERNATIONAL

Préparez la présentation de ce document et de son contenu à l'aide du questionnaire suivant :
1) *De quel genre de document s'agit-il ? Quelle est sa fonction ?*
2) *Pouvez-vous dire d'où il vient ?*
3) *Quelle est la proposition qui est faite ?*
4) *Quels sont, d'après le document, les avantages de cette proposition ?*
5) *Personnellement, cette proposition vous intéresse-t-elle ? Pourquoi ?*

Pensons à l'emploi

Pourquoi l'électricité nucléaire crée-t-elle davantage d'emplois en France que d'autres sources d'énergie ?

Si l'on produit l'électricité à partir du charbon, du gaz ou du pétrole, environ 60 % du coût de l'électricité sont payés en achat de combustibles étrangers puisque la France dispose de très peu de ressources naturelles.

Si l'on produit l'électricité à partir d'énergie nucléaire, seuls 6 % du coût de l'électricité sont payés en achat d'uranium étranger.

Ainsi, avec l'énergie nucléaire, 94% du coût de l'électricité résultent d'emplois en France : pour construire les centrales, les faire tourner, les entretenir, fabriquer et retraiter le combustible, trier, conditionner et stocker les déchets.

Ce travail donne, dans notre pays, des emplois à 100 000 personnes, dans de grandes entreprises et dans des PME locales qui contribuent au dynamisme et au développement économique des régions où sont implantés les centres électronucléaires.

Energie française et compétitive, l'électricité nucléaire génère plus de 100 000 emplois directs en France et autant d'emplois indirects.

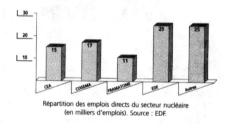

Répartition des emplois directs du secteur nucléaire (en milliers d'emplois). Source : EDF.

EDF
Electricité de France

Nous vous devons plus que la lumière.

- ✂ - - - - -

BON POUR RECEVOIR GRATUITEMENT LA BROCHURE : "LE POINT SUR LE PROGRAMME NUCLÉAIRE FRANÇAIS" RÉF. NUC10
A remplir et à retourner à : Nucléaire/SATEL - BP 107 - 93123 La Courneuve Cedex.

Nom : .... Prénom : ....

Adresse : ....

Code postal : .... Ville : ....

Le Point (07/12/96).

Préparez la présentation de ce document et de son contenu à l'aide du questionnaire suivant :

1) *De quel genre de document s'agit-il ? Quelle est sa fonction ?*
2) *Pouvez-vous dire d'où il est tiré ?*
3) *Quel est le sujet abordé ?*
4) *Quels sont les arguments donnés à propos de l'emploi ?*
5) *Donnez votre opinion personnelle sur l'électricité nucléaire.*

LES JEUNES ET L'ALCOOL

Les jeunes et l'alcool, c'était le thème de la conférence organisée mercredi soir au lycée Mongazon par l'Union départementale des associations de parents d'élèves de l'enseignement libre, présidée par Françoise Della Monta.

Plus d'une centaine de personnes – jeunes, parents d'élèves, éducateurs – étaient présentes pour écouter les conseils d'Annie Bertin, animatrice au Comité départemental de prévention de l'alcoolisme, et de Claire Bodiguel, responsable de la commission JED (Jeunes en difficulté). Comme le sou-

ligne Françoise Della Monta : « *Il faut sensibiliser les parents à ce danger du jeune face à l'alcool.* » Annie Bertin ajoute : « *L'important est de développer une politique de prévention des risques de l'alcool utilisé trop souvent chez les jeunes comme un antistress ou un moyen d'évasion.* » En effet, la consommation de cette sorte de « *potion magique* » n'est pas sans risques car « *de la fête à l'ivresse et de la cuite à la fuite, le pas est vite franchi* ».

Courrier de l'Ouest (23-24/11/96).

Préparez la présentation de ce document et de son contenu à l'aide du questionnaire suivant :

1) *De quel genre de document s'agit-il ? Quelle est sa fonction ?*
2) *Pouvez-vous dire d'où il est tiré ?*
3) *Quel est le sujet abordé ?*
4) *Quelles sont les « mesures populaires » ?*
5) *Donnez votre opinion personnelle sur ce sujet.*

231 Lisez attentivement le document.

ASSEMBLÉE NATIONALE

Projet de loi sur l'air : les députés rétablissent des mesures populaires

Les députés ont adopté hier le projet de loi sur l'air et l'utilisation rationnelle de l'énergie, rétablissant plusieurs mesures populaires qui avaient été supprimées par le Sénat.

PARIS. – Lors de l'examen en deuxième lecture, du projet de loi sur l'air, les députés ont notamment rétabli la gratuité de l'accès aux transports publics en cas d'alerte due à la pollution automobile, et la possibilité d'exonération par les conseils généraux et régionaux respectivement de la vignette automobile et de la taxe sur les cartes grises pour les véhicules peu polluants.

La version adoptée est toutefois restrictive : la gratuité devrait être décidée seulement « *en cas de mesure de restriction ou de suspension de la circulation des véhicules décidée par le préfet dans le cadre d'une procédure d'alerte* ».

Pistes cyclables

Les députés ont par ailleurs confirmé une mesure adoptée par le Sénat faisant obligation d'aménager des itinéraires cyclables à compter du 1er janvier 1998, « *lors des réalisations ou des rénovations des voies urbaines, à l'exception des autoroutes et voies rapides* ».

Les députés ont aussi pensé aux scooters électriques neufs en adoptant une disposition permettant d'amortir sur douze mois les véhicules de ce type acquis à partir du 1er janvier 1997.

Le maire de Paris Jean Tiberi a, de son côté, fait adopter un amendement permettant aux communes de créer des catégories de voies sur lesquelles le stationnement ne sera autorisé que pour les résidents.

Courrier de l'Ouest (23-24/11/96).

Préparez la présentation de ce document et de son contenu à l'aide du questionnaire suivant :

1) *De quel genre de document s'agit-il ? Quelle est sa fonction ?*
2) *Pouvez-vous dire d'où il est tiré ?*
3) *Quel est le sujet abordé ?*
4) *Quelles sont les « mesures populaires » ?*
5) *Donnez votre opinion personnelle sur ce sujet.*

MAMAN À 51 ANS

Une femme de 51 ans est devenue la première grand-mère porteuse de Grande-Bretagne après avoir donné naissance par césarienne à une fille de 2,3 kilos. À l'hôpital de Darlington, Edith Jones a accouché de Caitlin, qui avait été conçue par insémination artificielle par sa fille Suzanne et son époux. Sa fille ne pouvait pas porter de bébé en raison d'une malformation de ses organes reproducteurs.

France-Soir (09/12/96).

Préparez la présentation de ce document et de son contenu à l'aide du questionnaire suivant :
1) *De quel genre de document s'agit-il ? Quelle est sa fonction ?*
2) *Pouvez-vous dire d'où il est tiré ?*
3) *Pourquoi le titre attire-t-il l'attention ?*
4) *Quel est le sujet abordé ?*
5) *Donnez votre opinion personnelle sur ce qu'a fait Mme Édith Jones.*

233 Lisez attentivement le document.

France-Soir (09/12/96).

Préparez la présentation de ce document et de son contenu à l'aide du questionnaire suivant.

1) *De quel genre de document s'agit-il ? Quelle est sa fonction ?*
2) *Pouvez-vous dire d'où il est tiré ?*
3) *Qu'est-ce que ce document propose ?*
4) *Quelles sont les « fortes dimensions humaines » de cet emploi ?*
5) *Donnez votre opinion personnelle : est-ce « un métier pour vous » ?*

234 Lisez attentivement le document.

COURRIER

Par Ménie Grégoire

Réflexions sur l'inégalité…

1. « Les champions de tennis qui ont gagné des millions à taper dans une balle ont été reçus par le président de la République. En somme, il vaut mieux être sportif que de travailler quarante ans. Nous gagnons en une vie ce qu'ils gagnent en dix jours. » (M. B., 93)

2. « Nous avons appris les salaires astronomiques des vedettes de la télévision et on nous dit que cela n'affecte en rien l'augmentation de la redevance (qui passe de 670 F à 700 F). J'ai donc décidé de payer 670 F, en précisant qu'on fasse payer le reste à MM. Delarue ou Elkabbach, qui n'ont pas de problèmes de fin de mois. » (M. T., 76)

3. « Mon voisin, chômeur depuis deux ans, est furieux, apprenant que Bernard Tapie a continué à faire payer sa femme comme attachée parlementaire. Il faut avoir un sacré culot quand on a ses dettes et 40 000 F par mois ! » (M. B., 31)

Depuis quinze ans, l'amélioration générale des conditions de vie s'est accompagnée d'un accroissement très net des inégalités. En voici quelques exemples donnés par la dernière étude du CREDOC : presque tout le monde a enfin W.-C., douche, eau chaude et téléphone (94 % contre 56 % en 1965), mais le bas de l'échelle compte deux fois plus de chômeurs que le haut (37 %). En bas, 7 sur 10 n'ont pas de voiture et s'imposent des restrictions alimentaires. En haut de l'échelle, on compte 3 fois plus de couples retraités qu'en bas. En bas, enfin, la famille est le seul recours, la seule protection.

Vos remarques, chers lecteurs, ne sont donc pas fausses : hélas, et comme toujours à travers l'histoire, à mesure que s'accroissent les problèmes s'accroissent les injustices et l'inégalité.

Écrivez-moi :
Ménie Grégoire
« France-Soir »,
37, rue du Louvre,
75002 Paris

France-Soir (09/12/96).

Préparez la présentation de ce document et de son contenu à l'aide du questionnaire suivant :

1) *De quel genre de document s'agit-il ? Quelle est sa fonction ?*
2) *Pouvez-vous dire d'où il est tiré ?*
3) *Quelle est la différence entre les trois premiers textes et le dernier ?*
4) *Quel est le sujet abordé ? Quels sont les trois exemples donnés ?*
5) *Avez-vous la même opinion que Ménie Grégoire sur ce problème ? Donnez votre opinion personnelle.*

Préparez la présentation de ce document et de son contenu à l'aide du questionnaire suivant :

1) *De quel genre de document s'agit-il ? Quelle est sa fonction ?*

2) *Pouvez-vous dire d'où il vient ?*

3) *Qu'est-ce que ce document propose ?*

4) *Pouvez-vous, d'après le document, savoir exactement combien coûte ce service ?*

5) *Donnez votre opinion personnelle sur les téléphones portables.*

236 Lisez attentivement les deux documents.

ZÉRO DE CONDUITE POUR LA POTION BELGE

Un médicament belge qui, d'après sa publicité, *« réduit rapidement le taux d'alcoolémie à zéro »* et *« protège le corps contre les ravages causés par l'alcool »*, a été interdit de commercialisation en Suisse faute d'homologation en bonne et due forme. *« Il faut choisir entre l'alcool et le volant, et laisser les potions magiques à Astérix »*, a déclaré à Berne un porte-parole de l'Office intercantonal de contrôle des médicaments.

Neutralizer est actuellement commercialisé sans difficulté dans le Benelux et en Allemagne, mais c'est en Belgique, avec environ 28 000 doses vendues en un an, que le marché est le plus prometteur.

France-Soir (09/12/96).

TAUX D'ALCOOLÉMIE : NEUTRALIZER INTERDIT EN SUISSE

Il s'appelle Neutralizer, et il est fabriqué en Belgique et commercialisé dans plusieurs pays frontaliers de la France dont la Belgique, l'Allemagne et la Suisse. Et il est censé *« réduire rapidement le taux d'alcoolémie à zéro »*, *« protéger le corps contre les ravages causés par l'alcool »*, bref garantir, à la veille des fêtes, *« ni gueule de bois ni retrait de permis »*. Neutralizer se présente sous forme de gélules de poudre beige. Sa composition indique une série d'ingrédients asiatiques comme le gingembre ou le ginseng. En Suisse, le Neutralizer est vendu par correspondance par une société installée au Liechtenstein. Pourtant, les autorités sanitaires suisses ont décidé de l'interdire. Selon un médecin de l'Institut de médecine légale de Genève, interrogé par le *Journal de Genève*, il n'existerait pas *« sur le marché de produits capables de faire chuter, même significativement, le taux d'alcoolémie dans le sang »*.

Libération (09/12/96).

Préparez la présentation de ces documents et de leur contenu à l'aide du questionnaire suivant :

1) De quel genre de documents s'agit-il ? Quelle est leur fonction ?

2) Pouvez-vous dire d'où ils sont tirés ?

3) Quel est le sujet abordé ?

4) S'agit-il d'un produit sérieux ? Quelles sont les déclarations faites sur ce sujet ?

5) Donnez votre opinion personnelle sur le thème de l'alcool au volant.

237 Lisez le texte.

Montreuil-Bellay

Lisse et sans aspérités, ainsi est le pays de Montreuil. Ce pays qui respire le calme est cependant loin d'être sans charme. Montreuil-Bellay, ville close par ses imposants remparts, Montreuil ville ouverte, souriante et accueillante...

Passez une fois, une seule, par Montreuil-Bellay et vous l'aimerez toute votre vie. Au fil des siècles, la petite cité s'est bâtie au bord du Thouet, juste aux confins de l'Anjou et du Poitou. Cette charmante rivière fut, en effet, longtemps la frontière entre ces deux provinces souvent rivales, parfois ennemies. Puis le cours d'eau est devenu un axe essentiel, une artère pour le commerce des vins et des céréales en direction de la Loire. Sur un éperon rocheux dominant le Thouet, Foulques Nerra, grand seigneur de la guerre, construisit vers l'an mil une puissante forteresse réputée imprenable. Il en confia la garde à son fidèle vassal Berlay... Ainsi Montreuil devint Bellay. Au-dessus du délicieux petit port fluvial, le pont Napoléon offre une vue inoubliable sur le château. Une vue à vous couper le souffle. Voyez ces tourelles, fenêtres à meneaux, échauguettes, tours de guet, meurtrières, douves, murailles, merlons et créneaux où, à chaque seconde, le promeneur s'attend à voir surgir Foulques Nerra ou... Robin des Bois ! Telle est Montreuil-Bellay. Mais aujourd'hui, le château, si impressionnant soit-il, est loin d'être la seule merveille de la paisible cité angevine.

Sur les berges du Thouet

Abandonnez donc votre voiture sur un parking en bordure de la rivière et laissez-vous charmer : le Thouet, les ruines des défenses avancées au bord de l'eau, la tour de Boelle, la tour de Moulin et le petit port Sainte-Catherine ne pourront que vous séduire. À l'autre extrémité de cette balade au bord de l'eau, vous allez découvrir les restes de l'église Saint-Pierre et le prieuré des Nobis, que domine une gracieuse demeure devenue le musée de l'humoriste, peintre et dessinateur Charles-Léandre... Aux beaux jours, une fraîche promenade dans le parc de l'île s'impose...

Ensuite, vous passerez des bords du Thouet à la pierre du vieil escalier écrasé de soleil, il grimpe vers la ville haute. Une fois arrivé au sommet, attendez-vous à découvrir d'autres merveilles, à commencer par cette étrange maison sur la place du marché. Deux façades étroites, à gauche, la tour d'escalier d'un logis du XVe siècle qui a disparu ; à droite, une charmante habitation construite au siècle suivant. En partant vers le château, le charme ne sera pas rompu ; voici en effet la place des Ormeaux avec ses magnifiques et canoniques arbres de Judée. Place pleine de grâce, elle regarde la porte du château, les douves et la puissante et guerrière barbacane ; le décor est adouci par le clair tuffeau des élégants meneaux construits en un temps où les seigneurs étaient devenus moins belliqueux. À quelques pas de là s'élève la grange aux Dîmes.

Les richesses d'une ancienne capitale

Lentement, de rues en venelles, Montreuil-Bellay dévoile ses charmes, ses demeures. Souvent, vous n'en verrez que les façades. Leur richesse architecturale doit beaucoup au tendre et chaud tuffeau : maison des Ardillers, Grands et Petits Augustins, les hôtels de la rue Gaudrez, etc. Belles et simples maisons ou véritables propriétés de campagne. Au cœur même de la ville, en effet, certaines habitations possèdent des parcs de 2 hectares ! Presque des forêts ! Pourquoi une telle richesse de verdure et de pierre ? C'est que Montreuil-Bellay était, sous l'Ancien Régime, une généralité (circonscription financière) qui allait de Brissac à Poitiers. À la Révolution vint le déclin. Aujourd'hui, Montreuil ne compte pas plus de 5 000 âmes, mais en marchant au fil des rues, on « sent » toujours l'Histoire. Nous avons gardé pour la bonne bouche un lieu magique : l'hôpital Saint-Jean, dont la magnifique chapelle est en phase finale de restauration. Une pure merveille. L'hôpital jouxte la redoutable porte Saint-Jean avec ses tours bosselées qui servaient à atténuer l'effet des bombardements. C'est qu'aux temps incertains des guerres avec l'Anglais, la ville proche de Touars était l'ennemi ! Conflits ou pas, les étrangers étaient tous interceptés sous la porte Saint-Jean et placés en quarantaine en l'hôpital Saint-Jean ; ensuite seulement, ils pouvaient résider dans la « bonne ville » de Montreuil-Bellay.

L'hospitalité de la petite cité angevine est aujourd'hui très réputée, surtout hors de nos frontières. Chaque été, elle accueille 40 000 touristes ; 7 000 à 8 000 seulement sont français !

Évasions Ouest (juillet 1995).

À partir des définitions suivantes, cherchez dans le texte le nom de l'endroit et recopiez-le.

a. petite rivière qui sépare l'Anjou du Poitou : ....

b. pont situé au-dessus du port fluvial : ....

c. petit port fluvial : ....

d. tours situées au bord de l'eau : ....

e. endroit où on peut se promener au frais : ....

f. place où poussent les arbres de Judée : ....

g. lieu magnifique avec une merveilleuse chapelle : ....

h. porte placée juste à côté de l'hôpital : ....

238 Observez, à la page suivante, la publicité pour des accessoires automobiles. Puis répondez en mettant une croix dans la case correspondant à la bonne réponse. Attention ! Vous n'êtes pas obligé de lire tout le document avant de répondre aux questions. Il y a parfois deux bonnes réponses.

a. Les amortisseurs sont garantis :
    1. ☐ 5 ans   2. ☐ 10 ans   3. ☐ à vie

b. Les freins sont garantis :
    1. ☐ 12 jours   2. ☐ 12 mois   3. ☐ 12 ans

c. On trouve des autoradios de marque :
    1. ☐ Thomson   2. ☐ Aïwa   3. ☐ Sony

d. Quand le prix est indiqué « à partir de », cela veut dire qu'on peut acheter des produits :
    1. ☐ au prix indiqué
    2. ☐ plus cher que le prix indiqué
    3. ☐ moins cher que le prix indiqué

e. Les batteries Varta sont garanties :
    1. ☐ aussi longtemps que les batteries Carter
    2. ☐ plus longtemps que les batteries Carter
    3. ☐ moins longtemps que les batteries Carter

f. Si votre téléphone Philips Fizz tombe en panne :
    1. ☐ il est échangé gratuitement
    2. ☐ il est réparé gratuitement
    3. ☐ il vous est rendu huit jours après

g. Le contrôle et réglage de l'éclairage coûte :
    1. ☐ 29 F   2. ☐ 39 F   3. ☐ 49 F

h. À partir de 24,90 F, on peut trouver :
    1. ☐ un filtre à gazole   2. ☐ un filtre à air   3. ☐ un filtre à huile

LES PRIX BAS GARANTIS NORAUTO

Parce que votre confort et votre sécurité en auto ne doivent pas dépendre des promotions que l'on peut vous faire, les 4 magasins Norauto de Loire Atlantique ont décidé de ne plus faire de promo mais de faire tous les jours les meilleurs prix possibles sur tous leurs produits et services. Pour vous le garantir, Norauto vous rembourse la différence si pour tout achat réalisé chez Norauto en Loire Atlantique vous trouvez moins cher dans le même département dans un délai de 30 jours suivant votre achat.
Renseignez-vous dans votre magasin Norauto.

PNEUS

Plus de 150 références en magasin (tourisme, hiver, sports, 4x4, camionnettes). 90% des véhicules disponibles immédiatement.

Pneus tourisme
A partir de **129ᶠ**
Fabriqués en France.
Pneus NORAUTO 1000
Fabriqués en France. **Garantis 5 ans** dans la limite de 40.000 km.
A partir de (135x13) **189ᶠ**
Pneus MICHELIN Classic
A partir de (135x13) **219ᶠ**
Et aussi DUNLOP GOOD YEAR, Firestone PIRELLI

Pneus 4x4
A partir de
(205R16S Michelin) XPC **843ᶠ**
Pneus camionnettes
A partir de
(185R14 8PR Firestone) **459ᶠ**
Services pneu tourisme
Pose et équilibrage dans l'heure, ou offert, avec ou sans rendez-vous.
Géométrie du train avant
Diagnostic et réglage sur banc électronique

HOUSSES

55 modèles de housses universelles ou sur mesure
A partir de (l'ensemble AV/AR) **99ᶠ**

AMORTISSEURS

Amortisseurs hydrauliques ou à gaz.
90% des références disponibles immédiatement. Tous les amortisseurs sont conformes aux spécifications d'origine des constructeurs.
Garantis 5 ans.
Montage garanti à vie.
Exemple Citroën AX 11 hydrauliques
AV **449ᶠ**   AR **469ᶠ**
Les 4 posés **1318ᶠ**

FREINS

Toutes les pièces indispensables à votre sécurité (Plaquettes Bendix, disques Brembo,...) équivalentes à l'origine. 90% des références disponibles immédiatement. Norauto offre la qualité des plus grands fabriquants d'équipement au juste prix. Garantie 12 mois dans la limite de 20.000 km.

Plaquettes qualité origine
Bendix Renault 5, Clio, Super 5, BX, AX, 405 (sauf disques ventilés) **199ᶠ**
Disques
A partir de (Fiesta) **219ᶠ**
Kits frein à tambour arrière
Exemple Clio **737ᶠ**
Pose des plaquettes **100ᶠ**
Pose disques et plaquettes
Exemple Clio **185ᶠ**
Bilan freinage complet
95ᶠ (déduit de la facture en cas de réparation)

ECHAPPEMENT

Tous les échappements. 90% des références disponibles immédiatement. Devis sans surprise, Norauto ne remplace que ce qui est nécessaire. Garantie 2 ans.
Montage garanti à vie.
A partir de (silencieux 205 Junior) Réf. 13537 **299ᶠ**
Montage silencieux AR 100ᶠ

ÉCLAIRAGE

Tout ce qu'il faut pour voir et être vu. Ampoules, anti-brouillards, feux additionnels, feux stop,... 98% des véhicules disponibles immédiatement. Montage dans nos stations.
Phares anti-brouillard
A partir de **99ᶠ**

Feux stop arrière
12 modèles à partir de **29ᶠ**
Contrôle et réglage éclairage **49ᶠ**

BATTERIES

Plus de 70 références de batteries sans entretien prêtes à l'emploi. 95% des références disponibles immédiatement.
Garantie :
Batteries Norauto et Varta : 2 ans - Batterie Carter 1 an.
A partir de
(Batterie Carter n°3) **169ᶠ**
Pose batterie **49ᶠ**

ESSUIE GLACE

Disponibles immédiatement pour 98% des véhicules
Qualité origine marque VALEO
A partir de **39ᶠ**
Lave-glace hiver
5 litres à partir de **14,90ᶠ**

IMMATRICULATION

4 modèles de plaques homologuées
Le jeu à partir de **99ᶠ**
Fabrication et pose immédiates.

TÉLÉPHONES

Le N°1 du téléphone mobile en auto. Le plus grand choix de téléphones et d'accessoires. Essai possible en magasin.
Philips FIZZ **149ᶠ**
Garantie 12 mois.
Echange gratuit du jour au lendemain en cas de panne
Option : Batterie 200 h **249ᶠ**
Câble allume cigare
réf. 6803 96 **229ᶠ**
*Subordonné à la souscription d'un abonnement d'un an CMC/Itinéris. Prix du produit sans abonnement 1649ᶠ

ABONNEMENTS TÉLÉPHONES

Un conseil personnalisé pour choisir l'abonnement adapté à vos besoins.
Des services Norauto pour mieux gérer votre téléphone mobile :
possibilité de changer d'abonnement en cours d'année si vos besoins évoluent.

Le signal de dépassement : un message vous avertit dès que votre facture a dépassé 220 F TTC/mois.
Une consultation par minitel : possibilité de consulter votre encours de communication sur minitel.
Itinéris Formule Déclic
100ᶠ HT/mois
Tous les renseignements et détails dans votre centre Norauto.

VIDANGE

Vidange avec ou sans rendez-vous.
Un grand choix d'huiles classiques ou hautes performances.
Forfait simple **99ᶠ**
avec 3 mises à niveau d'huile jusqu'à votre prochaine vidange.
Forfait services
A partir de **159ᶠ**
Vidange + huile + 9 contrôles & remises à niveau
Filtre à huile
A partir de **24,90ᶠ**
Filtre à air
A partir de **30,90ᶠ**
Filtre à Gas-Oil
A partir de **39,90ᶠ**
Contrôle et réglage CO/CO_2 **99ᶠ**

AUTORADIOS

Le plus grand choix d'autoradios du marché.
Un auditorium pour choisir le son qu'il vous faut.
Des professionnels pour vous conseiller.
Les derniers modèles des plus grandes marques.
Tamashi ARD 658 **490ᶠ**
Sony XR 3491 **790ᶠ**
Façade détachable
Sony XR 6690 **1290ᶠ**
RDS - Façade détachable
Clarion DRB 3275 V **1390ᶠ**
Lecteur laser à façade détachable
Aïwa CTX 615 M33 **1790ᶠ**
Chaîne laser

AMPLI & HP

Plus de 30 combinaisons d'amplis et de haut-parleurs
HP Pioneer TS 1028 L
10 cm **99ᶠ**
HP Pioneer TS 130 AL
13 cm **99ᶠ**

ALARMES

Nous vous garantissons le maximum de protection et de confort.
Assistance 24h/24*
*voir en magasin
Montage garanti à vie.
Cobra 802 posé **790ᶠ**
Anti-démarrage classé SRA****
Cobra 889 posé **2290ᶠ**
Alarme haut de gamme, périmétrie, ultra-sons et module anti-démarrage. Classé SRA**** compris.
Tatouage antivol **350ᶠ**

EQUIPEMENT PASSION TUNING

Une très large gamme d'équipements pour personnaliser votre auto. Des passionnés pour vous conseiller.
Echappement SPORT
Devil, Remus, Sebring
Exemple 205 GTI 1.6 av 90
Sebring Réf. 84602241 **1460ᶠ**
Volants SPORT
plus de 50 modèles bois, cuir, carbone look etc.
A partir de **199ᶠ**
Becquets arrière
60 modèles
A partir de (feu stop inclus) **399ᶠ**
Jantes
Plus de 100 modèles
A partir de (les 4) **1490ᶠ**

CONFORT INTÉRIEUR

Toute une gamme d'accessoires pour mieux vivre la route. Exemples :
Tapis Milan moquette
Les 4 **39ᶠ**
Couvre siège magnétique **25ᶠ**
Porte lunettes **9,90ᶠ**
Porte messages **11ᶠ**
Désodorisants 35 modèles
A partir de **8ᶠ**

Chaque semaine, retrouvez dans votre journal régional l'Index des prix Norauto : des exemples de prix pour votre sécurité et votre confort. Quels que soient vos besoins, 25000 produits à prix bas garantis vous attendent dans les 4 magasins Norauto de Loire Atlantique.

Prix valables dans les magasins Norauto de Loire Atlantique au 16/11/96.

Pour tous renseignements :
PRIX APPEL LOCAL
N° Azur **0 801 635 634**

LA QUALITÉ DE VIE EN AUTO

SEMAINE DU 30 NOVEMBRE AU 6 DÉCEMBRE

Bélier, Taureau, Gémeaux :
DIÉTÉTIQUE CONSEILLÉE.

Cancer, Lion, Vierge :
AH, L'AMOUR…

Balance, Scorpion, Sagittaire :
NERVOSITÉ.

Capricorne, Verseau, Poissons :
N'ÉCOUTEZ QUE VOUS-MÊME.

Le signe star : Balance
Natifs du 30 novembre au 6 décembre

Bon anniversaire ! Ne tardez pas à mettre votre projet en route car vous avez en ce moment le vent en poupe (décembre). Un projet déçu ? Qu'importe ! Un autre prendra aussitôt le relais (janvier). Bien sûr qu'on ne rasera jamais gratis (février). Pratiquez une politique beaucoup plus ferme pour vous faire respecter de vos proches (mars). Les enfants nés cette semaine seront assez nerveux, mais réussiront en général à se dominer, notamment au cours de quelques discussions où ils joueront un jeu très subtil.

BÉLIER
(21 mars-20 avril)
Il faut persévérer !
Cœur : Une volonté capricieuse, mais bien réelle (mercredi). Votre vie privée est plus animée que la semaine dernière (jeudi).
Santé : Gare aux aliments trop bourratifs !
Travail : Vous n'êtes pas pour la compétition ? Et pourtant ! Vous allez bientôt la rencontrer. Vous serez même dans l'obligation d'y participer pour ne pas avoir à la subir. Vous avez privilégié le travail en solitaire ? Cela aussi va changer. Pensez dès maintenant à faire équipe !

TAUREAU
(21 avril-21 mai)
Les bons moments se répètent
Cœur : Il y aura de la rivalité dans l'air, mais Vénus veille au grain (lundi) ! Un nouveau virage pris sur les chapeaux de roue (vendredi).
Santé : Ne vous resserrez pas si vous voulez mincir.
Travail : La collectivité joue un rôle protecteur. Il vous arrive de vous en plaindre, alors que vous devriez vous en féliciter. Si la contrainte vous pèse, essayez de redevenir votre propre maître. Retrouvez l'indépendance ou laissez-vous prendre en charge.

GÉMEAUX
(22 mai-21 juin)
Préparez-vous pour la belle
Cœur : Vous aurez, et c'est tant mieux, le vent en poupe (mardi) ! Vous avez bien fait de jouer pleinement la carte de la confiance (jeudi).
Santé : Composez des menus équilibrés.
Travail : L'avenir appartient à ceux qui se lèvent tôt. Veillez à être à l'heure sur votre lieu de travail. C'est de cette manière aussi que l'on habitue les autres à ne plus être capables de se passer de vous ! Alors,

un petit effort pour décrocher les lauriers de la ponctualité…

CANCER
(22 juin-22 juillet)
Des heurts pour rien !
Cœur : Une vraie dispute et quelques étincelles (dimanche) ! Vous éveillerez la sympathie d'un être pour le moins merveilleux (jeudi).
Santé : Marchez davantage au grand air !
Travail : Une période fort prometteuse commence pour vous : c'est le moment idéal pour concevoir des projets qu'il vous faudra réaliser dans les meilleurs délais. Côté finances, méfiez-vous d'une fâcheuse propension à engager de folles dépenses supérieures à vos recettes.

LION
(23 juillet-23 août)
Une boulimie de pouvoir
Cœur : Une période de vie dynamisée par Vénus (mardi). De la tendresse surtout entre parents et enfants (vendredi).
Santé : Il vous faut de bonnes chaussures.
Travail : Si vous avez prévu de vous lancer dans une entreprise de longue haleine, ne soyez pas trop pressé : vous devrez compter avec des aléas d'un goût douteux au cours des trois prochains jours. Par la suite, votre ciel va s'éclaircir. Heureusement, car vous respirerez !

VIERGE
(24 août-23 septembre)
Employez les grands moyens
Cœur : Pourquoi retarder encore plus longtemps le moment de vous déclarer (mardi) ? Commence une période de réflexion (jeudi).
Santé : Respirez à fond en marchant.
Travail : Vous porterez encore trop d'intérêt aux détails que l'on considère habituellement comme superflus. Maintenez le cap vers un avenir prometteur tout en veillant à ne pas entretenir une certaine confusion dans les esprits surchauffés par l'attente.

BALANCE
(24 septembre-23 octobre)
Se dire que l'on est le meilleur
Cœur : Les contacts se font plus rares, mais sont plus étroits (mardi). Gare au court-circuit affectif en cas de faux pas (mercredi).
Santé : Nervosité excessive, combattez-la !
Travail : C'est le début d'une période génératrice d'illusions… Attention, elles seront plus trompeuses les unes que les autres. Vous vous y attendiez un peu, n'est-ce pas ? Sollicitez l'aide de partenaires extérieurs : ils vous aideront à résoudre ces petits problèmes ponctuels.

SCORPION
(24 octobre-22 novembre)
Influencez les autres
Cœur : Des propos des plus révélateurs vont vous ouvrir les yeux (dimanche) ! Vive la détente… surtout dans le domaine amoureux (jeudi).
Santé : Le sommeil est perturbé par les soucis.
Travail : C'est maintenant que les choses sérieuses – entendez les difficultés ! – vont vraiment commencer : ne vous laissez pas détourner de votre projet initial, même si la tentation d'abandonner est grande. Sachez qu'au bout du compte, c'est vous qui aurez vraiment raison.

SAGITTAIRE
(23 novembre-21 décembre)
De la poudre de perlimpinpin
Cœur : Une saine et donc indispensable décontraction (lundi). Mais oui, c'est à vous de provoquer des rencontres plus fréquentes (jeudi) !
Santé : Crampes nerveuses, surveillez votre estomac.
Travail : N'oubliez pas que de nouvelles techniques sont mises à votre disposition. Pour vous familiariser avec elles, il suffit simplement de demander de l'aide.
Vous aurez ainsi la possibilité de gagner un temps précieux dans les tâches quotidiennes qui vous sont confiées.

CAPRICORNE
(22 décembre-20 janvier)
Tout va devenir plus clair
Cœur : Tout arrive à point, même si c'est un peu tard (dimanche). Votre gaieté sera communicative et vous ferez des heureux (lundi).
Santé : Vous passerez à travers les virus de l'hiver.
Travail : Devrez-vous donc accorder votre confiance à des signes voisins du vôtre ? Oui, si les personnes dont on parle sont de l'autre sexe. Non, dans le cas contraire. Vous comprendrez pourquoi par la suite...
Prudence conseillée à la Bourse : ne spéculez pas à la légère !

VERSEAU
(21 janvier-18 février)
La bonne façon de marcher
Cœur : Quand le charme devient vraiment irrésistible, tout va bien (lundi) ! Désir ou réalité ? Allez donc savoir ! Mieux vaut rêver (jeudi).
Santé : Vous tenez en ce moment la grande forme !
Travail : Les événements actuels jettent le trouble dans bien des esprits : cela crée un climat de méfiance préjudiciable à l'affaire dont dépend votre réussite. Alors, intervenez dans la mesure de vos moyens. Vous avez tout le temps encore de rectifier le tir en votre faveur.

POISSONS
(19 février-20 mars)
La fantaisie prend le pouvoir
Cœur : Votre partenaire vous intrigue ? Posez donc de judicieuses questions (dimanche). Des pensées fort originales (mercredi).
Santé : C'est ce qu'il y a de mieux en ce moment.
Travail : Il vous faudra beaucoup de circonspection pour aborder une épineuse affaire dont vous connaissez mal les tenants et encore moins les aboutissants.
Ne vous laissez pas entraîner par ceux qui n'ont pas les pieds sur terre. Vous avez passé l'âge de croire aux chimères.

Horoscope de Didier Derlich. *Télé-Poche* (25/11/96).

a. Voici les dates de naissance de quelques personnalités.
   À quel signe appartiennent-elles ?

   Isabelle Adjani : 27-06-1955 ....

   Woody Allen : 1-12-1935 ....

   Brigitte Bardot : 28-09-1934 ....

   Guy Bedos : 15-06-1934 ....

   Caroline Cellier : 7-08-1945 ....

   Alain Delon : 8-11-1935 ....

b. Catherine Deneuve est Balance.
   Lisez son horoscope et cochez la case si l'affirmation est vraie.
   1. ☐ **Cœur :** elle rencontrera moins de monde.
   2. ☐ **Santé :** elle risque d'être trop nerveuse.
   3. ☐ **Travail :** elle aura quelques petits problèmes.

c. Faites la même chose pour Johnny Halliday, qui est Gémeaux.
   1. ☐ **Cœur :** il n'aura pas de problèmes.
   2. ☐ **Santé :** il pourra manger n'importe quoi.
   3. ☐ **Travail :** il devra faire un effort pour être à l'heure.

d. Et pour vous-même ? Que dit l'horoscope ?
   Répondez par *excellent / bon / moyen / pas terrible.*

   1. **Cœur :** .... 2. **Santé :** .... 3. **Travail :** ....

e. Croyez-vous aux horoscopes ? Dites en deux lignes pourquoi.

   ....

   ....

Lisez le texte de cet article, puis répondez aux questions.

LANTOSQUE : L'ARTÈRE PRINCIPALE REVUE ET CORRIGÉE

D'importants travaux viennent de débuter sur la voie traversante du village. Prévus pour une durée de quatre mois, si le temps n'entrave pas le rythme, ils gêneront tous les commerces riverains.

Une réunion d'information s'est tenue récemment en mairie, au cours de laquelle la municipalité, la gendarmerie et les commerçants ont évoqué les nuisances générées par ce chantier, mais aussi le « plus » après les travaux lorsque chaussée, trottoirs, éclairage auront été refaits.

Message reçu cinq sur cinq par les commerçants pénalisés. Il faut dire qu'au vu de la maquette des lieux exposée, on peut imaginer aisément qu'après le passage des entreprises chargées de redonner un coup de jeune à cette artère vitale, le résultat sera parfait.

La sécurité a été revue. Nouveau bitume, trottoirs plus larges aménagés pour les piétons, nouvel éclairage. L'accès à la place des Tilleuls sera agrémenté de nouvelles marches et d'un stationnement réglementé. D'autre part, les automobilistes auront, sur la place du Riou, une capacité de parking accrue.

Des accompagnements paysagés, un éclairage intégré à ce nouveau site, compléteront cette recomposition de la traversée qui doit retrouver un esprit « village » et sera, il faut le souhaiter, le moteur d'un renouveau dans ce quartier central.

On notait, lors de la réunion, la présence de : M. Jean Taon, maire ; les adjoints, MM. Gaglio et Otto ; M. Martin, directeur départemental des travaux et son collaborateur, M. Ramirez ; le gendarme Mosconi, représentant le chef de brigade et les commerçants du village.

■■■

Nice-Matin (22/11/96).

a. Répondez par *oui* ou *non* ou encore par un point d'interrogation [?] si on ne peut pas répondre (parce que la réponse n'est pas dans le texte).

1. Il s'agit d'un article dans un journal. ....

2. Il est question d'une opération chirurgicale. ....

3. Les commerçants seront gênés pendant les travaux. ....

4. Il fera beau pendant les travaux. ....

5. La situation sera meilleure pour les commerçants après les travaux. ....

6. On va refaire la chaussée, les trottoirs et les éclairages. ....

7. On va installer des jardins avec des fontaines. ....

8. La chaussée sera plus large pour les voitures. ....

b. Donnez une réponse brève.

1. Nom du village où on fait les travaux : ....

2. Durée des travaux : ....

3. Lieu où le stationnement est réglementé : ....

4. Lieu où le nombre de places de stationnement sera augmenté : ....

5. Nom du maire : ....

6. Nom du gendarme : ....

c. D'après cet article, est-ce que vous pensez que le village sera plus joli après les travaux ? Pourquoi ?

....

....

....

241 Voici des petites annonces. Imaginez que vous cherchez un studio à Bordeaux. Indiquez le numéro de l'annonce correspondante.
Attention ! Il y a quelquefois plusieurs réponses. Vous n'êtes pas obligé de lire toutes les annonces avant de commencer.

STUDIOS

1 - Près parc standing, cuisine séparée 2 300 F + charges. Honoraires 2 300 F.
Andreola 05.93.96.25.50.

2 - Chartrons : standing, récent, dernier étage, 38 m², terrasse 35 m², 3 575 F, honoraires 2 200 F. PONT NEUF IMMOBILIER FNAIM 05.93.62.29.55.

3 - Particulier, Caudéran : 25 m², 9e étage, très calme, 2 000 F charges comprises. 05.92.09.95.59.

4 - Mériadecq : studio, 5e, cuisine indépendante, 1 900 F + 250 F, honoraires 1 600 F. AQUITAINE IMMOBILIER 05.93.62.69.19.

5 - Particulier, V. Hugo, luxueux studio, parfait état, terrasse, cuisine aménagée, parking personnel, 2 600 F + charges. 05.93.84.84.35 / 05.93.51.00.64.

6 - Bouliac, loue studio, neuf, 30,5 m² + loggia, 5e étage. Visite : 22, avenue Californie, les 23/24 novembre (11 à 15 h).

7 - Particulier, Cours Intendance : 50 m², refait neuf, calme. 2 300 F + charges. 05.93.88.96.84.

8 - 38 m², calme, clair, entrée, cuisine, bain, 2 000 F, charges 700 F (chauffage, eaux inclus). Visites dimanches 24/11, lundi 25/11 (10 h à 17 h). 9, avenue de Verdun, Pessac. 05.90.77.74.20.

9 - Bordeaux-Mérignac : studio, kitchenette équipée, 1 950 F + charges, honoraires 1 638 F. AGENCE HELIOS 05.93.31.66.99.

10 - Particulier, Parc Bordelais : studio 30 m², impeccable, 7e, terrasse, bus, commerçants, 2 400 F + charges. Nice. 05.93.98.27.92.

11 - Hôpital Arnozan : 30 m², cuisine indépendante, salle d'eau, 2 000 F charges comprises. 05.93.08.02.45.

12 - Quatre-Pavillons : superbe studio rénové, cuisine américaine entièrement aménagée, salle de bains, séjour, placard, 2 000 F + 280 F. Tél. 05.93.79.55.99.

13 - St-Jean, direct particulier, loue vide 35 m² + 12 m² véranda, cuisine équipée, coin repas séparé, 2 600 F + charges. Tél. 05.93.98.81.82.

---

a. Vous voulez une cuisine séparée de la chambre : ....

b. Vous cherchez un studio de plus de 30 m² : ....

c. Vous cherchez un studio au cinquième étage au moins : ....

d. Vous souhaitez un parking : ....

e. Vous voulez une terrasse : ....

f. Vous voulez des commerçants à proximité : ....

g. Vous ne voulez pas payer plus de 2 000 F de loyer : ....

h. Vous ne voulez pas payer de charges en plus du loyer : ....

i. Vous ne voulez pas payer de commission d'agence : ....

242 Lisez ce texte auquel il manque des mots. Puis complétez-le en remettant à leur place les mots de la liste ci-dessous :

adulte – expérience – matériel – dos *(à employer 2 fois)* – douleur(s) *(à employer 2 fois)* – prévention *(à employer 3 fois)* – siège(s) *(à employer 5 fois)*.

SIÈGE ERGONOMIQUE CONTRE MAL DE DOS

Après Gattières, des élèves de l'école Gérard-Philipe de Grasse expérimentent un nouveau **(a)** de fabrication norvégienne.

Le mal au **(b)** qui touche, à des degrés divers, pratiquement chacun de nous à un moment ou à un autre de son existence est l'objet de recherches tous azimuts depuis ces dernières années.

Des progrès considérables ont été faits pour réduire la **(c)** par la pharmacopée, mais c'est dans la **(d)** que les chercheurs estiment désormais que se trouve la solution.

Et cette **(e)** commence à l'école dès le plus jeune âge.

C'est en effet sur les bancs scolaires inadaptés à la position d'un enfant en pleine croissance que se préparent les futures **(f)** rachidiennes de l'**(g)** .

Ce constat du docteur Jean-Jacques Pomatto, président de l'Association d'étude et de protection du rachis (AEPR), l'a conduit à ouvrir une école du **(h)** où parents, professeurs et enfants apprennent les positions qui plus tard leur éviteront de souffrir.

« Un enfant reste assis près de mille heures par an, déclare le médecin grassois, sur des **(i)** *à angles droits conçus à l'époque napoléonienne. Ces* **(j)** *sont bons pour une position d'écoute, mais sont inadaptés à une position de travail durant toute une journée scolaire. Ils induisent des mauvaises positions de l'enfant qui fragiliseront la colonne vertébrale et plus particulièrement les disques intervertébraux. »*

C'est dans cette optique qu'une **(k)** vient d'être lancée à Grasse à l'école Gérard-Philipe où, à l'occasion d'un renouvellement de **(l)** , le directeur de l'établissement, M. Jean-Pierre Lorre, s'est laissé séduire par l'idée de parents d'élèves qui avaient entendu parler de l'installation de nouveaux **(m)** à l'école de Gattières.

Contact était donc pris avec l'AEPR, qui est à l'origine de cette campagne de **(n)** et qui a gracieusement fourni à titre expérimental des sièges ergonomiques de fabrication norvégienne pour équiper deux classes de cours préparatoire.

Mais pour avoir un bilan significatif de cette expérimentation qui, a priori, a rallié tous les écoliers concernés, il faudrait que ces équipements adaptés soient utilisés pendant toute la scolarité. Kevin et Myriam, aujourd'hui 6 ans à peine, pourront peut-être alors nous dire à leur entrée à la faculté si ces **(o)** étaient efficaces.

■■■

Nice-Matin (22/11/96).

a. .... b. .... c. ....

d. .... e. .... f. ....

g. .... h. .... i. ....

j. .... k. .... l. ....

m. .... n. .... o. ....

---

243 Lisez cet article.

LA MACHINE À CAFÉ SEUL TÉMOIN DU MEURTRE

Le receveur d'Escota a été tué mardi soir au péage de Nice-Saint-Isidore alors qu'il venait d'introduire des pièces dans le distributeur à café. Le gobelet a été retrouvé plein.

Près de deux jours après la découverte à Nice du corps de Thierry Garelli, le responsable du péage de Saint-Isidore, tué d'une balle en pleine tête *(voir nos éditions d'hier)*, le dossier conserve toutes ses zones d'ombre.

Le dernier élément, révélé hier, n'a pas contribué à la compréhension du drame. Le receveur a été tué, au sous-sol de la « gare » de péage, devant la machine à café alors qu'il venait d'introduire 2,50 F et de commander un « petit noir ». Le gobelet a été retrouvé plein. Il ne portait aucune empreinte.

60 kg de pièces de monnaie

Thierry Garelli a-t-il été surpris par les malfaiteurs qui l'ont abattu de sang-froid ? Les voyous, entrés sans bruit dans le bâtiment grâce à un jeu de fausses clés, auraient tué au sous-sol le seul employé présent avant de remonter au rez-de-chaussée, où ils auraient pillé l'armoire forte, emportant environ 60 kg de pièces d'une valeur ne dépassant pas 50 000 F. Ce scénario paraît le plus probable.

Identifier les utilisateurs du péage

Bien noté et estimé de sa hiérarchie qui lui confiait, comme ce soir-là et en l'absence du titulaire, la responsabilité du péage, Thierry Garelli, 32 ans, marié et père de deux enfants,

→

menait une vie professionnelle rangée et sans histoire, avenue Émile-Ripert dans le quartier de l'Ariane, à Nice. L'employé modèle a-t-il imprudemment ouvert la porte du bâtiment à des connaissances, à de faux amis qui en voulaient à la caisse ? Cette hypothèse n'est pas exclue.

Faute de certitudes, les gendarmes recherchaient toujours hier des témoignages. Ils tentaient d'identifier les automobilistes ayant emprunté le péage de Saint-Isidore mardi, entre 20 heures et 24 heures, grâce aux cartes d'abonnement ou aux cartes de crédit utilisées en paiement.

La société Escota, gestionnaire de l'autoroute A8, préférait ne pas commenter le drame, mais indiquait ne pas songer dans l'immédiat à renforcer la sécurité de ses installations, *« les dispositifs existants n'étant pas en cause à Saint-Isidore »*...

■■■

Nice-Matin (22/11/96).

Mettez une croix dans la case placée devant la bonne réponse.

a. Le malheureux Thierry Garelli a été tué :
☐ d'un coup de couteau
☐ d'une balle dans le dos
☐ d'une balle dans la tête.

b. Thierry Garelli a été tué :
☐ au sous-sol du péage
☐ devant le photocopieur
☐ pendant qu'il buvait un chocolat

c. La somme d'argent volé s'élève à :
☐ 60 000 F   ☐ 50 000 F   ☐ 2,50 F

d. Les gendarmes
☐ commencent à avoir des certitudes
☐ recherchent des témoignages
☐ connaissent les voleurs

e. Les gendarmes essaient de trouver des témoins grâce
☐ aux cartes postales
☐ aux cartes d'abonnement
☐ aux cartes téléphoniques

f. Thierry Garelli était
☐ un employé médiocre   ☐ un employé titulaire   ☐ un employé modèle

Complétez la fiche d'état civil de la personne assassinée.

Nom : .... Prénom : ....

Année de naissance : ....

Barrez la mention inutile : marié / divorcé / célibataire

Nombre d'enfants : ....

Profession : ....

Adresse : .... Ville : ....

244 Lisez l'article.

ROND VERT, TRIANGLE ORANGE, CARRÉ ROUGE

Un rond vert, un triangle orange, un carré rouge : Hervé Bourges a présenté hier cette nouvelle « signalétique » destinée à protéger les enfants de la violence à la télévision. C'est un Hervé Bourges satisfait qui a présenté hier les nouvelles mesures que TF1, France 2, France 3 et M6 appliqueront à partir du 18 novembre pour mieux protéger les enfants de la violence à la télévision. Satisfait à double titre. D'abord, l'initiative vient du CSA, puisque dès son installation en 1989, il avait fait de la régulation de la violence à la télé son cheval de bataille. En second lieu, il a réussi à faire asseoir, en face de lui, côte à côte trois Pdg, Patrick Le Lay (TF1), Xavier Gouyou-Beauchamps (France 2 - France 3) et Jean Drucker (M6), unanimes pour lutter contre la violence à la télévision. Une unanimité qu'on ne peut que saluer, car ces grands patrons représentent les chaînes regardées par 9 téléspectateurs sur 10, ne l'oublions pas. *« Nous sommes parvenus le 2 juillet dernier*, a déclaré Hervé Bourges, *à un ensemble de dispositions en vue de la protection du jeune public. Films, téléfilms, séries, dessins animés et documentaires doivent faire l'objet d'un visionnage par un comité et d'un contrôle éditorial au sein de chaque chaîne. »* Les œuvres en question seront classées en cinq catégories :
- **catégorie 1** : œuvres pour tous publics, pas de restriction, pas de signalétique.
- **catégorie 2** : œuvres comportant « certaines scènes susceptibles de heurter le jeune public », signalées par un cercle vert (y compris sur les bandes-annonces).
- **catégorie 3** : films interdits aux moins de 12 ans ou œuvres « pouvant troubler le jeune public ». Ces programmes accompagnés du triangle orange ne doivent pas être diffusés avant 22 heures.
- **catégorie 4** : films interdits aux moins de 16 ans, programmes accompagnés d'un carré rouge et diffusés uniquement après 22 h 30.
- **catégorie 5** : œuvres à caractère pornographique qui font l'objet d'une interdiction totale sur les chaînes hertziennes en clair.
« Le CSA et les responsables de chaînes prendront leurs responsabilités, a conclu Hervé Bourges, *restera aux parents à expliquer à leurs enfants les nouvelles règles du jeu. »*

Ouest-France (24/10/96).

a. Lisez ces petits textes de présentation de films. D'après les catégories décrites dans l'article, dans quelle catégorie peut-on classer chaque film ? (Il y a un film pour chaque catégorie décrite dans l'article.)

	Présentation du film	Catégorie
1)	Dans une luxueuse villa, des couples se livrent à des activités que la morale interdit de nommer.	
2)	Emprisonné pour un petit vol, un prisonnier subit des violences qui pourront troubler des enfants de moins de 12 ans.	
3)	Alain et Claudine s'aiment. Avec beaucoup de sensibilité, le cinéaste évoque le mal de vivre et de communiquer.	
4)	Le Parc national du banc d'Arguin est situé au large des côtes mauritaniennes. Avec vos enfants, vous apprendrez tout sur les millions d'oiseaux migrateurs qui y viennent passer l'hiver.	
5)	Dans ce film interdit aux moins de seize ans, le cinéaste suit un jeune voyou fou de Beethoven et d'ultra-violence.	

b. Voici des titres de films et un rapide résumé.
À votre avis, méritent-ils ○, ▲, □ ? Vous pouvez proposer deux symboles.

1. *Descente de police* (La vie quotidienne d'un commissariat de police) ....
2. *Abattez-les comme des chiens !* (Un film de guerre qui ne cache rien) ....
3. *Les Derniers Éléphants* (Les éléphants abattus malgré les interdictions) ....
4. *Le Souffle du désir* (Les relations passionnées de deux amants) ....
5. *Chacun de son côté* (La séparation difficile d'un couple) ....
6. *Règlements de comptes* (La bataille sanglante de deux bandes rivales) ....

245 Lisez une première fois le texte. Puis complétez-le avec les mots suivants :
musée – idéal – conseillé – chapelle – petite *(deux fois)* – étroite – pittoresques –
nombreuses – véhicule – rue *(deux fois)*.

PROMENADE EN FAMILLE

La **(a)** .... commune de Locronan est le cadre **(b)** .... pour effectuer une **(c)** .... promenade. L'indéniable charme qui se dégage de cette cité ne peut s'appréhender qu'en flânant à travers ses rues et venelles. À cet effet, la municipalité a créé des parkings (payant une seule fois – 15 F – pour l'ensemble de la saison) où il est fortement **(d)** .... de stationner son **(e)** ....

On pourra commencer cette balade en partant de la Grande Place, puisqu'elle est le point de départ des rues les plus **(f)** .... Sur la place, on ne manquera pas d'admirer les maisons bourgeoises en granit, le puits, l'église Saint-Ronan, la **(g)** .... du Pénity et de s'attarder devant les **(h)** .... échoppes.

Dans la **(i)** .... Lann, on passera devant la maison familiale du peintre surréaliste, Yves Tanguy, ami de Max Jacob, Marcel Duhamel ou encore Jacques Prévert.

L'**(j)** .... rue Moal, qui descend assez fortement, conduit à la chapelle Notre-Dame-de-Bonne-Nouvelle et à la fontaine Saint-Eutrope.

On accédera au **(k)** .... de l'Affiche en empruntant la venelle des Templiers et l'on en reviendra par la **(l)** .... Saint-Maurice assez pentue.

■■■

Ouest-France (01/10/96).

Soulignez, dans les premières lignes, les deux groupes de mots qui indiquent que cette promenade est intéressante.

Les textes suivants sont les tables des matières de sept livres différents. Lisez-les, puis répondez.

DES LIVRES POUR BIEN ÉCRIRE

❶ Du projet d'écriture à la recherche d'un éditeur. Intégrer l'écriture dans sa vie. Choisir son thème. Roman. Essai. Nouvelle. Scénario. Théâtre. Poésie. Correction et réécriture. Stratégies pour trouver un éditeur. Contrat d'édition. Circuits de vente. Copyright, droits et domaine public. Promouvoir la vente de son livre. Avoir un agent littéraire.

❷ Écrire comme on tourne un film. Origine et évolution du roman. Méthode pour commencer un conte, un roman ou un récit de science-fiction. Se documenter pour écrire. Fiches personnages, décors, costumes. Choisir son genre et son sujet. Point de vue narratif. Cohérence de l'intrigue. Travail du manuscrit : rédaction et correction (chapitre, style...).

❸ Analyser et comprendre un conte, une nouvelle. Du conte à la nouvelle. Recherche de l'inspiration. Structure et intrigue. Faire évoluer les personnages. Narration. Message du conte et de la nouvelle. Pour bien commencer. Conseils pratiques à l'écrivain. Nombreux concours de nouvelles. Revues publiant des nouvelles. Liste de recueils de nouvelles.

❹ Ce qu'est un scénario. Langage de l'image. L idee de film. Structures filmiques. L'histoire. Scénario littéraire et découpage technique. Synopsis. Description des personnages. Développement des séquences. Construction du scénario. Écriture des séquences.

Montage. Son. Voix off. Dialogues. Bruits. Musique. Nombreux exercices. Un exemple de scénario : *Chaînes conjugales* de J. Mankiewicz, avec Kirk Douglas. Scénario de B.D. Index : écoles et centres de formation, ouvrages...

❺ Document de près de 400 pages indispensable à ceux qui s'intéressent à l'activité d'écriture et au monde de l'édition. Maximum d'informations disponibles. Ateliers d'écriture. Choisir un traitement de texte. Se documenter pour écrire un livre. Manifestations culturelles en France. L'édition en France. L'édition à compte d'auteur. S'auto-éditer. Contrats d'édition. Écriture journalistique. Tendances littéraires. Prix littéraires. Traductions. Tout un univers d'activités littéraires.

❻ Le style caractérise un auteur comme ses empreintes digitales. Lecture, base de l'écriture. Narration. Description. Dialogue. Portrait. Choix des mots. Traitement des phrases et style. Lisibilité. Travail du style. Du scénario à la rédaction détaillée. Synthèse.

❼ Guide inséparable de l'écrivain. Se consulte sans modération. Exemple : AVENTURE : risquer, tenter, courir, raconter, nouer une aventure. Se lancer dans une certaine aventure. Sortir d'une aventure. Être le héros, la victime d'une aventure. Une aventure arrive, survient, commence. Errer à l'aventure. Mêler à. – Qual. : hasardeuse, périlleuse, piquante, banale...

246* Voici les titres des sept livres. Mettez après chaque titre le n° du texte qui convient.

    a. *Dictionnaire de l'écriture. Des mots aux idées.*   ....

    b. *Les Secrets du scénario. Cinéma et B.D.*   ....

    c. *Le Travail du style littéraire.*   ....

    d. *Écrire et être édité. Guide pratique.*   ....

    e. *J'écris des nouvelles et des contes.*   ....

    f. *J'écris mon premier roman.*   ....

    g. *Scriptor 1995. Le monde de l'écrit et de l'édition.*   ....

247* Répondez aux questions en mettant le numéro du texte correspondant. Quel livre achèterez-vous si vous avez besoin :

    a. de connaître les mots et les idées qui se rapportent à l'aventure ?   ....

    b. d'avoir un agent littéraire ?   ....

    c. de procéder au découpage en séquences d'une œuvre littéraire ?   ....

    d. d'une méthode pour commencer un roman ?   ....

    e. de travailler votre style ?   ....

    f. d'analyser une nouvelle ?   ....

    g. de vous documenter pour écrire un livre ?   ....

248* Vrai ou faux ?
Lisez ces affirmations et mettez une croix dans la case correspondante.

	VRAI	FAUX
a. Ces livres doivent aider à mieux écrire.	☐	☐
b. Un de ces livres donne des informations sur le son.	☐	☐
c. Un de ces livres parle du théâtre.	☐	☐
d. Un de ces livres parle précisément de la science-fiction.	☐	☐
e. Plusieurs livres parlent de la narration.	☐	☐
f. Plusieurs livres parlent du contrat d'édition.	☐	☐
g. Plusieurs livres parlent de la poésie.	☐	☐

249 Vous pouvez lire ce document avant de répondre aux questions, mais ce n'est pas obligatoire. Répondez aux questions sans faire de phrases.

Théâtre et spectacles

« Les Beaux Parleurs »

La compagnie Michel Liard, qui prend le nom de « Au Fol Ordinaire-théâtre », propose une soirée « parcours verbal » telle qu'elle les affectionne, portée par 5 comédiens avec des textes de 9 auteurs contemporains dont Verheggen, Novarina...

■ *Vendredi 8 et samedi 9 novembre à 20 h, Théâtre de Bel Air.*

CRÉATION

« Le Passe-muraille »

Le texte de Marcel Aymé adapté en « chanté » par Didier van Cauwelaert, avec une musique signée Michel Legrand. Mise en scène Alain Sachs avec Francis Perrin.

■ *Du mercredi 6 au mardi 26 novembre à 21 h, Espace 44.*

« Les Jumeaux vénitiens »

La pièce de Goldoni mise en scène par Gildas Bourdet.

■ *Vendredi 29 et samedi 30 novembre à 21 h, Espace 44.*

CRÉATION

« Prométhée enchaîné »

La tragédie d'Eschyle mise en scène par Pascal Arbeille avec 21 jeunes comédiens.

■ *Du mardi 5 au samedi 16 novembre à 21 h, Théâtre universitaire.*

« Chambre obscure »

Le CRDC et le TU proposent une pièce de Nabokov, l'auteur de *Lolita* : l'histoire d'une déchéance dans le Berlin des années folles. Mise en scène Anton Kouznetsov.

■ *Mardi 19, mercredi 20 et jeudi 21 novembre à 21 h, Théâtre universitaire.*

« L'Écrabouilleuse ou la révolte des gueux »

Le regard d'un adolescent sur l'exclusion et le théâtre dans son rôle social : c'est une parodie mise en scène par Michel Ecoffard et le Théâtre La Chimère.

■ *Mardi 12, mercredi 13 à 14 h. Jeudi 14, vendredi 15 à 14 h et 20 h 30. Samedi 16 à 20 h 30. Et lundi 18 novembre à 9 h et 14 h. Sous chapiteau, esplanade salle omnisports Beaulieu.*

« Ce qu'en dit Hélène »

Reprise de la pièce de Pierre Leenhardt présentée cet été à Avignon. Hélène a 70 ans et meurt du sida.
Elle tente de se raconter à sa petite-fille.

■ *Mardi 5, mercredi 6, jeudi 7 et samedi 9 novembre à 21 h. Vendredi 8 à 19 h, Studio Théâtre.*

« L'Île des esclaves »

La pièce de Marivaux par la compagnie Arludie.

■ *Jeudi 21, vendredi 22 et samedi 23 novembre à 20 h, salle Vasse.*

« Candide »

Voltaire par la compagnie Thalie.

■ *Du mercredi 6 au samedi 9 novembre à 20 h 30, salle Vasse.*

Théâtre de Poche

Je suis pour jusqu'au samedi 9 novembre.
L'Audition du mardi 12 au samedi 23 novembre.
Je mourrais pour toi si j'en avais les moyens du mardi 26 novembre jusqu'au samedi 7 décembre.

■ *À 20 h 30.*

« Ubu PéDéGé »

Par une troupe centrafricaine : *Les Conteurs de tout.*

■ *Mardi 12 novembre à 19 h ; mercredi 13 à 21 h ; vendredi 15 à 20 h 30, salle Marcet, Bouguenais-les-Couets.*

« La Seconde Surprise de l'amour »

■ *Mardi 12 novembre à 20 h 30, Piano'cktail.*

« La Noce chez les petits-bourgeois »

Brecht mis en scène par Gérald Chatelain.

■ *Mardi 19 novembre à 20 h 30, Piano'cktail.*

« Le Désespoir des singes »

De Jean-Gabriel Nordmann, par le Théâtre du Galion.

■ *Jeudi 14, vendredi 15 et samedi 16 novembre à 21 h, Onyx.*

Élie et Dieudonné

■ *Mardi 26 novembre à 20 h 45, La Fleuriaye.*

a. Quel est le titre du spectacle joué au théâtre de Bel Air ?

....

b. Deux spectacles sont des créations. Lesquels ?

....

c. Où joue-t-on *Le Désespoir des singes* ?

....

d. Quelles pièces joue-t-on au Théâtre universitaire ?

....

e. Quel est le titre de la pièce de Goldoni ?

....

f. Qui a mis en scène *La Noce chez les petits-bourgeois* ?

....

g. Quel est le nom de la compagnie qui joue *L'Île des esclaves* ?

....

h. Quel est le titre de la pièce accompagnée d'une musique de Michel Legrand ?

....

i. Quel est le titre de la pièce jouée le 12 novembre à 20 h 30 au Piano'cktail ?

....

j. L'auteur de *L'Île des esclaves* est le même que celui de *La Seconde Surprise de l'amour*.

Qui est-ce ? ....

Lisez ces textes, puis faites les activités.

ÉRIC DECROIX, FOOTBALLEUR

LE JOUEUR ÉRIC DECROIX : L'IDÉALISTE

❶ « Avant tout chose, c'est de progresser. Depuis le début de ma carrière, j'aspire à cela. Partir de Lille pour Nantes fut une ascension importante.

Aujourd'hui, j'arrive à un âge où je n'ai pas envie de brûler mes dernières cartouches. En arrivant au FCNA, j'ai appris beaucoup de choses. Je les avais en moi, cachées. Nantes me les a fait découvrir.

Maintenant, l'idéal serait de rester dans une certaine continuité de carrière. Mon idéal me fait avancer. Il faut que j'évite de tomber dans la routine. J'ai besoin de stimulation. Il faut que les choses changent pour qu'elles évoluent... Je suis très content de ce qui m'est arrivé. Mais j'ai toujours soif de découvrir des sensations nouvelles. Dès qu'il n'y a plus d'envie dans ce sens, il n'y a plus de progrès.

Je me sens capable de faire mieux. Mais c'est le contexte qui permet l'éclosion des qualités. On n'est pas toujours conscient de ses propres qualités. On apprend lorsque l'on change de contexte et que celui-ci apparaît plus favorable. J'ai passé des saisons à Lille où je n'éprouvais plus de plaisir. Ce défaut de plaisir stoppe la progression. »

❷ « Il faut s'y intéresser. La faim dans le monde, c'est aberrant. Cela ne devrait pas exister.

Je ne suis pas trop TV. Mais je regarde souvent le journal télévisé. Cela permet de se rappeler qu'en France nous sommes des privilégiés. On est plus ou moins humains. Mais il faut faire le mieux possible pour venir en aide aux plus déshérités. C'est nettement plus valorisant que la politique... »

❸ « Le football reste pour moi ma grande passion. Cela l'était déjà lorsque j'étais tout gamin. C'est en fait un rêve de gosse qui s'est réalisé. Je peux aujourd'hui concilier le jeu et la profession. J'ai eu une progression régulière même si je suis arrivé sur le tard dans le milieu puisque j'avais 18 ans. Ainsi, je ne suis pas passé par le centre de formation de Lille, où j'ai signé directement un contrat de stagiaire. Aussitôt après mon arrivée, je me suis blessé et j'ai été indisponible durant un an. Ensuite j'ai rejoint rapidement le groupe pro.

Je considère comme un avantage de ne pas être issu d'un centre de formation. Certes, on y apprend plus vite les choses, mais on s'use moins. La formation, on la fait tous les jours à l'entraînement. Moi, je ne suis pas bridé, pas fatigué. J'ai toujours envie de me défoncer, de m'amuser... »

❹ « Ma vie, je l'ai dit, est liée au paradoxe. C'est dans mon caractère. Je peux avoir la bougeotte, tout comme aimer rester au calme chez moi.

Le cinéma, le restaurant, dans un climat convivial où l'on passe de bons moments, font partie de mes loisirs. Il est important de se détacher du football.

Je privilégie également les sports nautiques. J'apprécie les balades en mer. La voile, c'est par esprit de liberté, d'évasion. Sur un bateau, il n'y a pas trop de monde. On peut profiter de choses que l'on ne voit pas traditionnellement. On peut également se faire peur... »

Sportmania (1996).

250 **Mettez le numéro du texte en face du titre.**

a. « Éric et ses aspirations » .... **b.** « Éric et le football » ....

c. « Éric et l'actualité » .... **d.** « Éric et les loisirs » ....

251 **Retrouvez les phrases qui pourraient être les réponses aux questions suivantes. Recopiez-les.**

a. Quelle est votre aspiration principale ?

....

b. Vous intéressez-vous à l'actualité ?

....

c. Quels sont les loisirs que vous mettez au premier rang ?

....

d. Êtes-vous toujours passionné par le football ?

....

e. Aimez-vous la mer ?

....

f. Pensez-vous pouvoir faire mieux ?

....

g. Vous intéressiez-vous au football dans votre enfance ?

....

h. Que pensez-vous de la faim dans le monde ?

....

252

Mettez une croix devant les questions qui n'ont pas de réponse dans les textes.

a. ☐ Est-ce que vous regardez le journal télévisé ?

b. ☐ Combien avez-vous d'enfants ?

c. ☐ Quel est votre meilleur souvenir ?

d. ☐ Partir de Lille pour Nantes, est-ce que c'était important pour vous ?

e. ☐ Espérez-vous être sélectionné en équipe de France ?

f. ☐ Qu'est-ce que vous aimez quand vous faites du bateau ?

253

Lisez attentivement la recette du gâteau basque à la confiture de myrtilles. Plusieurs personnes ont voulu faire ce gâteau. Mais certaines d'entre elles ont fait des erreurs. Lesquelles ? Indiquez le nombre d'erreurs dans la case placée devant leur nom.

Gâteau à la confiture de myrtilles

🍇

Préparation : 30 min. Au frais : 45 min.

Pour 4 personnes :
275 g de farine ; 200 g de sucre ; 1 œuf entier + 2 jaunes d'œufs ; 200 g de beurre ; 1 cuillerée à café de zeste de citron ; 3/4 de pot de confiture de myrtilles ; crème Chantilly.

✗ **Travaillez**, dans un saladier, la farine avec le sucre, une pincée de sel, l'œuf entier et 1 jaune. Pétrissez à la main en ajoutant petit à petit le beurre en morceaux et le zeste de citron râpé.

✗ **Ramassez** la pâte en boule et laissez reposer 1 h au frais.

✗ **Séparez** la pâte en deux portions inégales. Étalez la plus grosse dans un moule, préalablement beurré, de 25 cm de diamètre. Faites remonter la pâte largement sur les bords.

✗ **Versez** la confiture en couches régulières. Étalez le reste de la pâte par-dessus et percez éventuellement le couvercle pour laisser passer la vapeur. Dorez le dessus du gâteau avec 1 jaune d'œuf et faites cuire 45 min. à four therm. 6 (180°C). Lissez le bord du gâteau à la crème Chantilly.

---

a. ☐ COLETTE

Elle a travaillé dans un saladier la farine avec le sucre, une pincée de sel, l'œuf entier et un jaune. Elle a pétri à la main en ajoutant petit à petit le beurre en morceaux et le zeste de citron râpé. Puis elle a ramassé la boule et elle l'a laissée reposer une heure au frais. Elle a séparé la pâte en deux portions inégales. Elle a étalé la plus grosse dans un moule, préalablement beurré, de 25 centimètres de diamètre. Elle a fait remonter la pâte largement sur les bords. Elle a versé la confiture en couches régulières. Elle a étalé le reste de pâte par-dessus et elle a percé le couvercle pour laisser passer la vapeur. Elle a doré le dessus du gâteau avec un jaune d'œuf et elle l'a fait cuire 45 minutes à four thermostat six (180°C). Elle a lissé le bord du gâteau à la crème Chantilly.

b. ☐ ALAIN

Il a travaillé dans un saladier la farine avec le sucre, une pincée de sel, deux œufs entiers et deux jaunes. Il a pétri à la main en ajoutant petit à petit le beurre en morceaux et le zeste de citron râpé. Puis il a ramassé la boule et il l'a laissée reposer une heure au frais. Il a séparé la pâte en deux portions inégales. Il a étalé la plus grosse dans un moule, préalablement beurré, de 25 centimètres de diamètre. Il a fait remonter la pâte largement sur les bords. Il a versé la confiture en couches régulières. Il a étalé le reste de pâte par-dessus et il a percé le couvercle pour laisser passer la vapeur. Il a doré le dessus du gâteau avec un jaune d'œuf et il l'a fait cuire 145 minutes à four thermostat six (180°C). Il a lissé le bord du gâteau à la crème Chantilly.

c. ☐ AGNÈS

Elle a travaillé dans un saladier la farine avec le sucre, une pincée de sel, l'œuf entier et un jaune. Elle a pétri à la main en ajoutant petit à petit le beurre en morceaux et le zeste de citron râpé. Puis elle a ramassé la boule et elle l'a laissée reposer une heure au frais. Elle a séparé la pâte en deux portions inégales. Elle a étalé la plus grosse dans un moule, préalablement beurré, de 25 centimètres de diamètre. Elle a fait remonter la pâte légèrement sur les bords. Elle a versé la confiture en couches irrégulières. Elle a étalé le reste de pâte par-dessus et elle a percé le couvercle pour laisser passer la vapeur. Elle a doré le dessus du gâteau avec un jaune d'œuf et elle l'a fait cuire 45 minutes à four thermostat six (180°C). Elle a lissé le bord du gâteau à la crème Chantilly.

d. ☐ SAMUEL

Il a travaillé dans un saladier la farine avec le sucre, une pincée de sel, l'œuf entier et un jaune. Il a pétri avec les mains en ajoutant progressivement le beurre en morceaux et le zeste de citron râpé. Puis il a ramassé la boule et il l'a laissée reposer une heure au frais. Il a séparé la pâte en deux portions de grosseur différente. Il a étalé la plus grosse dans un moule, qu'il a beurré avant, de 25 centimètres de diamètre. Il a fait remonter la pâte largement sur les bords. Il a versé la confiture en couches régulières. Il a étalé le reste de pâte par-dessus et il a percé le couvercle pour laisser sortir la vapeur. Il a doré la partie supérieure du gâteau avec un jaune d'œuf et il l'a fait cuire 45 minutes à four thermostat six (180°C). Il a lissé le bord du gâteau avec de la crème Chantilly.

e. ☐ MURIEL

Elle a travaillé dans un saladier la farine avec le sucre, une pincée de sel, l'œuf entier et un jaune. Elle a pétri à la main en ajoutant petit à petit le beurre en morceaux et le zeste de citron râpé. Puis elle a ramassé la boule et elle l'a laissée reposer une heure au frais. Elle a séparé la pâte en deux portions inégales. Elle a étalé la plus grosse dans un moule, préalablement beurré, de 25 centimètres de diamètre. Elle a fait remonter la pâte largement sur les bords. Elle a versé la confiture en couches régulières. Elle a étalé le reste de pâte par-dessus et elle a percé le couvercle pour laisser passer la vapeur. Elle a doré le dessus du gâteau avec un jaune d'œuf et elle l'a fait cuire 45 minutes à four thermostat six (180°C). Elle a lissé le bord du gâteau à la crème anglaise.

f. ☐ STÉPHANE

Il a travaillé dans un saladier 375 g de farine avec 300 g de sucre, une pincée de sel, deux œufs entiers et un jaune. Il a pétri à la main en ajoutant petit à petit le beurre en morceaux et le zeste de citron râpé. Puis il a ramassé la boule et il l'a laissée reposer cinq minutes au frais. Il a séparé la pâte en deux portions égales. Il a étalé l'une dans un moule, préalablement beurré, de 35 centimètres de diamètre. Il a fait remonter la pâte largement sur les bords. Il a versé la confiture en couches régulières. Il a étalé le reste de pâte par-dessus et il a percé le couvercle pour laisser passer la vapeur. Il a doré le dessus du gâteau avec un jaune d'œuf et il l'a fait cuire 15 minutes à four thermostat six (180°C). Il a lissé le bord du gâteau à la crème Chantilly.

254 Comme son nom l'indique, la revue *France Football* est spécialisée dans le football… Voici les titres de six principaux articles de son numéro du 10 décembre 1996. Lisez-les.

1. CAVEGLIA. CŒUR DE LYON
2. LASLANDES, L'ÂME D'AUXERRE
3. Boli, Made in Japan
4. MILAN AC. Une semaine noire
5. HAVELANGE. TERMINUS 1998
6. PARIS-SG. RICARDO AU CRÉNEAU

Voici maintenant les six petits textes de présentation des articles. Lisez-les. Puis faites correspondre textes et articles et complétez le tableau.

a. Que se passe-t-il avec Paris-SG ? Battus à domicile par Nancy, doublés par Monaco, privés de Leonardo jusqu'à la trêve, les Parisiens doutent. Pour Ricardo, c'est l'heure de vérité.

b. Changement d'entraîneur, élimination précoce en Ligue des champions, le club italien, meilleur club européen de son époque, vacille sur ses bases. Enquête.

c. La relance de l'AJA, en Coupe d'Europe comme en Championnat, coïncide avec le retour de son avant-centre. Sans avoir l'air d'y toucher, Laslandes occupe une place déterminante dans le dispositif de Guy Roux. Reportage.

d. L'attaquant de l'Olympique Lyonnais est le meilleur buteur français des trois dernières saisons. Entretien.

e. Président de la FIFA depuis 1974, Joao Havelange accomplit son dernier mandat. La lutte pour la succession commence. Analyse.

f. Le tonitruant Basile retrouve au Japon les valeurs de l'Afrique. En conséquence, il envisage d'y terminer sa carrière. Reportage.

Titre	1	2	3	4	5	6
Texte						

Lisez attentivement l'article, puis répondez aux questions en quelques mots, sans faire de phrases.

FRANCE : LE SUD VICTIME DE LA COLÈRE DES EAUX

À PÉZENAS, SAMEDI SOIR, UN HOMME A ÉTÉ EMPORTÉ PAR LA CRUE DE L'HÉRAULT. Les intempéries du week-end dans le sud du pays ont fait un disparu samedi soir près de Pézenas, dans l'Hérault. L'homme, âgé de 38 ans, s'était engagé sur une petite route barrée à la circulation en raison de la crue de l'Hérault. Malgré les recherches, son corps n'a pas été retrouvé.

Dans le Sud-Ouest, la situation météorologique s'est améliorée dimanche matin à la suite de la décrue de l'Aude et du Tarn amorcée dans la nuit de samedi à dimanche. L'Aude est repassé sous le seuil de sa cote d'alerte dimanche matin à Carcassonne. Dans ce département, les secteurs du Narbonnais et de Lézignan-Corbières ont été les plus touchés et une trentaine de routes départementales ont dû être coupées. Une soixantaine de personnes ont été évacuées par mesure de précaution dans les villages du Narbonnais.

EAU NON POTABLE. L'eau du réseau de Narbonne et de ses environs, qui alimente 30 000 foyers, n'est plus potable, les fortes pluies ayant affecté le fonctionnement des stations d'épuration de la ville. Dans le Tarn, l'heure est aussi à la décrue. Les services de secours y ont effectué près de 500 sorties depuis samedi et évacué près d'une centaine de personnes dans le secteur d'Albi, de Castres et de Brassac.

ÉVACUATION. À Montauban, le Tarn a atteint sa cote record depuis l'« inondation historique » du 3 mars 1930. Dans les quartiers bas et dans un village voisin, des dizaines d'habitations ont été inondées et une quarantaine de personnes ont été évacuées dans la nuit de samedi à dimanche. Le maire PS de Montauban, Roland Garrigues, a souhaité que sa commune soit *« déclarée sinistrée »*.

Libération (09/12/96).

a. Combien de personnes ont été évacuées dans la région de Narbonne ?

....

b. Combien de personnes ont été évacuées dans la région d'Albi, Castres et Brassac ?

....

c. Combien de personnes ont été évacuées dans la région de Montauban ?

....

d. Combien de routes départementales ont été coupées dans la région de Narbonne et de Lézignan-Corbières ?

....

e. Combien de sorties ont été effectuées par les services de secours dans le Tarn ?

....

f. Combien d'habitations ont été inondées à Montauban ?

....

g. Combien de foyers sont privés d'eau potable dans la région de Narbonne ?

....

h. À quelle date y avait-il eu une pareille inondation à Montauban ?

....

L'homme disparu près de Pézenas était-il prudent ? Justifiez votre réponse.

....

....

Observez le document.

PARIS MODE D'EMPLOI

❶ **AUTOROUTE DU NORD (A1)**
Fermée dans le sens Paris-province de 21 h à 5 h.

❷ **SOUTERRAIN CONCORDE (8e)**
Fermé de 22 h à 6 h.

❸ **VOIE GEORGES-POMPIDOU**
Fermée du souterrain des Tuileries à la voie Mazas de 22 h à 6 h.

❹ **SOUTERRAIN MAZAS (12e)**
Fermé de 22 h à 6 h.

❺ **SOUTERRAIN CHARLES-DE-GAULLE (12e)**
Fermé de 22 h à 6 h.

❻ **SOUTERRAINS BERCY ET PETIT-BERCY (12e)**
Fermés dans le sens Paris-province de 22 h à 6 h.

❾ **RUE ÉRASME (5e)**
Mise en sens unique jusqu'en décembre 1997.

❿ **RUE SAINT-PLACIDE (6e)**
Partiellement barrée jusqu'au 31 juillet 1997.

⓫ **RUE FRANCISQUE-GAY (6e)**
Totalement barrée jusqu'au 31 octobre 1997.

⓬ **RUE DE L'AQUEDUC (10e)**
Mise en sens unique depuis la rue Philippe-de-Girard jusqu'à la rue La Fayette jusqu'au 31 décembre 1997.

⓭ **RUE DE PARADIS (10e)**
Partiellement barrée jusqu'au 14 décembre 1997.

⓮ **PONT D'AUSTERLITZ (12e)**
Partiellement barré jusqu'en avril 1997.

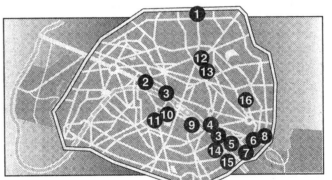

❼ **SOUTERRAIN TOLBIAC (12e)**
Fermé dans le sens Paris-province de 22 h à 6 h.

❽ **ÉCHANGEUR DE BERCY**
Liaison directe radiale fermée de Bercy vers l'autoroute de l'Est (A4) de 22 h à 6 h.

⓯ **RUE BELLIÈVRE (13e)**
Sens unique inversé jusqu'au 31 décembre 1997.

⓰ **RUE DES VIGNOLES (20e)**
Totalement barrée entre les rues de la Réunion et de Buzenval jusqu'au 20 décembre 1997.

256 Cochez la bonne réponse.

a. Les numéros sur le plan indiquent :

☐ des endroits à visiter

☐ des problèmes de circulation

☐ des commerces bon marché.

b. La plus grande partie des problèmes est située dans :

☐ le 20e arrondissement ☐ le 6e arrondissement ☐ le 12e arrondissement.

c. Dans le 12e arrondissement, plusieurs souterrains sont fermés. Combien ?

3 ☐   4 ☐   6 ☐

257 Lisez ces phrases. Puis mettez en face le numéro du problème de circulation correspondant.

a. Le souterrain Concorde est fermé de 22 h à 6 h. ....

b. On circulera en sens unique dans la rue Érasme jusqu'en décembre 1997. ....

c. La rue est totalement barrée jusqu'au 31 octobre 1997. ....

d. La rue est partiellement barrée jusqu'au 14 décembre. ....

e. C'est fermé dans le sens Paris-province de 21 h à 5 h. ....

f. C'est un pont qui sera partiellement barré. ....

g. La rue était déjà en sens unique, mais c'est la direction du sens unique qui change. ....

258* Lisez attentivement le document.

TROPHÉE ANDROS

Muller brille

Sur le miroir de glace du circuit de Val-Thorens, le tenant du titre a offert à BMW sa première victoire de la saison.

**De notre envoyé spécial
à Val-Thorens
Pascal Winzenrieth**

Sitôt la ligne d'arrivée franchie, Yvan Muller entraînait sa BMW bleu-blanc-rouge dans une folle série de « figures » à 360°. Vainqueur de sa finale et du classement scratch, il s'accordait une petite récréation après un week-end magistralement dominé face à l'autre BMW de Patrick Herbert et à l'Opel Tigra de Dany Snobeck.
Sur le circuit de Val-Thorens, le jeune Alsacien de vingt-sept ans a administré une formidable leçon de glisse pour cette épreuve de rentrée des glaces. Et surtout, le champion hivernal en titre s'est offert, à 2 200 mètres d'altitude, une bonne bouffée d'air pur : meilleur temps dans deux des trois manches et succès en finale.
« *Cela fait du bien de démarrer le Trophée par une victoire* », confiait-il sur le podium. Car des succès, Yvan n'a guère eu l'occasion d'en collectionner, cette saison, dans le Championnat de Supertourisme italien. « *Chez Audi, ma mission était d'aider Rinaldo Capello à obtenir le titre. J'ai parfaitement tenu mon rôle puisqu'il a été champion.* »
Tellement bien, d'ailleurs, qu'Audi lui a renouvelé sa confiance pour l'an prochain. Et samedi soir, un coup de fil en provenance d'Ingolstadt lui apprenait qu'il piloterait dans le Championnat allemand, l'an prochain : « *Ce sera une nouvelle expérience. Après la France, l'Angleterre, l'Allemagne... j'aimerais*

bien un jour courir aux États-Unis ou au Japon. Mais ce n'est pas pour tout de suite. »
Dans l'immédiat, son objectif, c'est la glace et la glisse. « *Je n'ai pas encore totalement retrouvé mes sensations de la saison passée*, soulignait-il. *Cela fait seulement un mois que j'ai la tête à l'Andros. L'an dernier, dès le mois d'août, je ne pensais qu'à ça.* »
N'empêche ! Comme il y a douze mois, la glace de Val-Thorens n'a pas résisté aux assauts d'Yvan le Terrible, toujours aussi agressif au volant de sa BMW 3 litres. « *Par rapport à l'an dernier, l'auto n'a guère évolué. À un ou deux détails près, c'est pratiquement la même. Et malgré la diminution du cloutage*[1], *je n'ai pas changé ma manière de la piloter.* »
Ou plus précisément de la dompter. Sollicitant au maximum la cavalerie de son six-cylindres au feulement inimitable, balançant son auto sans ménagement, Muller bondit de courbe en courbe pour le plus grand plaisir des yeux et des oreilles. Chapeau, Yvan ! Marc Duez, le sympathique piloge belge, ne s'y est d'ailleurs pas trompé : il a offert à son ancien camarade d'écurie un akubra, chapeau australien, tout neuf. « *Tout le week-end, j'ai essayé d'avoir ce chapeau*, racontait Yvan. *Finalement, Marc m'a promis que si je gagnais il me le donnerait.* » Attention ! Sur la glace, un pari avec Yvan Muller pourrait bien être rarement gagné d'avance, cette saison...

_____

(1) 216 clous par roue cette saison contre 304 l'an dernier.

L'Équipe (09/11/96).

Cochez la case de la réponse juste. Il n'y a qu'une seule bonne réponse.

a. Le trophée Andros est une course : ☐ de vélos ☐ de motos ☐ d'autos.

b. Cette compétition a lieu : ☐ sur terre ☐ sur sable ☐ sur glace.

c. Le vainqueur s'appelle : ☐ Muller ☐ Capello ☐ Duez.

d. Le vainqueur utilise : ☐ une BMW ☐ une Opel ☐ une Honda.

e. Yvan Muller a : ☐ 22 ans ☐ 27 ans ☐ 26 ans.

f. Yvan Muller n'a jamais couru : ☐ en France ☐ au Japon ☐ en Angleterre.

g. Yvan Muller a reçu un cadeau.

C'est : ☐ un kangourou ☐ un chapeau australien ☐ un kiwi.

h. Yvan Muller a aussi couru, cette saison, le Championnat de Supertourisme :
☐ en Allemagne ☐ en Italie ☐ en France.

Le journaliste trouve-t-il que Muller est un bon pilote ? Citez quelques mots ou morceaux de phrases pour justifier votre réponse.

259 Ricardo et Fernandez sont deux entraîneurs d'équipes de football. Ils ont leurs qualités (« les plus ») et leurs défauts (« les moins »). Lisez les deux listes, puis répartissez leurs qualités et leurs défauts dans le tableau.

LE FACE À FACE

Le Brésilien a succédé à l'actuel entraîneur de Bilbao

Cinq mois après avoir pris la suite de Luis Fernandez au PSG, Ricardo connaît ses premières difficultés d'entraîneur. L'heure est au bilan et à la comparaison des deux techniciens.

Ricardo

❶ Son inexpérience au poste d'entraîneur revient régulièrement dans les conversations.

❷ Son calme légendaire se retourne contre lui lorsqu'il anesthésie ses joueurs.

❸ Il a apporté une rigueur quotidienne indispensable dans un grand club.

❹ Son charisme auprès des joueurs est incontestable.

❺ Il n'a pas été capable de prévoir la lente dégradation du jeu de son équipe.

❻ L'ambiance au sein du groupe est bonne malgré les défaites de ces derniers temps.

❼ Il sait faire son mea culpa et se remettre en cause lorsque les événements lui donnent tort.

❽ Il a toujours eu une confiance aveugle envers les joueurs avec qui il a joué.

❾ Son calme est proverbial.

Fernandez

① Il a été le premier entraîneur français à gagner une Coupe d'Europe.

② En 2 ans, il n'a pas été capable de ramener le titre de champion à Paris alors qu'il était venu avec cet objectif.

③ Peu à son aise avec les stars, il a eu du mal à gérer son groupe et l'ambiance s'est dégradée.

④ Les joueurs n'adhéraient pas toujours à son discours.

⑤ C'est un technicien capable de coups tactiques très intéressants.

⑥ Lors des moments importants, il a la faculté de mettre la pression lorsqu'il le faut.

⑦ Une irrégularité chronique en championnat sans doute due à une gestion trop caractérielle.

⑧ Il possède une présence médiatique très forte.

⑨ Il a été trop copain avec certains joueurs.

D'après *France-Soir* (09/12/96).

Ricardo	Fernandez
Les plus	Les plus ....
Les moins	Les moins ....

Éric Barone est le premier à avoir atteint 200 km/h en KL-VTT, course de vitesse sur neige en vélo tout terrain. Lisez les textes ci-dessous.

Questions :
- **a.** *Quelles sont les sensations que l'on éprouve avant une telle épreuve ?*
- **b.** *Comment se passe la descente en KL-VTT ? Et comment gagner ?*
- **c.** *Suivez-vous un entraînement particulier ?*
- **d.** *Y a-t-il des contraintes diététiques particulières ?*
- **e.** *En été, vous faites aussi du VTT de descente. Est-ce un sport différent ?*
- **f.** *Quels sont vos prochains objectifs ?*

Réponses :

1. Tout à fait, car l'effort est plus long et surtout fractionné. On alterne pédalage, freinage et pilotage pendant plusieurs minutes.

2. Il n'est pas possible de s'entraîner sur le site des compétitions. L'essentiel de la préparation se fait sur route, pour acquérir une bonne technique de pédalage. On travaille aussi la position en soufflerie. La préparation musculaire est importante, avec un travail des muscles abdominaux, des muscles de la colonne vertébrale et des cuisses.

3. Le KL-VTT se déroule tôt le matin, dans le froid. À ce moment, la montagne inspire avant tout le respect… et aussi parfois la crainte. Le stress est énorme, mais il faut l'oublier sitôt le top du départ.

4. Le froid est un problème, car il augmente les dépenses énergétiques. Si l'effort est bref, il est intense et il faut rapidement restaurer les réserves, surtout en glucides.

5. J'aimerais rapidement être dans les dix premiers du classement mondial du VTT de descente et surtout, l'hiver prochain, atteindre les 210 km/h, et pourquoi pas les 220 km/h en KL-VTT.

6. Tout va très vite. Il faut d'abord fournir un important effort de pédalage sur les cinquante premiers mètres, car tout doit être joué en huit secondes. À ce moment, on doit concentrer toute son énergie sur la contraction statique musculaire, afin de conserver une position de parfait équilibre et de bien « rentrer dans le vent ». Ensuite, il y a les vingt secondes de freinage, où l'on est toujours à la merci d'une chute et tomber d'un VTT à pleine vitesse peut être très dangereux : c'est là que le pilotage intervient le plus. La victoire se joue surtout sur le pédalage et la maîtrise de la trajectoire.

260 Faites correspondre les questions et les réponses.

Questions	a	b	c	d	e	f
Réponses						

261 Répondez par *oui* ou *non*. Les réponses d'Éric Barone parlent de :

- **a.** la crainte de la montagne ………
- **b.** du froid ………
- **c.** de la préparation musculaire ………
- **d.** de la façon de prendre les virages ………
- **e.** des risques de chute ………
- **f.** de l'amitié entre concurrents ………
- **g.** de la technologie du VTT ………
- **h.** du ski nautique ………

262 Relisez les réponses d'Éric Barone. Indiquez si les affirmations suivantes sont vraies ou fausses, en mettant une croix dans la case correspondante. Si le texte ne donne pas l'information, mettez une croix dans la case [?].

	Vrai	Faux	?
a. Le KL-VTT est une course de vitesse sur sable en VTT.	☐	☐	☐
b. L'effort de pédalage porte sur les 20 premières secondes de pédalage.	☐	☐	☐
c. Éric Barone voudrait atteindre 210 km/h l'hiver prochain.	☐	☐	☐
d. Il faut 50 mètres pour freiner.	☐	☐	☐
e. Il faut développer les muscles des bras.	☐	☐	☐
f. Tous les sites de compétition sont situés en France.	☐	☐	☐
g. La préparation se fait essentiellement sur la route.	☐	☐	☐
h. Les compétitions de KL-VTT se déroulent en fin de matinée.	☐	☐	☐

 Lisez attentivement cet article.

VENDÉE GLOBE : ISABELLE AUTISSIER JOUE CARTE SUR TABLE

En dix ans, Isabelle Autissier (40 ans) s'est imposée comme l'un des porte-drapeaux de la voile hauturière française. Sans tomber dans les clichés. Elle sera l'une des favorites du Vendée Globe, qui partira demain des Sables-d'Olonne. Paisible, la Rochelaise n'a jamais eu l'impression d'être un héros. Simplement un marin, heureuse et aventureuse.

C'est une boucle d'oreille comme tant d'autres. C'est pourtant un symbole qui pend sous le lobe d'Isabelle Autissier ; c'est un cadeau de Marc Pinta, le constructeur de *PRB*, son bateau. Cette boucle est découpée dans de l'Advanced composite, comme son grand monocoque blanc. La Rochelaise fait corps avec ce bateau qui deviendra durant plus de trois mois sa maison, son jardin. Son confident.

Vraiment une chic fille cette Isabelle, le genre de nana qu'on aurait élue chef de classe en 6ᵉ. Chic et tellement naturelle qu'on oublie de lui coller une étiquette. Depuis que Catherine Chabaud s'est inscrite au Vendée Globe, elle n'est plus la seule fille de la course ; elle n'est pas non plus la nouvelle Florence Arthaud, car elle avait couru la Mini Transat bien avant que la petite fiancée de l'Atlantique ne remporte la Route du Rhum. *« Je ne cherche pas à battre les hommes. Je fais de la voile parce que ça me plaît. Progressivement, j'ai pourtant pris conscience que pour certaines femmes ce que je faisais avait une valeur sociale. Mais ce phénomène n'est pas nouveau et reste marginal. »*

Isabelle Autissier est inclassable. Sinon dans la catégorie marin. C'est d'ailleurs juste ce qu'elle demande. Petite Parisienne de Saint-Maur, jeune navigatrice bretonne à 6 ans sur un Vaurien durant les vacances, étudiante en agronomie à Rennes, puis enseignante à La Rochelle, elle en rêvait depuis très longtemps, de ce tour du monde sans escale. *« Et aujourd'hui ça y est : je suis prête à y aller. Sans excitation particulière. Je suis d'un naturel paisible. »*

L'apprentissage a pris une dizaine d'années. Patiemment, Isa a fait ses classes sur des bateaux de plus en plus grands. Réalisant que plus les bateaux étaient grands, les courses longues, plus les écarts se faisaient à la table à carte. Là où les femmes ne sont pas désavantagées.

Et surtout elle sait ce qui l'attend là-bas, bien en bas dans le Grand Sud. Elle fut en 1991 la première femme à franchir le cap Horn en course ; ce tour du monde avec escales l'a décidée à tout plaquer pour devenir skipper professionnel. Quatre ans plus tard elle finit la première étape de la même course avec 5 jours d'avance sur les mecs.

Et la France s'est habituée à cette femme brune bouclée et souriante qui promène sa quarantaine avec décontraction et fermeté. Et au caractère bien trempé qui vous raconte son chavirage au bout du monde un soir de nouvel an comme votre voisine sa chute de vélo : *« La perte d'un bateau est forcément triste, mais il faut se persuader que ce n'est pas très grave. »*

Les larmes séchées, Isabelle est retournée à La Rochelle, a retrouvé les potes au Café du Nord. Puis est montée à Paris, un dossier sous le bras. Dix mois de rencontres, de rendez-vous pour être au départ du Vendée Globe sous la casaque de PRB, une entreprise vendéenne de bâtiment. *« En rentrant j'aimerais surtout qu'on dise que j'ai bien navigué. »* Et ensuite... *« Faut-il vraiment rêver plus grand, plus fort... Je fonctionne à l'envie, au plaisir. Alors, pourquoi pas une croisière aux Kerguelen ? »*

Ouest-France (2-3/11/96).

Quels renseignements le texte nous donne-t-il sur Isabelle Autissier ? Répondez en remplissant la fiche suivante.

Nom : .... Prénom : ....

Née en : .... à : ....

Débuts sur un bateau en : ....

Études : ....

Premier métier : ....

Devient skipper professionnel en : ....

Signe particulier : la première femme à ....

....

264* **Indiquez si les affirmations suivantes sont vraies ou fausses, en mettant une croix dans la case correspondante. Si le texte ne donne pas l'information, mettez une croix dans la case [?].**

	Vrai	Faux	?
a. C'est Marc Pinta qui a construit le bateau d'Isabelle Autissier.	☐	☐	☐
b. Isabelle Autissier est la seule fille de la course Vendée Globe Challenge.	☐	☐	☐
c. Le rêve d'Isabelle Autissier, c'est de courir un tour du monde sans escale.	☐	☐	☐
d. Le bateau d'Isabelle Autissier s'appelle *PRB*.	☐	☐	☐
e. PRB est le nom d'une entreprise vendéenne d'élevage de poulets.	☐	☐	☐
f. Isabelle Autissier navigue parce que ça lui plaît.	☐	☐	☐
g. Isabelle Autissier ira peut-être un jour aux îles Kerguelen.	☐	☐	☐
h. Isabelle Autissier va vivre plus de trois mois sur son bateau.	☐	☐	☐

265* **La personne qui a écrit cet article a-t-elle de la sympathie pour Isabelle Autissier ? Expliquez pourquoi. Donnez votre réponse avec vos mots et sans reprendre de passages du texte.**

....

....

....

Balade autour de la musique, de la marionnette et de l'Afrique

L'Afrique, la marionnette et la musique... Tels sont les trois thèmes qui animeront la saison du théâtre Athénor.
Deux à trois spectacles et des représentations plus nombreuses que par le passé seront chaque mois proposés.

Intervention en milieu scolaire, formation, programmation... Athénor garde le cap. Son objectif : sensibiliser le public dès son plus jeune âge pour donner l'envie d'aller au spectacle, mettre en appétit ses jeunes spectateurs pour qu'ils se laissent séduire par l'univers théâtral. « Un théâtre qui donne à écouter et à penser, qui soit force pour sentir, comprendre, questionner, inventer, un théâtre qui soit puissance de vie, d'ouverture et d'intelligence », précise Brigitte Lallier-Maisonneuve, directrice d'Athénor. « C'est ce théâtre-là que nous défendons avec acharnement avec tous les artistes passionnés qui nous accompagnent cette saison. »
La programmation s'articulera autour de trois thèmes : l'Afrique, le théâtre d'objets et de marionnettes, la musique.

AVENTURE AFRICAINE

En partenariat avec le centre culturel, le théâtre Athénor présentera *Ubu toujours* par la compagnie africaine Sanza théâtre, dans une mise en scène de Richard Demarcy.
Le Teatro dei « Piccoli Principi » avait travaillé en 95/96 sur les images qu'inspire l'Afrique au Vieux Continent. Cette expérience de laboratoire fera l'objet d'un spectacle avec une mise en scène de ces multiples perceptions et visions d'Afrique. Enfin dans le cadre de « Contes à l'Ouest » seront évoqués les contes africains dans la tradition des griots avec le théâtre du Chemin creux qui présentera *La Fille aux pieds d'argile*.

LA COMPAGNIE DES MARIONNETTES

Un autre univers investira les planches d'Athénor. Le monde des marionnettes et autres formes animées inviteront le public à s'immerger dans l'imaginaire de l'enfance. Tout d'abord : *Même les chaussures dorment* par la compagnie Françoise Pillet qui associe dans ce spectacle trois formes artistiques, l'écriture, le théâtre et la photo. Le public retrouvera également Ray Nusselein, venu à Saint-Nazaire en 1994. Il présentera son spectacle *Kwa dit l'œuf*, « un doux rêve entre la danse, la musique et le théâtre ». Autre songe avec les *Ailes* du Teatro de la Ribalta, qui met en scène un échange entre un homme et un ange. Plus classique dans sa forme et son esthétisme, *La Nuit tendre* de Jean-Pierre Lescot, maître incontesté de la marionnette, contera une étrange légende de la Chine ancienne, une histoire d'amour entre un prince bossu et une belle paysanne. Dernier hymne à l'enfance avec le Theater Laboratorium et son spectacle *La Vraie Vie de Robert Müller*, un jeu de marionnettes qui « explore notre mode de vie, celui des parents, d'où le jeu des enfants est trop souvent exclu ».

THÉÂTRE EN MUSIQUE

Du 20 au 28 mai, Résonances se mettra au diapason du théâtre musical. Athénor présentera à cette occasion trois créations : *La Plainte d'Ariane*, créée en collaboration avec le Tam Teatromusica, qui entraînera le public dans le labyrinthe du Minotaure à travers une sorte de poème lyrique en quatre chants, *Déjouer*, dont la musique et la mise en scène seront signés Richard Dubelski, et enfin *Petites Notes rondes et blanches* qui réunit des petits concerts de quelques minutes. Cette création est appelée à tourner dans les crèches et autres structures pour tout-petits. Résonances présentera également un « concert autrement », sorte de théâtralisation de la musique où se mêlent le son, le mot, le geste et la lumière... En partenariat avec le centre culturel, Athénor accueillera également *Kiosk*, un étrange ballet de costumes sonores inventé par un étrange compositeur-couturier.

St-Nazaire Magazine (octobre 1996).

a. Quels renseignements le texte nous donne-t-il sur la saison du théâtre Athénor ? Recopiez et complétez la fiche suivante.

Directrice du théâtre Athénor : ....

Objectif du théâtre Athénor : ....

Premier thème de la saison :	Deuxième thème de la saison :	Troisième thème de la saison :
....	....	....
Compagnies qui interviennent :	*Compagnies qui interviennent :*	*Compagnies qui interviennent :*
....	....	....
Spectacles proposés :	*Spectacles proposés :*	*Spectacles proposés :*
....	....	....

b. Dites ce qu'on peut savoir des spectacles suivants : *Les Ailes, La Nuit tendre...*

Lisez attentivement le programme des films sur une chaîne de télévision.

LES FILMS À LA TÉLÉ

FANTASTIQUE de Jean-Pierre Jeunet
La Cité des enfants perdus
Des enfants sont enlevés pour être livrés à Krank, un vieillard qui survit dans un laboratoire fortifié. One, un lutteur de foire, part à la recherche de son petit frère kidnappé...

C'est grâce au succès de *Delicatessen* que le duo Caro-Jeunet a pu réaliser ce deuxième long-métrage bizarre à souhait dont l'intrigue tourne autour d'un trafic d'enfants. On y voit évoluer, dans un décor irréel, Daniel Emilfork (*Casanova*) ou Ron Perlman, sans oublier les fidèles de Caro et Jeunet, Dominique Pinon ou Jean-Claude Dreyfus. Avec ses dix-sept minutes d'effets spéciaux numériques, ils signent un film visionnaire, magique.

France, 1995 *Scénario :* G. Adrien, J.-P. Jeunet, M. Caro *Avec :* Ron Perlman (*One*), Daniel Emilfork (*Krank*), Judith Vittet (*Miette*), Dominique Pinon (*le scaphandrier, les clones*), Jean-Claude Dreyfus (*Marcello*)

1re **dif. : VEN 22 NOV Durée : 1 h 48**

WESTERN de Robert Hossein
Une corde, un colt
Pour se venger de la famille Rogers, les trois frères Caine leur volent du bétail mais le plus jeune d'entre eux, Ben, est blessé, puis capturé et pendu sous les yeux de son épouse...

Un an avant *Angélique et le sultan*, le couple d'amants magnifiques de la célèbre série, Michèle Mercier et Robert Hossein, se retrouve dans ce western dirigé par l'acteur lui-même. Avec Dario Argento (*Suspiria*), roi de l'épouvante italienne, Robert Hossein cosigne également l'écriture de cette sombre histoire de vengeance absurde entre deux familles de fermiers, dont l'issue est fatale à presque tous ses protagonistes aveuglés par la haine.

France/Italie, 1968 *Titre original :* Cimitero senza croci *Scénario :* Robert Hossein, Claude Desailly, Dario Argento *Musique :* André Hossein, *Avec :* Robert Hossein (*Manuel*), Michèle Mercier (*Maria*), Lee Burton, Daniele Vargas

1re **dif. : MER 6 NOV Durée : 1 h 26**

FILM À SKETCHES de Gérard Oury
Le crime ne paie pas
En 1450, une comtesse vénitienne, Dona Lucrezia, tend un piège à son amant, le chevalier Giraldi, qui a osé lui préférer une maîtresse plus jeune et plus belle. Elle le fait assassiner...

Adapté de célèbres BD publiées dans *France-Soir*, ce divertissement policier composé de quatre histoires macabres s'ordonne autour du récit de crimes parfaits, inspirés par la jalousie, la passion exacerbée ou le désir de vengeance. Cinq ans avant *La Grande Vadrouille*, Gérard Oury convie les grands noms du cinéma français à cette sarabande criminelle qui débute dans la nuit vénitienne du XVᵉ siècle et s'achève au soir de Noël 1961.

France, 1961 *Scénario :* J.-C. Tachella, G. Oury, P. Gordeaux *Avec :* Edwige Feuillère (*Dona Lucrezia*), Michèle Morgan (*Mme Clovis Hugues*), Annie Girardot (*Mme Fenayrou*), Philippe Noiret (*Clovis Hugues*)

1re **dif. : MER 20 NOV Durée : 2 h 34**

POLICIER de Claude Sautet
Classe tous risques
Condamné à mort évadé, le gangster Abel Davos s'est réfugié en Italie avec sa famille. Traqué par la police transalpine, il décide de rentrer en France en débarquant sur une plage isolée...

Pour sa première réalisation, Claude Sautet choisit un sujet noir, inspiré d'un roman de José Giovanni. Avec une mise en scène sobre et dépouillée, Sautet présente le milieu sans fard : les truands ne sont pas des supermen, ils donnent leurs complices et essaient avant tout de sauver leur peau. Menée par Lino Ventura, cette sombre histoire de règlement de comptes confirme à l'époque les dons de Belmondo dans le rôle d'une gouape au grand cœur.

France/Italie, 1960 *Scénario :* José Giovanni, Claude Sautet, Pascal Jardin *Musique :* Georges Delerue *Avec :* Lino Ventura (*Abel Davos*), Jean-Paul Belmondo (*Stark*), Sandra Milo (*Liliane*), Marcel Dalio (*Gibelin*)

1re **dif. : LUN 25 NOV Durée : 1 h 44**

COMÉDIE DRAMATIQUE de Jean-Jacques Annaud
Coup de tête
François Perrin est ailier droit dans l'équipe de football de Trincamps. Après avoir blessé accidentellement le champion local, il est renvoyé de son travail puis accusé de viol...

En 1978, Jean-Jacques Annaud (*L'Ours*) vient d'obtenir un Oscar pour son premier film, *La Victoire en chantant*, lorsqu'il confie à Patrick Dewaere le rôle d'un footballeur rebelle, tantôt paria, tantôt vedette, dans *Coup de tête*. Cette charge grinçante, dans laquelle apparaît la véritable équipe d'Auxerre, égratigne sans pitié les supporters tout en témoignant des magouilles politiques que subissent les sportifs sur le chemin de la gloire.

France, 1978 *Scénario :* Francis Veber *Musique :* Pierre Bachelet *Avec :* Patrick Dewaere (*François Perrin*), France Dougnac (*Stéphanie*), Jean Bouise (*le président Sivardière*), Michel Aumont (*Brochard*)

1re **dif. : SAM 9 NOV Durée : 1 h 32**

DRAME de Tran Anh Hung
Cyclo
Un jeune homme pauvre travaille comme cyclo-pousse à Hô Chi Minh-Ville. Un jour, il se fait voler son cyclo. Pour le rembourser à sa patronne qui le lui louait, il devient gangster...

Après avoir reconstitué en studio le Viêt-nam pour *L'Odeur de la papaye verte*, Tran Anh Hung témoigne de la misère et de la détresse de son pays aujourd'hui. Mélangeant réalisme et onirisme, il filme dans les rues bariolées d'Hô Chi Minh-Ville la descente aux enfers d'un jeune homme perverti par la pègre. Une galerie de personnages ambigus, dont un tueur proxénète et poète, lui permet de croiser points de vue et destins. Ce film a reçu le Lion d'or à Venise.

France/Viêt-nam, 1995 *Scénario :* Tran Anh Hung *Musique :* Tôn Thất Tiêt *Avec :* Le Van Loc (*le cyclo*), Tony Leung-Chiu Wai (*le poète*), Tran Nu Yên Khê (*la sœur*), Nguyen Nhu Quynh (*la patronne*)

1re **dif. : JEU 7 NOV Durée : 2 h 04**

Canal + Magazine des abonnés (novembre 1996).

267 Mettez en face de chaque phrase le titre du film.

   a. C'est une histoire de footballeur. ....

   b. C'est une histoire de vengeance entre fermiers. ....

   c. Ce sont des histoires de crimes parfaits. ....

   d. C'est une histoire d'enlèvement d'enfants. ....

   e. C'est une histoire qui se passe au Viêt-nam. ....

   f. C'est une histoire de règlements de comptes. ....

Les films sont-ils tous récents, oui ou non ? ....

Quel est le plus récent ? ....

Quel est le plus ancien ? ....

Voici une autre présentation de l'un de ces six films. De quel film s'agit-il ?

....

> Personnages peu bavards, têtes de cow-boys mangés par la barbe et ruisselants de sueur, longs gros plans suivis d'une brève explosion de violence : Robert Hossein a bien appris les leçons de Sergio Leone.

268 Imaginez votre programme... Serez-vous intéressé par un de ces six films... ?
Répondez en mettant une croix dans la case correspondante.

	Oui	Non
a. ... si vous aimez les westerns ?	☐	☐
b. ... si vous détestez les film fantastiques ?	☐	☐
c. ... si vous aimez le comédien Patrick Dewaere ?	☐	☐
d. ... si vous êtes amateur de films du metteur en scène Gérard Oury ?	☐	☐
e. ... si vous êtes fanatiques de dessins animés ?	☐	☐
f. ... si vous êtes passionné de science-fiction ?	☐	☐
g. ... si vous ne manquez jamais les documentaires sur les animaux ?	☐	☐
h. ... si vous n'êtes pas sûr d'aimer tous les sketches dans un film à sketches ?	☐	☐

Y a-t-il une seule présentation défavorable d'un film ? Pourquoi ?

....

....

LINO VENTURA, COMÉDIEN D'INSTINCT

En trente-trois ans de carrière et une filmographie d'exception, Lino Ventura a su marquer le cinéma français. Trois films et un documentaire pour retrouver sa voix rocailleuse et sa force tranquille.

Lino Ventura n'a pas choisi le cinéma, c'est le cinéma qui est venu à lui. Impressionné par ses allures d'ancien catcheur, Jacques Becker lui propose le rôle d'Angelo dans le mythique *Touchez pas au Grisbi* (1954). Sur le plateau, Lino, qui se nommait encore Borrini, sympathise avec Gabin et découvre sa véritable vocation : jouer les durs au grand cœur. Dès lors, il enchaîne les tournages, prouvant grâce à *Classe tous risques*, de Sautet, qu'il pouvait conférer une véritable profondeur à ses personnages de flic et de truand. « *Pour incarner un personnage*, expliquait-il, *il faut que je l'aime. Il faut qu'il soit empreint d'une certaine humanité et que les sentiments soient exprimés avec beaucoup de pudeur. Vous ne me verrez jamais tout nu batifoler avec une dame entre les draps.* » En revanche, il a accepté de pasticher son registre habituel dans *Ne nous fâchons pas* et une kyrielle de comédies policières dans les années 60.

La dernière partie de sa carrière sera marquée par des emplois plus graves de solitaires désabusés à qui il confère une formidable humanité (*Cadavres exquis*). À la fin de sa vie, il ne tournait plus guère, faute de scénarios à sa mesure. Mais en 1986, un an avant sa mort, il était toujours dans les sondages l'acteur préféré des Français.

LES RENDEZ-VOUS DE LA NUIT LINO VENTURA

LINO
Document de Dominique Cazenave et Doug Headline
1re diffusion : lun 25 nov. à 20 h 35
Durée : 52 min.

L'EMMERDEUR
France/Italie, 1973, d'Édouard Molinaro
1re diffusion : lun 25 nov. à 21 h 35
Durée : 1 h 22

NE NOUS FÂCHONS PAS
France, 1965, de Georges Lautner
1re diffusion : lun 25 nov. à 22 h 55
Durée : 1 h 37

CLASSE TOUS RISQUES
France/Italie, 1960, de Claude Sautet
1re diffusion : lun 25 nov. à 00 h 35
Durée : 1 h 44

Canal + Magazine des abonnés (novembre 1996).

a. Quel est le mot qui indique que Lino Ventura n'a pas toujours été acteur ?

....

b. Dans le texte, on cite quatre films de Lino Ventura. Quels sont les titres ?

....

....

c. Quels sont les films cités dans le texte qui seront projetés le 25 novembre ?

....

d. En quelle année Lino Ventura est-il mort ? ....

e. À votre avis, les groupes de mots suivants peuvent-ils caractériser Lino Ventura ?
Mettez une croix dans la case si vous pensez que oui.

☐ voix rocailleuse   ☐ acteur médiocre

☐ pudeur des sentiments   ☐ force tranquille

☐ talent inexistant   ☐ profondeur des personnages

☐ formidable humanité   ☐ comportement désagréable

f. L'article est-il favorable à Lino Ventura, oui ou non ? Donnez deux arguments qui justifient votre réponse.

....

....

Vous n'êtes pas obligé de lire tout le texte avant de répondre aux questions. Vous devez savoir qu'il s'agit de stations de sports d'hiver situées dans les Pyrénées.

LES PYRÉNÉES DE GUZET À LA MÉDITERRANÉE

Guzet (1400-2050 m).
05 61 96 00 01. Gare la plus proche : Saint-Girons (40 km), 18 remontées mécaniques, 34 pistes. Six jours adultes : basse saison, 465 F ; haute saison, 505 F. Ski de fond : 4 km de pistes.

Ascou-Pailhères (1500-2000 m).
05 61 64 28 86. Gare : Ax-les-Thermes (11 km). 6 remontées, 15 pistes. Journée, adultes, 90 F, enfants, 65 F ; 6 jours adultes, 450 F, enfants, 350 F.

Plateau de Beille (1800-2000 m).
05 61 02 66 66. Gare : Les Cabannes (16 km). Ski de fond : 60 km tracés, 12 pistes. Carte : journée, adultes, 37 F, enfants 24 F ; 7 jours, adultes, 224 F, enfants, 75 F.

Domaine du Chioula (1240-1650 m).
05 61 64 20 00. Gare : Ax-les-Thermes (15 km). Ski de fond : 60 km tracés, 12 pistes. Carte : journée, adultes, 32 F, enfants 20 F ; 7 jours adultes, 160 F, enfants, 60 F.

Mijanès-Donezan (1530-2060 m).
04-68 20 41 37. Gare : Quillan (35 km). 5 remontées, 9 pistes. Journée, 75 F, 7 jours, 400 F. Ski de fond : 36 km tracés. Carte : journée, adultes, 30 F ; enfants, 20 F ; hebdomadaire, adultes, 160 F ; enfants, 60 F.

Camurac (1350-1800 m).
04 68 20 76 17. Gare : Ax-les-Thermes (20 km). 7 remontées, 15 pistes. Journée, 80 F, 7 jours, 450 F ; gratuit pour les moins de 6 ans et pour les plus de 70 ans.

Les Angles (1600-2400 m).
04 68 04 32 76. Gare : Mont-Louis-la-Cabanasse (13 km). 22 remontées, 29 pistes. Journée, 135 F ; 6 jours haute saison, 690 F, basse saison, 540 F ; gratuit pour les moins de 6 ans. Ski à la carte. Ski de fond : 110 km.

Puyvalador (1700-2400 m).
04 68 04 44 83. Gare : Mont-Louis-la-Cabanasse (20 km). 9 remontées, 12 pistes. Journée haute saison, adultes, 115 F, enfants, 100 F ; 6 jours haute saison, adultes, 600 F, enfants, 530 F ; basse saison, adultes, 540 F. Ski de fond : 120 km de pistes.

Formiguères (1700-2350 m).
04 68 04 47 35. Gare : Mont-Louis-la-Cabanasse (14 km). 7 remontées, 17 pistes. Adultes, journée, 115 F, 6 jours, 570 F ; 6/10 ans, journée, 88 F, 6 jours, 450 F. Gratuit pour les moins de 6 ans. Ski de fond : 120 km de pistes. Carte : journée, adultes, 38 F, 6/16 ans, 22 F ; 7 jours, adultes, 165 F, 6/16 ans, 80 F.

Capcir (1500 m).
04 68 04 49 86. Gare : Mont-Louis-la-Cabanasse (10 km). Ski de fond : 120 km tracés, 14 pistes. Carte : journée, adultes, 38 F, 6/16 ans, 211 F ; 7 jours, adultes, 165 F, 6/16 ans, 80 F.

Pyrénées 2000 (1700-2000 m).
04 68 30 12 42. Gare : Bolquère (3 km). 9 remontées, 9 pistes. Relié avec celui de Font-Romeu. Ski de fond : 30 km.

Font-Romeu (1500-2100 m).
04 68 30 68 30. Gare : Font-Romeu Odeillo-Via (3 km). 33 remontées, 40 pistes. Adultes, 130 F, 6/12 ans, 104 F ; 6 jours haute saison, adultes, 545 F, enfants, 435 F ; basse saison, adultes, 390 F, enfants 390 F. Relié avec Pyrénées 2 000. Ski de fond : 80 km de pistes tracées. Carte : journée, adultes, 38 F, 6/16 ans, 22 F ; 7 jours, adultes 165 F, 6/16 ans, 80 F.

Espace Cambre d'Aze (1770-2450 m).
04 68 04 02 00 (Eyne) ou 04 68 04 25 25 (Saint-Pierre-des-Forcats). Gare : Mont-Louis-la-Cabanasse (1 km). 17 remontées, 26 pistes. Journée : haute saison, adultes, 105 F, moins de 14 ans, 95 F ; basse saison, adultes, 95 F, enfants, 75 F. 6 jours : haute saison, 500 F, basse saison, 400 F.

Porté-Puymorens (1600-2500 m).
04 68 04 82 41. Gare : Porté-Puymorens (600 m). 13 remontées, 17 pistes. Journée, 105 F ; 6 jours haute saison, 480 F, basse saison 420 F. Gratuit pour les moins de 6 ans. Ski de fond : 25 km de pistes tracées. Carte (tarif 95-96) : journée, 40 F, semaine, 145 F.

Prats-de-Mollo (1700-1850 m).
04 68 39 70 83. Gare : Perpignan (60 km). 3 remontées, 4 pistes.

Ouest-France (2-3/11/96).

---

270 Pour chaque station, on présente des informations. Mettez une croix dans la case si on peut trouver les informations suivantes :

a. ☐ nom de la station   b. ☐ tarif d'utilisation des pistes

c. ☐ altitude   d. ☐ tarif des hôtels

e. ☐ restaurants   f. ☐ possibilité de ski de fond

g. ☐ gare la plus proche   h. ☐ nombre de pistes

i. ☐ nombre de remontées   j. ☐ cinémas

271 Cherchez l'information dans le texte et répondez par oui ou par non.

a. M. Soula va skier à Camurac. Il a 72 ans. Doit-il payer pour skier ? ....

b. M. et Mme Marfaing vont skier à Formiguères avec leur fils de 7 ans.
Doivent-il payer pour leur fils ? ....

c. Mme Ougier voudrait au moins quinze pistes différentes.
Peut-elle aller skier à Capcir ? ....

d. M. Carbonneau veut faire du ski de fond.
Peut-il en faire à Prats-de-Mollo ? ....

e. Mlle Mollat peut-elle arriver près des pistes de Porté-Puymorens
en prenant le train ? ....

f. M. Castaignède, qui a trente ans, peut-il acheter un abonnement
six jours pour moins de 500 F à Puyvalador ? ....

272 Cherchez l'information et soulignez la bonne réponse.

a. Quelle est la station qui a le plus grand nombre de pistes ?
Guzet / Font-Romeu / Formiguères

b. Quelle est la station qui a le plus grand nombre de remontées ?
Mijanès-Donezan / Pyrénées 2000 / Les Angles

c. Quelle est la station la plus élevée ?
Ascou-Pailhères / Domaine du Chioula / Prats-de-Mollo

d. Quelle est la station qui ne propose que du ski de fond ?
Plateau de Beille / Les Angles / Espace Cambre d'Aze

273 Vous n'êtes pas obligé de lire tout le texte avant de répondre aux questions.
Vous devez savoir que le Vendée Globe Challenge est une course autour du
monde sans escale pour navigateurs (et navigatrices) solitaires.

SEIZE SKIPPERS, SEIZE BATEAUX					
Christophe Auguin (France) 37 ans, première participation	*Géodis* Sloop 60', composite, quille pivotante	4	Thierry Dubois (France) 29 ans, première participation	*Pour Amnesty International* Sloop 60', composite Ex-*T.B.S.*	17
Isabelle Autissier (France) 40 ans, première participation	*85 P.R.B.* Sloop 60', composite, quille pivotante, bateau neuf	8	Raphaël Dinelli (France) 28 ans, première participation • Partant, hors course	*Algimouss* Sloop 60', composite Ex-*Crédit Agricole IV*	3
Bertrand de Broc (France) 35 ans, Vendée Globe 92-93	*Votre nom autour du monde* Ketch 60', composite Ex-*Fleury-Michon X*	21	Éric Dumont (France) 35 ans, première participation	*Café Legal-Le Goût* Ketch 60', composite Ex-*Bagages Superior*	20
Tony Bullimore (G-B) 57 ans, première participation	*Global Challenger* Ketch 60', composite,	33	Nandor Fa (Hongrie) 43 ans, Vendée Globe 92-93	*Budapest* Sloop 60', composite quille pivotante, bateau neuf	77
Catherine Chabaud (France) 34 ans, première participation	*Whirlpool-Europe 2* Yawl 60', composite Ex-*Sofap-Helvim*	8	Pete Goss (G-B) 35 ans, première participation	*Aqua Quorum* Sloop 60', composite quille pivotante, bateau neuf	96

Hervé Laurent (France) 39 ans, première participation	**Groupe LG-Traitmat** Sloop 60', composite Ex-*Écureuil d'Aquitaine 2*	5	**Patrick de Radigues (France)** 40 ans, première participation	**Afibel** Sloop 60', alu Ex-*3615 Met*	12
Didier Munduteguy (France) 43 ans, première participation	**Club 60° Sud** Sloop 60', sandwich époxy. Ex-*Enif*	30	**Gerry Roufs (Canada)** 43 ans, première participation	**Groupe LG2** 60', composite bateau neuf	7
Yves Parlier (France) 36 ans, Vendée Globe 92-93	**Aquitaine Innovations** Sloop 60', composite, bateau neuf	1	**Marc Thiercelin (France)** 36 ans, première participation	**Crédit Immobilier de France** « L'Ambassadeur des Enfants » 60', composite. Ex-*Cacolac*	2

Ouest-France (2-3/11/96).

a. Quels sont les noms des concurrents qui ont déjà couru cette épreuve ?

....

....

....

b. Combien y a-t-il de femmes engagées dans cette course ? Quels sont leurs noms ?

....

....

c. Quel est le concurrent le plus âgé ? Quel est son âge ?

....

....

d. Quel est le concurrent le plus jeune ? Quel est son âge ?

....

....

e. Certains concurrents courent sur des bateaux neufs ; d'autres courent sur des bateaux qui ont changé de nom. Mettez une croix dans la case correspondante. Si le texte ne donne pas l'information, mettez une croix dans la case [?].

	a changé de nom	n'a pas changé de nom	?
Géodis	☐	☐	☐
Votre nom autour du monde	☐	☐	☐
Global Challenger	☐	☐	☐
Pour Amnesty International	☐	☐	☐
Budapest	☐	☐	☐
Club 60° Sud	☐	☐	☐
Aquitaine Innovations	☐	☐	☐
Groupe LG2	☐	☐	☐

Cette nuit la Lune s'éclipse

Une éclipse de Lune se produit lorsque notre satellite (la Lune), en passant derrière la Terre par rapport au Soleil, traverse le cône d'ombre de notre planète. Du fait qu'il y a une lunaison tous les 29 jours, il devrait donc y avoir une éclipse tous les mois. En fait, la Lune circule sur une orbite légèrement inclinée, si bien qu'elle passe tantôt légèrement au-dessus, tantôt légèrement au-dessous de ce cône d'ombre. C'est seulement lorsque les trois astres (Soleil-Terre-Lune) sont exactement alignés que se produit l'éclipse totale. Prochaine éclipse de Lune visible en France, le 24 mars 1997 (elle sera partielle) et le 16 septembre suivant (totale de nouveau).

Pour la seconde fois cette année, l'actualité céleste nous offre une éclipse totale de Lune, dans la nuit du 26 au 27. Elle ne concernera toutefois que les lève-tôt, puisque le phénomène ne débutera qu'à 3 h 30, pour se terminer à 6 h 50. La Lune sera alors assez basse sur l'horizon ouest, prête à se coucher, environ une demi-heure avant que les premières lueurs de l'aube commencent à éclairer l'horizon opposé.

Les moments les plus intéressants se situeront en fait entre 3 h 30 et 4 h 40 d'une part, entre 5 h 50 et 6 h 50 d'autre part. Dans le premier cas, on verra le disque complètement éclairé de la pleine Lune s'obscurcir graduellement jusqu'à disparaître complètement. Dans la seconde période, également pendant une heure, on verra le disque de l'astre s'éclairer progressivement jusqu'à retrouver son plein éclat.

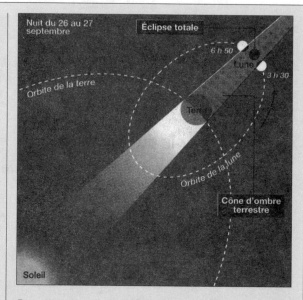

Entre ces deux périodes (de 4 h 40 à 5 h 50) la Lune devrait être invisible, mais il arrive parfois (notamment quand l'atmosphère est très chargée en poussières volcaniques et polluants divers) que la Lune brille d'une lueur rouge sombre, cuivrée. La belle étoile orangée qui se trouvera à environ 3° de la Lune pendant cette éclipse est la planète Saturne.

Les horaires sont en heure légale d'été (notons que l'on passera en heure d'hiver la nuit suivante).

Ouest-France (26/09/96).

a. Dans quelles conditions se produit l'éclipse totale de Lune ? Vous pouvez répondre avec les mots du texte.

....

....

b. Faudra-t-il se lever tôt pour voir l'éclipse ? Pourquoi ?

....

....

c. Quels seront les deux moments les plus intéressants de l'éclipse de Lune ? Pourquoi ces deux moments seront-ils les plus intéressants ? Vous pouvez répondre avec les mots du texte.

Premier moment :

....

....

Deuxième moment :

....

....

d. Et que se passera-t-il entre ces deux moments les plus intéressants ?

....

....

e. Quelle planète pourra-t-on aussi voir à cette occasion ?

....

 Dans ce texte, il est question de bandes dessinées, de leurs héros, de leurs auteurs. Lisez attentivement le document.

LE BUSINESS DES BULLES

On ne saura rien. Ni sur son contenu ni sur son titre. Le dossier est pour l'instant classé top secret. Jusqu'au jeudi 10 octobre, minuit. Avant cette date, le nouvel album d'Astérix, le trentième de la série, est empreint du plus profond mystère.

Après... accrochez vos ceintures : ce sera l'invasion. Le petit Gaulois et son fidèle compagnon Obélix descendront les Champs-Élysées pour livrer en grande pompe le précieux objet – tiré à 2,8 millions d'exemplaires ! – au Virgin Megastore. À partir de ce moment-là, Astérix sera partout. Dans toutes les librairies francophones du monde, sur Internet, au musée des Arts et Traditions populaires de Paris... Holiday on Ice en a même fait la vedette de son nouveau show, qui sera donné en France l'année prochaine.

Vous n'échapperez pas à Astérix. De toute façon, si – par malheur – cela devait arriver, vos enfants seraient là pour vous rappeler à la raison. Car Albert Uderzo fera aussi la tournée des écoles pour rencontrer son public et... vendre son nouvel album et le dernier long-métrage de la série, *Astérix et les Indiens*, qui vient tout juste de sortir en vidéo, etc. *« Cette sortie est un événement à plus d'un titre,* jubile Bernard Dechoisy, de l'agence Eleuthera, qui s'occupe de la communication de l'opération. *Uderzo fête à la fois ses 70 ans et ses 50 ans de métier, et il n'avait pas fait d'album depuis cinq ans. Nous travaillons depuis dix-huit mois sur ce lancement, en soignant autant l'image que la visibilité commerciale. »*

Sur ce dernier point, c'est déjà réussi. Une série traduite en 77 langues et vendue à 280 millions d'exemplaires, des films, un parc d'attractions, des produits dérivés... Astérix est une affaire qui rapporte. À tel point d'ailleurs que les procès se multiplient.

Albert Uderzo, qui, à la mort de son coauteur, René Goscinny, s'est mis à son compte et a créé les éditions Albert René, bataille ainsi depuis des années dans les prétoires avec la fille de son ex-associé. Anne Goscinny, qui, par héritage, n'a eu droit qu'à 20 % de parts dans la société – contre 80 % à Uderzo –, s'estime lésée.

C'est que ces charmants petits personnages de BD représentent aujourd'hui d'énormes enjeux commerciaux. Tant et si bien qu'ils font tourner la tête à certains. Épaulé par une équipe de dessinateurs et de scénaristes, Morris sort maintenant deux à trois albums par an de Lucky Luke ou consorts, Kid Lucky, Ran Tan Plan, et tutti quanti... Des « BD-Canada Dry », en quelque sorte, qui, au dire des experts, font plutôt pâle figure face à leurs modèles originaux. Depuis la mort de Peyo, en 1992, les Schtroumpfs sont désormais fabriqués par un studio au sein duquel plusieurs dessinateurs, cornaqués par le fils du créateur, pallient l'absence du père.

La BD de papa a intégré les règles du business. Les héros sont devenus produits. Cet automne, on trouvera Blake et Mortimer sur des posters, de la vaisselle, des vêtements, etc. Le retour des héros de Jacobs obéit à un plan de bataille parfaitement mis au point. Ainsi détaillé par Claude de Saint-Vincent, PDG de Dargaud : *« D'abord, un relancement éditorial en créant un événement : la sortie d'un nouvel album. Ensuite, l'acquisition d'une nouvelle notoriété en se servant de l'audiovisuel : nous avons donc coproduit avec Ellipse 26 épisodes de vingt-six minutes de dessins animés qui ont déjà été achetés par Canal Plus, France 3 et M6 ; un film "live" de quatre-vingt-dix minutes adapté du* Mystère de la Grande Pyramide *est en cours de montage financier ; et nous avons aussi deux projets de long-métrage cinéma. Enfin, des opérations d'entretien grâce au merchandising. Notre objectif final : refaire de ces héros mythiques des stars. »* Et ce n'est qu'un début. Un jour, peut-être, Blake et Mortimer auront eux aussi leur parc d'attractions. Il sera installé en Belgique et aura pour nom « Jacobsville ».

L'idée est à l'étude.

Le Point (26/10/96).

275* Chaque paragraphe du texte est résumé en une phrase. Quelle est la phrase qui convient ? Mettez une croix dans la bonne case.

a. 1. ☐ On sait seulement le titre de l'album d'Astérix qui va sortir.
2. ☐ On ne sait rien de l'album d'Astérix qui va sortir.
3. ☐ On sait déjà tout de l'album d'Astérix qui va sortir.

b. 1. ☐ Avant la sortie de l'album, on pourra trouver Astérix partout.
2. ☐ Après la sortie de l'album, on ne pourra trouver Astérix nulle part.
3. ☐ Après la sortie de l'album, on pourra trouver Astérix partout.

c. 1. ☐ L'auteur, Albert Uderzo, participera lui-même au lancement de l'album.
2. ☐ L'auteur, Albert Uderzo, fera une tournée des cinémas pour le lancement de l'album.
3. ☐ L'auteur, Albert Uderzo, ne participera pas lui-même au lancement de l'album.

d. 1. ☐ Tout le monde est d'accord sur l'héritage de René Goscinny.
2. ☐ Des procès ont lieu à propos des droits d'auteurs sur Astérix.
3. ☐ Tout le monde est d'accord sur l'héritage d'Albert Uderzo.

e. 1. ☐ La commercialisation des personnages de BD devrait commencer bientôt.
2. ☐ La commercialisation des personnages de BD n'a qu'une importance secondaire.
3. ☐ La commercialisation des personnages de BD a pris une importance énorme.

f. 1. ☐ Une autre opération aura lieu à l'automne avec Blake et Mortimer.
2. ☐ Une autre opération aura lieu au printemps avec Blake et Mortimer.
3. ☐ On ne fera pas d'opération commerciale avec Blake et Mortimer.

276* Répondez à ces questions en utilisant trois ou quatre mots du texte au maximum.

a. Quel jour, et à quelle heure sortira le nouvel album d'Astérix ? ....

b. À combien d'exemplaires sera tiré ce nouvel album ? ....

c. Quel est l'âge d'Albert Uderzo ? ....

d. En combien de langues Astérix a-t-il été traduit ? ....

e. Combien d'exemplaires d'Astérix ont été vendus au total ? ....

f. Quel est le pourcentage des droits d'Uderzo dans la société Albert René ? ....

g. D'autres auteurs et d'autres héros sont cités. Pouvez-vous les retrouver ?

Auteurs	Héros

Épreuve écrite 2

277 Lorsque vous écrivez une lettre à caractère officiel, une lettre de demande d'informations, vous devez disposer correctement :
1. le nom et l'adresse de l'expéditeur(trice), c'est-à-dire votre nom et votre adresse,
2. le nom et l'adresse du destinataire, c'est-à-dire le nom et l'adresse de la personne à qui vous écrivez,
3. le lieu d'où vous écrivez et la date à laquelle vous écrivez,
4. la formule d'appel,
5. le corps de la lettre, c'est-à-dire la lettre elle-même, ce que vous voulez dire, demander,
6. la formule de politesse ou formule de salutations, c'est-à-dire la fin de la lettre,
7. votre signature,
8. l'objet de la lettre.

Parfois vous devez aussi indiquer :
9. une (des) référence(s), quand il s'agit de la réponse à une lettre administrative,
10. la (les) pièce(s) jointe(s), c'est-à-dire le(s) nom(s) du (des) document(s) que vous envoyez avec la lettre.

Observez le schéma suivant et indiquez pour chaque lettre la partie qui lui correspond :

a. → ...

b. → ...

c. → ...

d. → ...

e. → ...

f. → ...

g. → ...

h. → ...

i. → ...

j. → ...

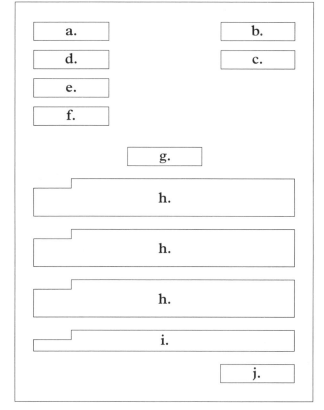

278 Composez cinq adresses d'expéditeur(trice) à l'aide des éléments donnés.

			85	Avenue	Voltaire
	Claudine	Laforêt	13	Rue	Marie-Curie
Madame	Dominique	Cartier	21	Place	du Maréchal-Lyautey
Mademoiselle	Michèle	Maire	115	Cours	Laennec
Monsieur	Charles	Vivier	5	Boulevard	de Paris
	François	Mercier	95	Allée	des Fleurs
			140	Quai	du 1er mai

Villes et codes postaux :   Perpignan (66000)   Brest (29200)
Lille (59000)   Poitiers (86000)
Nice (06200)   Bayonne (64100)

Exemple :   Monsieur Charles Cartier
115, Cours Voltaire
66000 Perpignan

279 Lorsque vous écrivez une lettre de demande d'information(s) vous pouvez adresser votre lettre :
– à une personne privée : vous rédigez son adresse selon les mêmes principes que la vôtre ;
– ou :
a. à un établissement, une entreprise, par exemple un hôtel,
b. à un(e) responsable de cet établissement, de cette entreprise dont vous ne connaissez pas le nom,
c. à un(e) responsable de cet établissement, de cette entreprise dont vous connaissez le nom.
Dans tous les cas, l'adresse comporte souvent une boîte postale (B.P.) et un Cedex.

Observez attentivement ces trois adresses.

❶ Madame la Directrice
École Jules-Ferry
20, boulevard Gambetta
B.P. 96
13060 Marseillle Cedex

❷ Pack Express
54, rue Carnot
B.P. 71
65120 Tarbes Cedex
À l'attention de Madame Abadie
Attachée de direction

❸ Hôtel des Roches
110, avenue de l'Océan
B.P. 154
17000 La Rochelle Cedex

Faites correspondre chacune de ces adresses aux trois cas possibles :

a. → ...   **b.** → ...   **c.** → ...

280 En vous reportant aux trois cas de l'activité 279, cochez les affirmations exactes :

a. ☐ La boîte postale figure sur la même ligne que la rue.

b. ☐ La boîte postale figure sur la ligne après le nom de l'établissement.

c. ☐ La boîte postale figure sur la ligne après la rue de l'établissement.

d. ☐ La mention Cedex précède le nom de la ville.

e. ☐ La mention Cedex précède le code postal.

f. ☐ La mention Cedex suit le nom de la ville.

g. ☐ La fonction de la personne figure à la première ligne.

h. ☐ La fonction de la personne figure à la deuxième ligne, après le nom de l'entreprise.

Le nom de la personne responsable à qui on écrit figure :

i. ☐ à la première ligne.

j. ☐ à la deuxième ligne après le nom de l'entreprise.

k. ☐ au bas de l'adresse.

281 Rédigez l'adresse, sachant que vous devez écrire à :

Le directeur de France Mode ; B.P. 110 ; 5, chemin des Sources ; Dax (40100)

282 Rédigez l'adresse, sachant que vous devez écrire à :

L'Hôtel du Parc ; B.P. 47 ; 15, place de la Liberté ; Grenoble (38100)

283 Rédigez l'adresse, sachant que vous devez écrire à :

Monsieur Bourgeois ; Directeur des Ressources humaines ; Bâti-Sport ; B.P. 234 ; 41 boulevard Blaise-Pascal ; Nancy (54000)

284

> Pour indiquer l'objet de la lettre, on emploie en général le nom.
> *Exemple :* Si vous **envoyez** un dossier d'inscription, vous écrivez :
> *Objet :* **Envoi** d'un dossier d'inscription.

Quels objets correspondent aux situations suivantes ? Rédigez-les.

a. Vous demandez des renseignements → ....

b. Vous êtes candidat(e) à un poste de secrétaire → ....

c. Vous demandez un dossier d'inscription → ....

d. Vous voulez louer un appartement → ....

e. Vous voulez commander des meubles → ....

f. Vous voulez vous inscrire à un examen → ....

g. Vous réservez des places de théâtre → ....

285

Pour commencer une lettre, il existe trois principaux cas de formule d'appel en relation avec l'adresse du destinataire :

– Vous écrivez à quelqu'un dont vous connaissez le nom,

– Vous écrivez à une entreprise ou à l'attention de quelqu'un dans l'entreprise,

– Vous écrivez à un(e) responsable dans l'entreprise.

L'adresse est :	*Vous écrivez :*
(1) Madame Brochard ⟶ 110, avenue …	*Madame,*

(2) a. Hôtel de la Paix
       50, rue …
    b. Rapid-Services
       36, allée Mesdames
       75216 Paris Cedex
	Messieurs,
	ou encore :
	Madame, Monsieur,

(3) Monsieur le Directeur Général ⟶
    Interlangues
    …
	Monsieur le Directeur,

Attention : – N'utilisez jamais d'abréviation.
– N'oubliez pas la virgule.
– Dans l'adresse figure la fonction de la personne, mais dans la formule d'appel seul figure son titre.
Observez le cas n° 3 ci-dessus :
la fonction est : Directeur Général
le titre est : Directeur

Quelle formule d'appel correspond à chaque adresse ?

a. Madame la Directrice   → ....
   École Sévigné

b. Mademoiselle Perrier   → ....
   16, rue …

c. Hôtel des Arts   → ....
   Place de la Gare

d. Monsieur le Directeur du Personnel   → ....
   Décod'art

e. Eurovoyages   → ....
   110, Quai des Brumes
   …
   À l'attention de Monsieur Julian,
   Secrétaire Général

f. Monsieur Doucet   → ....
   14, rue …

g. Surveil'Tout   → ....
   74, boulevard …

h. Madame Girard   → ....
   52, cours …

286

La formule de politesse correspond à la formule d'appel qu'elle reprend toujours (cf. activité n° 285). Elle commence généralement par : *Veuillez agréer… / Je vous prie d'agréer…*
ou encore : *Je vous prie de bien vouloir agréer…*
Pour une personne que l'on ne connaît pas ou peu, on ajoute :
… l'expression de mes sincères salutations,
ou : *… l'expression de mes salutations distinguées,*
ou encore : *… l'expression de mes sentiments les meilleurs,*
ou : *… l'expression de mes sentiments respectueux* (s'il s'agit d'une personne importante)
ou enfin : *… l'expression de mes sentiments dévoués* (à un supérieur, ou futur supérieur hiérarchique)
Reportez-vous à l'activité citée ci-dessus.

Proposez des formules de politesse qui correspondent à chaque cas de l'activité n° 285.

> *Exemple :* *Adresse :* Madame Brochard *Formule d'appel :* Madame,
> 110, avenue …
> *Formule de politesse :* Je vous prie d'agréer Madame, l'expression de mes salutations distinguées.

287

Une lettre administrative ou de demande d'information(s) a généralement pour origine :
– une lettre,
– une publicité parue dans un journal ou un magazine,
– une documentation (dépliant, brochure, catalogue…),
– un prospectus,
– une affiche,
– un article de journal ou de magazine,
– un reportage,
– une petite annonce,
– une annonce à la radio, la télévision…
Dans tous les cas, en début de lettre, il faut toujours mentionner, faire référence à ce document.
Cette indication est essentielle pour le destinataire.

Composez dix phrases différentes à l'aide des éléments des schémas suivants :

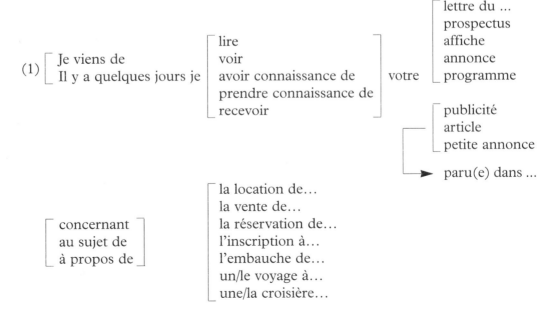

Exemple (1) : Il y a quelques jours j'ai vu votre publicité parue dans … concernant une croisière à … .

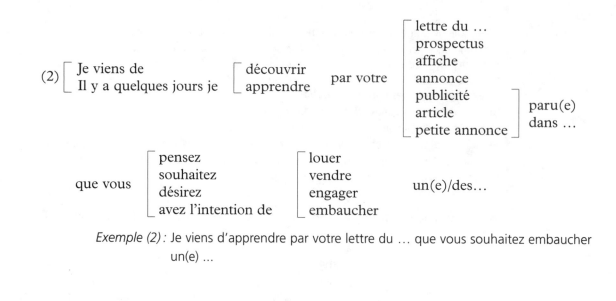

(2)
```
┌ Je viens de        ┌ découvrir    par votre   ┌ lettre du …
└ Il y a quelques jours je  └ apprendre              │ prospectus
                                                     │ affiche
                                                     │ annonce
                                                     │ publicité      ┐ paru(e)
                                                     │ article        ┘ dans …
                                                     └ petite annonce
```

```
              ┌ pensez          ┌ louer
que vous      │ souhaitez       │ vendre
              │ désirez         │ engager        un(e)/des…
              └ avez l'intention de  └ embaucher
```

Exemple (2) : Je viens d'apprendre par votre lettre du … que vous souhaitez embaucher un(e) …

---

288 | Après avoir mentionné le document qui est à l'origine de la lettre, il est nécessaire d'indiquer son objet.

Composez six phrases différentes à l'aide des éléments du schéma suivant :

```
┌ Je voudrais
│ Je désire
│ Je souhaite(rais)
│ J'aimerais
│                    ┌ vous demander
│               ┌ pour  │ avoir        ┌ des      ┌ précisions
│ Je vous écris  └ afin de │ recevoir    └ quelques │ informations   supplémentaires.
│ Je vous réponds      └ obtenir                └ renseignements
│ Je m'adresse à vous
└ Je me permets de vous écrire
```

Exemple : Je m'adresse à vous afin de vous demander quelques précisions supplémentaires.

---

289 | Généralement, le motif et l'objet de la lettre sont mentionnés dans une seule et même phrase. Pour relier les deux parties de la phrase il est possible d'utiliser : *et, aussi, c'est pourquoi.*

À l'aide des éléments présentés dans les activités 287 et 288, proposez des débuts de lettres correspondant aux cas suivants :

a. Vous avez lu dans *Tourisme Magazine* une publicité pour une croisière dans les Caraïbes.

b. Vous avez reçu une documentation sur des cours de gymnastique.

c. Vous avez lu dans *Le Figaro* une petite annonce d'offre d'emploi pour une secrétaire de direction.

d. Vous avez vu l'affiche d'une agence concernant la location d'appartements sur la Côte d'Azur.

e. Vous avez lu un article sur un prochain spectacle et les modalités de réservation des places.

f. Vous avez pris connaissance dans votre journal *La Montagne* du programme d'un festival de musique contemporaine.

290

Dans une lettre de demande de renseignements, on pose toujours un certain nombre de questions.
Il est préférable d'utiliser des formules de politesse pour introduire ces questions.
On peut ainsi écrire :

Je voudrais savoir/connaître
J'aimerais savoir/connaître
Je désire(rais) savoir/connaître
Je souhaite(rais) savoir/connaître

Pouvez-vous/pourriez-vous me dire
Pouvez-vous/pourriez-vous m'indiquer
Pouvez-vous/pourriez-vous me communiquer
Pouvez-vous/pourriez-vous me faire savoir

si...
quel(le)(s)...
combien...
quand...
où...
comment...
qui...
ce qui...
ce que...

À l'aide de ces expressions, rédigez des questions correspondant aux situations suivantes. Vous voulez connaître/savoir :

a. Le nombre de chambres d'une maison.
b. Le prix de vente d'une voiture.
c. Le moyen de transport pour se rendre en ville.
d. La date limite d'inscription à un examen.
e. Le lieu d'une compétition sportive.
f. L'adresse d'un centre d'études.
g. Les conditions de remboursement d'un achat.
h. Les moyens de paiement acceptés dans un hôtel.

Exemple : **a.** → Je désirerais connaître le nombre de chambres de cette maison.

291

Afin de rédiger une lettre claire, il est nécessaire de classer les questions, mais aussi, souvent, d'indiquer ce classement à l'aide d'expressions qui établissent alors une progression.
On distingue les expressions qui commencent l'énumération des questions,
                              qui poursuivent cette énumération,
                              qui la terminent.
Attention : N'abusez pas de ces expressions dans une même lettre.

Lisez les expressions ci-dessous. Classez-les dans le tableau.
aussi – en premier lieu – ensuite – enfin – par ailleurs – (tout) d'abord – d'autre part – pour conclure – de même – en dernier lieu – de plus – pour commencer – en second lieu.

Début	Poursuite de l'énumération	Fin

292 Observez attentivement le document ci-dessous. Lisez ensuite les questions et/ou les affirmations qui le concernent. Cochez toutes les réponses ou propositions exactes.

a. Quelle est la nature de ce document ?

1. ☐ Une publicité.
2. ☐ Une petite annonce.
3. ☐ Un prospectus.
4. ☐ Un article.
5. ☐ Un dépliant.
6. ☐ Une lettre.

> **ÉCHANGE DE SÉJOURS**
>
> Je serais heureuse d'entrer en contact avec des retraités francophones afin de correspondre et d'échanger des séjours entre l'Espagne où j'ai une villa à la campagne et des pays comme la Suisse, l'Autriche, la Belgique, la Suède, etc. J'attends de vos nouvelles avec impatience.
> ■ Mme Carmen Benitez, calle del Realejo 5, 18009 Granada, Espagne.

b. Quel est l'objectif de ce document ?

1. ☐ Il présente un produit.
2. ☐ Il propose un service.
3. ☐ Il propose un échange.
4. ☐ Il s'agit de la vente d'une maison.
5. ☐ Il propose un logement de vacances.

c. L'auteur de cette lettre désire :

1. ☐ correspondre avec des jeunes.
2. ☐ correspondre avec des retraités.
3. ☐ effectuer des séjours dans des pays européens.
4. ☐ effectuer des séjours en Espagne seulement.
5. ☐ échanger sa maison avec d'autres.

d. La maison de l'auteur de la lettre :

1. ☐ se trouve au bord de la mer.
2. ☐ se trouve à la campagne.
3. ☐ se trouve à la montagne.
4. ☐ se trouve près de Grenade.
5. ☐ se trouve près de Madrid.

293 Observez de nouveau le document de l'activité n° 292. Vos parents, retraités, sont intéressés par cette petite annonce. Comme ils ne savent pas parler le français, vous écrivez à leur place. Quelles informations allez-vous demander ? Rédigez les questions correspondantes.

Pour vous aider :
• Dans le cas d'une location, d'un échange ou encore d'un achat de maison, on a besoin d'informations sur : le lieu où elle se trouve, sa taille, ses pièces (nombre, aménagement), son équipement, c'est-à-dire son confort (chauffage, appareils…).
• Dans le cas de ce document, vos questions peuvent aussi porter sur : la (les) date(s) possible(s) pour faire l'échange proposé, la durée de cet échange, l'environnement précis de la maison, s'il y a un jardin, et, dans ce cas, s'il faut l'entretenir.

A3 · ÉPREUVE ÉCRITE 2

294 Observez attentivement le document ci-dessous.
Lisez ensuite les affirmations et/ou les questions qui le concernent.
Cochez les réponses ou propositions exactes (parfois plusieurs possibilités).

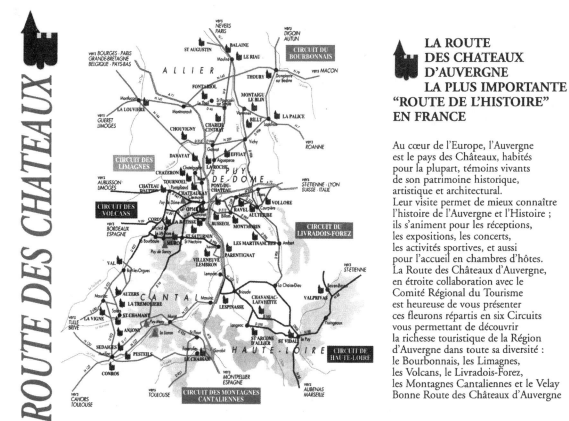

Le Guide Vacances 96 Allier. La Montagne Publicité.

a. Quelle est la nature de ce document ?

1. ☐ Une petite annonce.
2. ☐ Une publicité.
3. ☐ Un prospectus.
4. ☐ Un article.
5. ☐ Un dépliant.
6. ☐ Une lettre.

b. Quel est l'objectif de ce document ?

1. ☐ Il propose des services.
2. ☐ Il présente une région.
3. ☐ Il vante des produits régionaux.
4. ☐ Il vante les richesses d'une région.
5. ☐ Il présente des circuits touristiques.

c. Ce document présente des circuits :

1. ☐ dans le Val de Loire.
2. ☐ en Auvergne.
3. ☐ en Provence.
4. ☐ à caractère touristique.
5. ☐ à caractère historique.
6. ☐ dans six régions d'Auvergne.
7. ☐ dans quatre régions d'Auvergne.

d. Les châteaux d'Auvergne :

1. ☐ sont pour la plupart en ruines.
2. ☐ sont généralement habités.
3. ☐ se visitent.
4. ☐ ne se visitent pas.
5. ☐ accueillent des manifestations de toutes sortes.
6. ☐ sont parfois des hôtels.

e. Les circuits proposés permettent de découvrir :

1. ☐ des montagnes.
2. ☐ des volcans.
3. ☐ des usines.
4. ☐ de vastes plaines.
5. ☐ de nombreux châteaux.

295 Observez de nouveau le document de l'activité n° 294. Vous désirez aller passer quelques jours en Auvergne et y faire un (des) circuit(s). Vous écrivez au Comité régional du tourisme pour avoir des renseignements sur les circuits qu'ils proposent. Quelles informations allez-vous demander ? Rédigez les questions correspondantes.

Pour vous aider :
• Dans le cas d'un circuit, d'un voyage touristique, on s'informe généralement sur la longueur du circuit, les villes, les lieux traversés, les intérêts qu'ils présentent, les possibilités d'hébergement et de restauration.
• Dans le cas de ce document vos questions peuvent porter sur les caractéristiques de chacun de ces circuits, leurs intérêts comparés, le meilleur choix à effectuer en fonction de ses goûts.

296 Observez le document ci-contre. Lisez ensuite la lettre qu'un randonneur a envoyée au Comité départemental du tourisme.
Complétez-la à l'aide des mots proposés, donnés dans le désordre :
envisageons – connaissance – concernant – forfaits – combien – site – en effet – prévoir – l'attente – informations – désirerais – comment – dépliant – procéder – l'expression – ainsi – comprennent-ils – proposez – salutations – m'indiquer.

Madame, Monsieur,

J'ai eu (1) ...., grâce à des amis qui se sont rendus au Puy-de-Dôme,

de votre (2) .... « Il était une fois un volcan... » et j'ai pu ainsi découvrir

toutes les possibilités touristiques de ce (3) ....

Je vous écris afin d'avoir quelques (4) .... complémentaires (5)

.... l'hébergement que vous (6) .... aux groupes. Je

fais (7) .... partie d'un club de randonneurs, et, avec quelques

amis, passionnés comme moi de parapente, nous (8) .... d'aller faire l'été prochain une semaine de randonnées autour du Puy-de-Dôme. Nous pourrons (9) .... effectuer également quelques sauts en parapente.

Je (10) .... donc savoir (11) .... de places offre votre abri du sommet du Puy-de-Dôme et, s'il est possible de réserver, (12) .... il faut (13) ...., et combien de temps à l'avance.

Pourriez-vous (14) .... quel est le prix à (15) .... par personne ? Existe-t-il des (16) .... journaliers ou hebdomadaires, et dans ce cas, que (17) .... ?

Dans (18) .... de votre réponse, je vous prie, Madame, Monsieur, d'agréer (19) .... de mes (20) .... distinguées.

PUY DE DÔME

Bienvenue au sommet

Le Centre d'Accueil et d'Informations

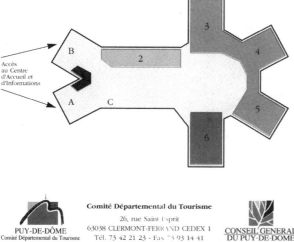

Accès au Centre d'Accueil et d'Informations

1 Accueil et informations touristiques - *Tél. 73 62 21 46*
Expositions – le puy de Dôme, montagne (A)
            – le Puy-de-Dôme, département (B)
Espace volcanologique (C)
Ouvert du 1er mai au 1er novembre

2 - 3 - 4 - 5 Boutique de souvenirs - **Bar - Brasserie - Restaurant panoramique** *(accueil de groupes : 200 personnes maximum)*
Ouvert du 15 avril au 1er novembre - Tél. 73 62 23 00

6 Abri pour groupes (réservation au Centre d'Accueil).

Le site du puy de Dôme est accessible par la route de mars à fin décembre (se renseigner au chalet du péage - Tél. 73 62 12 18).

L'accès au sommet se fait obligatoirement par des navettes en juillet et août de 11 h à 18 h.

Attention :
l'accès au site et l'ouverture du Centre d'Accueil dépendent des conditions météorologiques.

PUY-DE-DÔME
Comité Départemental du Tourisme

Comité Départemental du Tourisme
26, rue Saint Esprit
63038 CLERMONT-FERRAND CEDEX 1
Tél. 73 42 21 23 - Fax 73 93 14 41

CONSEIL GENERAL DU PUY-DE-DÔME

Désormais, les numéros de téléphone et de fax sont précédés du 04.

297 Observez les deux documents ci-dessous. Deux personnes, intéressées par les formations proposées, ont écrit chacune une lettre pour s'informer sur ces études et leurs conditions. Les éléments des deux lettres ont été mélangés. Séparez-les et reconstituez chaque lettre.

LA MAÎTRISE DES ENGRENAGES DU TEMPS

Le moins que l'on puisse dire, c'est que Jacques Reverdy a de la suite dans les idées : c'est à l'âge de sept ans qu'il a décidé de devenir horloger, et il exerce aujourd'hui ce métier depuis quarante-trois ans.

Son atelier se trouve dans son appartement, mais ce n'est pas gênant car on travaille dans l'infiniment petit. Pour les pièces à usiner, son outillage plus lourd (machine à tailler, fraiseuse...) est dans sa maison de campagne. Il n'y a que deux pièces qu'il ne peut pas faire, ce sont les ressorts et les spiraux.
• Infiniment petit mais aussi plus grand : une semaine plus tôt il faisait la révision annuelle de l'horloge de la cathédrale de Bourges. Il avait fait une copie, il y a deux ans, du modèle original, datant de 1424. À l'origine l'université de Compiègne dirigeait les travaux, mais, ne s'en sortant pas, on est venu le chercher.

Pendules et montres
À part ce genre de travaux (il a aussi travaillé sur l'horloge de la cathédrale de Beauvais), qu'il compte parmi ses loisirs, Jacques Reverdy travaille pour des particuliers, des collectionneurs, des grands hôtels comme le Crillon, le Ritz, les académiciens de l'Institut de France, les ambassades.
• « *Certains clients m'apportent des épaves. Ce n'est pas toujours drôle. Mais à mon âge, je peux me permettre de faire certains travaux pas rentables pour un jeune. On devrait travailler à 300 F l'heure, quand je m'en sors à 70 F ce n'est déjà pas mal.* »
• Si les pendules représentent la moitié de son travail, sa préférence va aux montres, et en particulier à la montre à sonnerie, « *la reine de la montre* ».
• Plus c'est petit plus il est heureux. Et à le voir voûté sur son établi d'horloger à accoudoirs, fabriqué par lui pour qu'il puisse travailler sans trembler, on se rend compte de ce qu'est l'infiniment petit : la loupe fixée sur ses lunettes, ses brucelles en main (une petite pince très précise), il attrape des vis que l'on a du mal à voir.

Le dada de la formation
Et tout cela dans un vacarme de tic-tac et de sonneries qu'il n'entend même plus : « *Vous pouvez me mettre cinquante pendules et vingt-cinq réveils à côté de moi, je ne les entends pas. Quand je dois vérifier une sonnerie pour voir si elle ne décompte pas, je suis obligé de la faire sonner faux parce que ça me choque l'oreille et que je réagis, sinon je ne l'entends pas.* »
• Mais, en revanche, aucun problème lorsqu'il s'agit de prêter l'oreille à un tic-tac : « *Un tic-tac peut dire beaucoup de choses : il n'est pas d'aplomb, une chute est plus forte... On a le battement de son cœur.* »
• L'un de ses soucis, c'est la relève : pour l'horloge de Bourges, il n'avait pas trouvé de jeunes. « *Quand il s'agit de rechercher dans les archives et de reconstituer des mécanismes anciens en sachant les tracer et les calculer, les jeunes n'en sont pas capables.* »
• Son dada, c'est la formation. Et il accueille un stagiaire pendant six semaines chaque année. « *Puisque je prône qu'il faut les former, je donne l'exemple.* »

Jacques Reverdy :
46, avenue des Gobelins,
75013 Paris. Tél. : 01 47 07 77 33.

Réponse à Tout (Spécial Été, août 1996).

a. Pouvez-vous également me dire si l'évaluation des acquisitions a lieu de façon continue ou seulement à la fin de la formation ?

b. J'ai en effet étudié pendant deux ans dans une école hôtelière de mon pays et je désire poursuivre ma formation en France.

c. Un de ces articles a tout particulièrement retenu mon attention : celui qui vous présente, ainsi que votre métier passionnant, l'horlogerie.

d. Je voudrais par ailleurs savoir quel est le type de logement que vous proposez : s'agit-il d'un internat, d'un logement chez l'habitant ou doit-on trouver soi-même un logement ?

e. Objet : demande d'informations.

f. Vous en remerciant par avance, je vous prie, Madame, Monsieur, d'agréer l'expression de mes salutations distinguées.

g. En effet je passe mon baccalauréat cette année et j'envisage de devenir horloger, c'est pourquoi ce stage me permettrait de m'assurer de mon choix.

h. C'est une profession qui m'intéresse et je voudrais avoir quelques informations sur la formation que vous offrez.

i. Monsieur,

j. La durée de préparation que vous proposez me convient mais j'aimerais savoir comment elle s'organise.

k. Madame, Monsieur,

l. Faut-il pour effectuer ce stage être étudiant en horlogerie ou même déjà diplômé en horlogerie ?

m. Objet : demande de dossier d'inscription.

n. Je désirerais enfin savoir à quelle époque a lieu ce stage.

o. Je vous serai obligée de bien vouloir enfin me communiquer le prix de cette formation et de m'adresser, avec votre réponse, un dossier d'inscription.

p. Il est indiqué que chaque année vous accueillez un stagiaire pendant six semaines.

q. Y a-t-il trois ou quatre semestres ou bien des sessions de durée plus brève ?

r. J'ai lu il y a quelques jours, dans le magazine *Réponse à tout*, un dossier consacré aux dix plus beaux métiers de l'artisanat.

s. Vous serait-il possible de m'envoyer la liste des cours que vous dispensez ainsi que leurs contenus ?

t. Pourriez-vous me dire si ce stage est payant et m'indiquer la procédure à suivre pour être sélectionné ?

u. Je vous remercie pour tous les renseignements que vous voudrez bien me communiquer et je vous prie, Monsieur, d'agréer l'expression de mes sincères salutations.

v. Je viens de prendre connaissance de votre annonce parue dans le journal *L'Expansion* et je souhaiterais avoir quelques renseignements supplémentaires concernant votre école.

Première lettre : ....

Deuxième lettre : ....

298 Reportez-vous au document de l'activité n° 292 ainsi qu'aux questions élaborées dans l'activité n° 293. Rédigez la lettre correspondante.

299 Reportez-vous au document de l'activité n° 294 ainsi qu'aux questions élaborées dans l'activité n° 295. Rédigez la lettre correspondante.

300 Vous êtes allemand(e) et vous faites une année d'études en Bretagne. Vous parlez l'anglais et un peu l'espagnol. Vous lisez dans un magazine la petite annonce suivante qui retient votre attention. Vous écrivez à Madame Le Treust pour lui proposer vos services.

> **LANGUES ÉTRANGÈRES**
> Je voudrais perfectionner mon anglais, et apprendre l'allemand et l'espagnol pour mon activité professionnelle. Si une lectrice habitant Nantes ou ses environs pouvait me donner des cours à prix modéré, je vous remercie de bien vouloir me contacter.
> ■ Marie Le Treust, 26, rue de l'Hôtel-de-Ville, 44000 Nantes.

Unité A4

Épreuve orale

301 🔊 **Vous allez entendre deux fois l'enregistrement. Écoutez et barrez les « e » qui ne s'entendent pas.**

a. C'est une petite fille.

b. C'est ma petite fille.

c. Quelle jolie jeune fille !

d. Cette fois, je ne viendrai pas.

e. Ce matin, je ne suis pas bien réveillé.

f. Ce soir, je te raconterai tout.

g. Demain, je viendrai de bonne heure.

h. Regarde la belle grande dame !

302 🔊 **Vous allez entendre deux fois l'enregistrement. Écoutez et barrez les « e » qui ne s'entendent pas.**

a. Je te le donne.

b. Je te le prête.

c. Je te le répète.

d. Je te le prépare.

e. Je te le dis.

f. Je te le prends.

g. Je te le propose.

h. Je te le souhaite.

i. Je te le demande.

j. Je te le demande.

303 🔊 **Vous allez entendre deux fois l'enregistrement. Chaque phrase est prononcée deux fois. Écoutez et mettez une croix dans la case qui correspond à ce que vous avez entendu.**

a. Tu feras un¢ tart¢. ☒   Tu f¢ras un¢ tart¢. ☐

b. Tu feras une tart¢. ☐   Tu f¢ras une tart¢. ☐

c. Tu m¢ donn¢ras ton adress¢ ? ☐   Tu me donneras ton adress¢ ? ☐

d. Ell¢ regarde par la f¢nêtr¢. ☐   Elle regarde par la fenêtr¢. ☐

e. Ell¢ se couch¢ par terr¢. ☐   Elle se couche par terr¢. ☐

f. Ell¢ entre sans fair¢ de bruit. ☐   Ell¢ entre sans faire de bruit. ☐

g. Donn¢-moi le journal
de la semain¢ dernièr¢. ☐   Donne-moi l¢ journal
d¢ la semain¢ dernièr¢. ☐

h. Je n¢ vais pas t¢ le répéter
dix fois ! ☐   Je n¢ vais pas te l¢ répéter
dix fois ! ☐

304 🔊 **Vous allez entendre l'enregistrement deux fois. Écoutez le texte et soulignez les différences entre ce que vous entendez et ce qui est écrit.**

Je vais te raconter ce qui m'est arrivé au cinéma. J'étais assis à côté d'une grosse dame. Au début du film, elle s'est endormie et elle s'est mise à ronfler. J'ai attendu un moment mais c'est vite devenu insupportable. Je suis sorti. Je suis allé m'asseoir à la terrasse d'un café de la place et j'ai attendu la fin de la séance.

305 🔊 **Vous allez entendre chaque phrase deux fois. Écoutez, lisez et notez les groupes intonatifs à l'aide de ↗ et ↘.**

Exemple : Le singe mange.↗ Le singe mange↘ des cacahuètes.↗ ↘

Le singe mange↗ des cacahuètes↗ dans sa cage.↘

Est-ce que le singe mange ?↗ Est-ce que le singe mange↗ des cacahuètes ?↗

Est-ce que le singe mange↗ des cacahuètes↗ dans sa cage ?↗

a. Le garagiste répare.

b. Est-ce que le garagiste a fini ?

c. Tu m'as bien dit que le garagiste avait fini de réparer ma voiture ?

d. Le garagiste répare ma voiture dans son atelier.

e. Le garagiste répare ma voiture dans son atelier avec du matériel ultramoderne.

f. Tu dis que le garagiste a fini ?

g. Le garagiste répare ma voiture.

h. Il a fini de la réparer, ma voiture ?

306 🔊 **Vous allez entendre chaque phrase deux fois. Écoutez, lisez et soulignez le groupe qui porte l'accent d'insistance.**

Exemple : Tu vas ce soir au cinéma **avec ta mère** ?

a. Je vais chez toi demain matin de bonne heure.
b. Je vais chez toi demain matin de bonne heure.
c. Vous êtes allés ensemble en Espagne à Noël ?
d. Vous êtes allés ensemble en Espagne à Noël ?
e. Elles se sont rencontrées par hasard à cinq heures devant la pâtisserie.
f. Elles se sont rencontrées par hasard à cinq heures devant la pâtisserie.
g. Deux motos ont été volées cette nuit sur le parking près de chez moi.
h. Deux motos ont été volées cette nuit sur le parking près de chez moi.

176

A4 · ÉPREUVE ORALE

© CLE International. La photocopie non autorisée est un délit.

307 🔊 **Vous allez entendre des phrases enregistrées. Mettez la ponctuation : un point (.), un point d'interrogation (?) ou un point d'exclamation (!).**

Exemple : Le soleil ne se couche pas très vite.

a. Je ne veux voir personne ce soir

b. Pourquoi le soleil se couche-t-il lentement

c. Est-ce que vous n'auriez pas oublié le rendez-vous

d. Auriez-vous l'amabilité de m'accompagner

e. Je veux vous voir demain

f. Allez voir ce film

g. Je ne la connais pas du tout

h. Je vous défends de lui en parler

i. Il m'a fait un travail très convenable

308 🔊 **Vous allez entendre huit phrases enregistrées. Mettez la ponctuation : un point (.), un point d'interrogation (?) ou un point d'exclamation (!).**

a. Soyez un peu sérieux, enfin

b. Soyez plus aimable, quand même

c. Est-ce que vous pourriez me donner un renseignement

d. Je suis sûre de gagner le gros lot

e. Pouvez-vous me faire ce travail assez vite

f. Demandez ce renseignement à mon collègue

g. Je voudrais juste un petit renseignement

h. Dites-lui de passer me voir un de ces jours

309 🔊 **Vous allez entendre dix phrases enregistrées. Chaque phrase sera lue deux fois. Mettez une croix dans la case si vous avez entendu les mots soulignés.**

a. Son chien m'a léché ☒ la main.

b. Elle a mis son gros bonnet ☐ de laine ☐.

c. La chanson s'appelle *Aux marches* ☐ *du palais* ☐.

d. Il pleut ☐ ; nous nous mettons à l'abri ☐.

e. La chatte ☐ boit du lait frais ☐.

f. Déplace ta chaîne ☐ hi-fi ; elle me gêne ☐.

g. Prends bien le temps ☐ de te brosser les dents ☐.

h. Il a repris une tranche ☐ de gigot d'agneau ☐.

i. C'est fou ☐, la façon dont elle chante ☐ !

j. C'est le zeste ☐ de citron qui donne du goût ☐.

310 🔈 Vous allez entendre dix phrases enregistrées. Pour chaque phrase, deux transcriptions sont proposées. Écoutez et mettez une croix dans la case correspondant à ce que vous avez entendu.

a. Il est près du port. ☐   Il est près du bord. ☒

b. Elle a fait tomber la pierre. ☐   Elle a fait tomber la bière. ☐

c. J'ai été douché. ☐   J'ai été touché. ☐

d. Je suis bien dans ses bras. ☐   Je suis bien dans ses draps. ☐

e. Il aime les prunes. ☐   Il aime les brunes. ☐

f. Prends un bain. ☐   Prends un pain. ☐

g. Va te doucher ! ☐   Va te coucher ! ☐

h. La carte est très belle. ☐   La tarte est très belle. ☐

i. C'est trop beau. ☐   C'est trop tôt. ☐

j. La fermière a un beau corps. ☐   La fermière a un beau porc. ☐

311 🔈 Vous allez entendre huit phrases enregistrées. Pour chaque phrase, deux transcriptions sont proposées. Écoutez et mettez une croix dans la case correspondant à ce que vous avez entendu.

a. Ces chants sont agréables. ☐   Ces gens sont agréables. ☒

b. Il n'est pas chaud. ☐   Il n'est pas sot. ☐

c. Sors le chien ! ☐   Sors le sien ! ☐

d. Il y avait beaucoup de choix. ☐   Il y avait beaucoup de joie. ☐

e. Il a plusieurs fils. ☐   Il a plusieurs vices. ☐

f. Voici un récipient en fer. ☐   Voici un récipient en verre. ☐

g. C'est un problème de voix. ☐   C'est un problème de foie. ☐

h. Ils ont des joues rouges. ☐   Ils ont des choux rouges. ☐

312 🔈 Vous allez entendre dix phrases enregistrées. Pour chaque phrase, deux transcriptions sont proposées. Écoutez et mettez une croix dans la case correspondant à ce que vous avez entendu.

a. Elles s'ouvrent seules. ☒   Elles ouvrent seules. ☐

b. Ils s'aiment beaucoup. ☐   Ils aiment beaucoup. ☐

c. Ils s'attendent toujours. ☐   Ils attendent toujours. ☐

d. Ils étudient bien. ☐   Ils s'étudient bien. ☐

e. Elles s'imaginent tout. ☐   Elles imaginent tout. ☐

f. Ils apportent des cadeaux. ☐   Ils s'apportent des cadeaux. ☐

g. Elles offrent des fleurs. ☐   Elles s'offrent des fleurs. ☐

h. Ils s'embrassent trois fois. ☐   Ils embrassent trois fois. ☐

i. Elles s'écrivent tous les mois. ☐   Elles écrivent tous les mois. ☐

j. Ils entendent très bien. ☐   Ils s'entendent très bien. ☐

313 🔊 **Vous allez entendre dix phrases enregistrées. Pour chaque phrase, deux transcriptions sont proposées. Écoutez et cochez la bonne case.**

a. Il part vite.	☒	Ils partent vite.	☐
b. Il met la table.	☐	Ils mettent la table.	☐
c. Ils boivent trop.	☐	Il boit trop.	☐
d. Ils finissent tard.	☐	Il finit tard.	☐
e. Il lit le journal.	☐	Ils lisent le journal.	☐
f. Ils disent bonjour.	☐	Il dit bonjour.	☐
g. Il descend l'escalier.	☐	Ils descendent l'escalier.	☐
h. Il conduit à droite.	☐	Ils conduisent à droite.	☐
i. Ils tendent le bras.	☐	Il tend le bras.	☐
j. Ils sortent le soir.	☐	Il sort le soir.	☐

314 🔊 **Vous allez entendre dix phrases enregistrées. Quand ce que vous entendez correspond à ce qui est écrit, mettez une croix dans la case.**

a. Elle part tôt.	☒	f. Elle descend la rue.	☐
b. Elles lisent beaucoup.	☐	g. Elles traduisent tout.	☐
c. Elles conduisent bien.	☐	h. Elle dit bonsoir.	☐
d. Elle finit à six heures.	☐	i. Elle boit un café.	☐
e. Elle tend la main.	☐	j. Elles mettent un chapeau.	☐

315 🔊 **Vous allez entendre dix phrases enregistrées. Pour chaque phrase, deux transcriptions sont proposées. Écoutez et cochez la bonne case.**

a. Je ris souvent.	☐	J'ai ri souvent.	☒
b. Je finis mon exercice.	☐	J'ai fini mon exercice.	☐
c. J'ai fait la tarte.	☐	Je fais la tarte.	☐
d. Je dis bonjour.	☐	J'ai dit bonjour.	☐
e. J'ai peint la cuisine.	☐	Je peins la cuisine.	☐
f. J'ai traduit la carte.	☐	Je traduis la carte.	☐
g. Je conduis ma voiture.	☐	J'ai conduit ma voiture.	☐
h. J'ai craint la pluie.	☐	Je crains la pluie.	☐
i. Je fais attention.	☐	J'ai fait attention.	☐
j. J'ai teint mes cheveux.	☐	Je teins mes cheveux.	☐

316 🔊 **Vous allez entendre dix phrases enregistrées. Quand ce que vous entendez correspond à ce qui est écrit, mettez une croix dans la case.**

a. J'ai choisi seul.	☒	f. J'ai fleuri les tables.	☐
b. J'ai guéri très vite.	☐	g. J'ai produit ce film.	☐
c. Je grossis en ce moment.	☐	h. Je vernis la table.	☐
d. J'ai défini le sujet.	☐	i. Je choisis ce manteau.	☐
e. Je refais le travail.	☐	j. J'ai prédit l'avenir.	☐

317 🔊 **Vous allez entendre dix phrases enregistrées. Pour chaque phrase, deux transcriptions sont proposées. Écoutez et mettez une croix dans la case correspondant à ce que vous avez entendu.**

a.	Je parlais avec elle.	☒	J'ai parlé avec elle.	☐
b.	Je mangeais des gâteaux.	☐	J'ai mangé des gâteaux.	☐
c.	Je cherchais une chambre.	☐	J'ai cherché une chambre.	☐
d.	J'ai lavé ma chemise.	☐	Je lavais ma chemise.	☐
e.	J'ai pensé à toi.	☐	Je pensais à toi.	☐
f.	Je marchais dans la rue.	☐	J'ai marché dans la rue.	☐
g.	Je chantais avec eux.	☐	J'ai chanté avec eux.	☐
h.	J'ai porté les paquets.	☐	Je portais les paquets.	☐
i.	Je regardais le film.	☐	J'ai regardé le film.	☐
j.	J'ai téléphoné à Paul.	☐	Je téléphonais à Paul.	☐

318 🔊 **Vous allez entendre dix phrases enregistrées. Quand ce que vous entendez correspond à ce qui est écrit, mettez une croix dans la case.**

a.	Je parlais beaucoup.	☒	f.	Je passais te voir.	☐
b.	J'ai déjeuné à midi.	☐	g.	J'ai cassé les œufs.	☐
c.	Je rentrais la voiture.	☐	h.	J'ai rapporté le stylo.	☐
d.	Je montrais des photos.	☐	i.	J'ai écouté la radio.	☐
e.	J'ai coupé la viande.	☐	j.	J'écoutais des disques.	☐

319 ☛ LA RECETTE • P. 189

🔊 **Écoutez. Vous allez entendre cinq fois la liste des ingrédients. Mais la liste n'est correcte qu'une seule fois. Laquelle ? Mettez une croix dans la case de la réponse juste.**

☐ n° 1   ☐ n° 2   ☐ n° 3   ☐ n° 4   ☐ n° 5

320 🔊 **Vous allez entendre neuf phrases enregistrées. Pour chaque phrase, deux transcriptions sont proposées. Indiquez ce que vous avez entendu en mettant une croix dans la case correspondante.**

a.	Il se brosse les dents.	☒	Il s'est brossé les dents.	☐
b.	Il se verse un verre.	☐	Il s'est versé un verre.	☐
c.	Elle se tourne vers lui.	☐	Elle s'est tournée vers lui.	☐
d.	Elle se fait du thé.	☐	Elle s'est fait du thé.	☐
e.	Il se jette à l'eau.	☐	Il s'est jeté à l'eau.	☐
f.	Il se laisse aller.	☐	Il s'est laissé aller.	☐
g.	Elle se lave les mains.	☐	Elle s'est lavé les mains.	☐
h.	Il se prépare un quatre-quarts.	☐	Il s'est préparé un quatre-quarts.	☐
i.	Il se râpe une carotte.	☐	Il s'est râpé une carotte.	☐

321 ☞ LES VOYAGES • P. 191

🎧 Écoutez cette conversation téléphonique à propos du voyage au Kenya. Vous allez l'entendre deux fois. Comparez-la au texte. Relevez les six erreurs dans l'ordre du texte et corrigez-les aux emplacements prévus.

Erreur 1 : ....   Erreur 4 : ....

Erreur 2 : ....   Erreur 5 : ....

Erreur 3 : ....   Erreur 6 : ....

322 ☞ LES RYTHMES DE L'ENFANT • P. 192

🎧 Écoutez les cinq phrases enregistrées, et rétablissez la ponctuation en utilisant les signes suivants : le point d'interrogation (?), le point (.), le point d'exclamation (!), la virgule (,), les points de suspension (…) ou le tiret (–). Rétablissez les majuscules quand c'est nécessaire.

a. l'aménagement des rythmes scolaires c'est l'affaire de tous

→ ....

b. mais dites-moi ce problème des rythmes de vie ça ne concerne que les enfants

→ ....

c. je me demande si c'est une question qui me concerne moi

→ ....

d. c'est toujours pareil on est toujours les derniers à s'occuper des problèmes importants

→ ....

e. nous proposons d'organiser si vous êtes d'accord une campagne nationale d'information

→ ....

323 ☞ PRENDRE LE TRAIN • P. 194

🎧 Écoutez. Vous allez entendre huit phrases enregistrées. D'après leur intonation, indiquez si elles expriment une énonciation, une injonction ou une interrogation, en mettant une croix dans la case correspondante.

	1	2	3	4	5	6	7	8
énonciation								
injonction	✗							
interrogation								

324 🔊 Écoutez. Vous allez entendre huit phrases enregistrées. D'après leur intonation, indiquez quel sentiment elles expriment, en mettant une croix dans la case correspondante.

	1	2	3	4	5	6	7	8
surprise								
satisfaction								
mécontentement	✗							
lassitude								

325 👉 QUE DIT LA MÉTÉO ? • P. 195

🔊 Écoutez. Vous allez entendre les horaires des marées à Saint-Malo, Brest, et La Baule. Mettez une croix dans la case chaque fois que vous avez entendu l'heure indiquée.

Saint-Malo		
Haute mer	matin : 09 h 18	✗
	soir : 21 h 36	
Basse mer	matin : 04 h 03	
	soir : 16 h 21	

Brest		
Haute mer	matin : 07 h 06	
	soir : 19 h 27	
Basse mer	matin : 01 h 08	
	soir : 13 h 29	

La Baule		
Haute mer	matin : 06 h 38	
	soir : 19 h 00	
Basse mer	matin : 00 h 42	
	soir : 13 h 07	

326 🔊 Écoutez. Vous allez entendre un bulletin météorologique.
Lisez les questions. Vous entendrez deux fois l'enregistrement avec une pause de deux minutes entre les deux écoutes. Les réponses à donner suivent l'ordre du texte. Répondez en mettant une croix dans la bonne case.

a. Le ciel sera plus nuageux : ☐ à l'est ?
☒ à l'ouest ?

b. Les pluies gagneront l'intérieur de la région : ☐ dans la journée ?
☐ dans la soirée ?

c. L'après-midi, les pluies seront plus fortes : ☐ sur la moitié est ?
☐ sur la moitié ouest ?

d. Dans l'après-midi, le vent sera : ☐ plus fort ?
☐ moins fort ?

e. Demain, il y aura : ☐ de forts risques de pluie ?
☐ de faibles risques de pluie ?

f. Le soleil reviendra sans doute : ☐ demain ?
☐ après-demain ?

© CLE International. La photocopie non autorisée est un délit.

A4 • ÉPREUVE ORALE

327 🕨 ÉCHEC AU VOL • P. 197

📼 Écoutez. Vous allez entendre huit phrases enregistrées. Elles seront lues deux fois. D'après leur intonation, indiquez si elles expriment une énonciation, une injonction ou une interrogation, en mettant une croix dans la case correspondante.

	1	2	3	4	5	6	7	8
énonciation	✗							
injonction								
interrogation								

328 📼 Écoutez, lisez et notez les groupes intonatifs à l'aide de ↗ et ↘.

Trop souvent, des imprudences sont à l'origine de désagréments ↗ vécus par des personnes seules ↘. Quelques précautions sont indispensables. Précautions élémentaires, pensez-vous ! Pourtant... Trop d'exemples prouvent qu'avec un peu moins de négligence, un peu plus d'attention, bien des soucis seraient évités. « Une personne avertie en vaut deux » dit le proverbe. Alors, prenons note ! Partons bon pied bon œil dans la vie de tous les jours, et ne tentons pas les voleurs !

329 🕨 VOTRE SÉCURITÉ À LA MAISON • P. 199

📼 Écoutez. Vous allez entendre huit phrases enregistrées. Elles seront lues deux fois. D'après leur intonation, indiquez si elles expriment une énonciation, une injonction ou une interrogation, en mettant une croix dans la case correspondante.

	1	2	3	4	5	6	7	8
énonciation	✗							
injonction								
interrogation								

330 🔊 Écoutez. Vous allez entendre huit phrases enregistrées. Elles seront lues une seule fois. D'après leur intonation, indiquez quel sentiment elles expriment, en mettant une croix dans la case correspondante.

	1	2	3	4	5	6	7	8
colère	✗							
surprise								
joie								
inquiétude								

331 ☛ EUROSTAR • P. 201

🔊 Écoutez. La secrétaire de l'agence de voyages relit les choix du voyageur. Mais elle commet un certain nombre d'erreurs. Comparez avec le texte que vous avez sous les yeux et entourez les différences. Le texte sera lu deux fois.

Vous êtes monsieur Helmot. Votre prénom est Henri. Vous habitez 6, rue du Rouet à 44380, Pornichet. Votre numéro de téléphone est le 02 40 61 75 37 et vous n'avez pas de numéro de téléphone professionnel. Vous souhaiteriez partir le 20 décembre 1996 en fin de matinée et revenir le 3 janvier 1997 en soirée. Vous aimeriez prendre votre train à Paris Gare du Nord et arriver à Londres Waterloo International. Vous voulez un billet de deuxième classe non-fumeur.

332 🔊 Écoutez. Puis écrivez les dates en chiffres sur le modèle : 12 juillet 1996 → 12/06/96. Les dates seront lues deux fois.

a. ....   e. ....   i. ....

b. ....   f. ....   j. ....

c. ....   g. ....   k. ....

d. ....   h. ....   l. ....

333 ☛ LE GRAIN DE SEL • P. 202

🔊 Écoutez. Chaque phrase sera lue deux fois. Rétablissez la ponctuation des sept phrases, en utilisant les signes suivants : le point d'interrogation (?), le point (.), le point d'exclamation (!), les points de suspension (...). Rétablissez également les majuscules.

a. si le sel ne sale plus avec quoi salera-t-on

→ ....

b. qu'est-ce que vous me racontez le sel ne sale plus

→ ....

c. c'est bizarre le sel ne sale plus

→ ....

d. vous ne trouvez pas ça bizarre vous le sel ne sale plus

→ ....

e. vous ne me ferez jamais croire que le sel ne sale plus

→ ....

f. le sel ne sale plus mais c'est comme si le sucre ne sucrait plus

→ ....

g. donnez-moi du sel je ne vous crois pas le sel sale enfin

→ ....

334 ☛ UN FINANCEMENT SUR MESURE • P. 203

🎧 Écoutez. Vous allez entendre dix phrases enregistrées. Vous les entendrez deux fois. Mettez une croix dans la case qui correspond aux phrases qui utilisent une forme de politesse.

a. ☒ **b.** ☐ **c.** ☐ **d.** ☐ **e.** ☐ **f.** ☐ **g.** ☐ **h.** ☐ **i.** ☐ **j.** ☐

335 🎧 Écoutez. Vous allez entendre une seule fois huit phrases enregistrées. D'après leur intonation, indiquez quel sentiment elles expriment, en mettant une croix dans la case correspondante.

	1	2	3	4	5	6	7	8
colère	✗							
satisfaction								
inquiétude								

336 ☛ MÉCANICIEN POIDS LOURD • P. 204

🎧 Écoutez ce que dit Nicolas Benatre. Vous allez entendre deux fois le texte. Soulignez dans le texte écrit ce qui est différent de ce que vous entendez.

« J'habitais à Saint-Poix en Mayenne. Je passais tous mes mercredis et toutes mes vacances scolaires à l'entreprise de transports voisine de la maison de mes parents. Pas seulement pour voir les mécaniciens sur les camions, mais pour apprendre aussi à travailler. Je n'ai pas eu de problème d'orientation. Après la classe de troisième, je suis parti au centre de formation d'apprentis de Dinan préparer un CAP mécanicien en maintenance de véhicules industriels. J'ai trouvé cela facile. »

Ouest-France (28-29/09/96).

337 ✏ Écoutez. Vous allez entendre la phrase écrite, puis deux autres phrases. Une de ces deux phrases dit la même chose que ce qui est écrit. Laquelle ? Mettez une croix dans la case de la bonne réponse.
Chaque phrase sera lue deux fois.

a. J'habite à Saint-Poix en Mayenne.	☒ la première	☐ la deuxième
b. Je passe mes mercredis dans une entreprise de transports.	☐ la première	☐ la deuxième
c. Cette entreprise est voisine de la maison de mes parents.	☐ la première	☐ la deuxième
d. Je ne suis pas là que pour regarder.	☐ la première	☐ la deuxième
e. Je suis là pour apprendre à travailler.	☐ la première	☐ la deuxième
f. Je suis allé dans un centre de formation.	☐ la première	☐ la deuxième
g. J'ai trouvé que les études étaient faciles.	☐ la première	☐ la deuxième

338 ☛ ATTENTION AU THÉÂTRE • P. 207
✏ Écoutez. Vous allez entendre la phrase écrite puis deux autres phrases. Une de ces deux phrases dit le contraire de ce qui est écrit. Laquelle ? Mettez une croix dans la case correspondante.
Chaque phrase sera lue deux fois.

a. Les billets ne sont pas repris.	☒ la première	☐ la deuxième
b. Les billets ne sont pas échangés.	☐ la première	☐ la deuxième
c. Les places ne sont pas numérotées.	☐ la première	☐ la deuxième
d. Le placement est libre.	☐ la première	☐ la deuxième
e. Aucun abonnement n'est délivré au guichet.	☐ la première	☐ la deuxième
f. Les places ne sont plus garanties.	☐ la première	☐ la deuxième
g. On peut vous refuser l'accès de la salle.	☐ la première	☐ la deuxième

339 ☛ GAZ DE FRANCE VOUS CONSEILLE • P. 209
✏ Écoutez les instructions de l'employé de Gaz de France. Vous allez entendre deux fois le texte. Soulignez dans le texte écrit ce qui est différent de ce que vous entendez.

Il est recommandé de faire effectuer un entretien annuel de vos appareils à gaz pour maintenir le bon rendement de votre brûleur et bien maîtriser vos consommations et donc vos dépenses. Vous augmenterez la durée de vie de tous vos appareils et vous garantirez ainsi votre tranquillité. Je vous conseille donc de faire ramoner votre cheminée au moins une fois par an, de changer vos tuyaux de cuisinières avant la date limite, de dégager les ventilations et de toujours faire vérifier vos appareils par un professionnel qualifié.

340 🐄 LES GOSSES • P. 211

📼 Écoutez. Vous allez entendre onze phrases enregistrées. Pour chaque phrase, deux transcriptions sont proposées. Quelle est la phrase que vous entendez ? Mettez une croix dans la bonne case.

a. Rendez-moi la voiture ! ☒ Rendez-moi sa voiture ! ☐
b. Prête-lui ma voiture ! ☐ Prête-lui la voiture ! ☐
c. Prête-moi ta voiture ! ☐ Prête-lui la voiture ! ☐
d. Rends-lui son ballon ! ☐ Rends-lui ce ballon ! ☐
e. Rends-lui son ballon ! ☐ Rends-lui ses ballons ! ☐
f. Rendez-vous au bar ! ☐ Rendez-vous au bal ! ☐
g. Mets les mots dans le bon ordre ! ☐ Mets tes mots dans le bon ordre ! ☐
h. Ce sont ses propres mots. ☐ Ce sont mes propres mots. ☐
i. Attention à ma chemise ! ☐ Attention à la chemise ! ☐
j. Ils regardent leur émission préférée. ☐ Ils regardent leurs émissions préférées. ☐
k. Deux francs ? Donne-les lui ! ☐ Dix francs ? Donne-les lui ! ☐

341 🐄 LA RANDONNÉE CYCLISTE • P. 213

📼 Vous allez entendre deux fois le texte. Écoutez, et mettez une croix dans la case qui correspond à la bonne prononciation.

À la sortie de Castres, il faut prendre ☒ la départementale 622. L'altitude de départ
☐ la départementale 620.

est ☐ de 250 m. À Saint-Salvy, on tourne sur ☐ la départementale 76. On est alors
☐ de 255 m. ☐ la départementale 66.

à une altitude ☐ de 600 m. De Brassac à Lacaune, on retrouve la départementale 622.
☐ de 500 m.

À Lacaune, ☐ on atteint l'altitude maximale du parcours : ☐ 806 m. On reviendra
☐ on attend ☐ 805 m.

par la départementale 81, puis ☐ la départementale 171, avant de finir par la départe-
☐ la départementale 161

mentale 89. ☐ L'altitude diminue et la route descend doucement avant de remonter
☐ L'attitude

☐ légèrement jusqu'à Castres.
☐ largement

342 ☛ SI LES BANQUES DU GROUPE CIC N'EXISTAIENT PAS... • P. 216

🔊 Écoutez. Vous allez entendre deux fois chaque phrase. Est-ce que la phrase prononcée a du sens ? Répondez par *oui* ou *non*.

a. ……… b. ……… c. ……… d. ……… e. ……… f. ……… g. ……… h. ……… i. ………

343 ☛ UN PRIX RESTE UN PRIX ! • P. 218

🔊 Vous allez entendre deux fois le texte. Écoutez, lisez et notez les groupes intonatifs à l'aide de ↗ et ↘ .

En 1949, le premier Centre Édouard Leclerc a ouvert ses portes. Même si depuis le monde a changé, même si les goûts, les habitudes, les envies des Français ne sont plus les mêmes, même si l'inflation n'est plus ce qu'elle a été, un prix reste un prix, une feuille de paie reste une feuille de paie (surtout quand le pouvoir d'achat est menacé). C'est pour cela que dans le mouvement Édouard Leclerc, tous les adhérents font tout, tout ce qu'il est légalement possible de faire pour que les prix Édouard Leclerc restent toujours... les meilleurs prix.

344 🔊 Vous allez entendre une autre fois le texte, mais il est un peu différent. Écoutez, lisez. Barrez ce qui n'est pas prononcé.

En 1949, le premier Centre Édouard Leclerc a ouvert ses portes. Même si depuis le monde a changé, même si les goûts, les habitudes, les envies des Français ne sont plus les mêmes, même si l'inflation n'est plus ce qu'elle a été, un prix reste un prix, une feuille de paie reste une feuille de paie (surtout quand le pouvoir d'achat est menacé). C'est pour cela que dans le mouvement Édouard Leclerc, tous les adhérents font tout, tout ce qu'il est légalement possible de faire pour que les prix Édouard Leclerc restent toujours... les meilleurs prix.

345 🔊 Mettez une croix dans la case du groupe qui peut remplacer l'adverbe.

a.	en patience	☐	avec patience	☒
b.	avec habileté	☐	dans l'habileté	☐
c.	dans la gentillesse	☐	avec gentillesse	☐
d.	avec soin	☐	avec du soin	☐
e.	avec conscience	☐	avec la conscience	☐
f.	avec de la violence	☐	avec violence	☐
g.	avec calme	☐	avec du calme	☐
h.	par accident	☐	en accident	☐

A4 • ÉPREUVE ORALE

Épreuve écrite

 Lisez cette recette.

LA RECETTE

Quatre-quarts au citron

Facile ✕✕
Préparation : 20 min.
Cuisson : 40 min.

Pour 6 personnes :
125 g de sucre en poudre, 125 g de farine, 125 g de beurre, 4 œufs entiers, 2 citrons, trois cuillerées à soupe de rhum, 2 verres d'eau, 20 morceaux de sucre.

Brosser et laver les deux citrons. Râper le zeste d'un et le mettre à tremper dans une cuillerée de rhum pendant 20 min. Dans une grande terrine, battre ensemble les œufs et le sucre jusqu'à obtenir un mélange mousseux. Verser la farine en pluie. Tourner doucement avec la cuillère de bois, puis ajouter le beurre fondu, le zeste de citron et le rhum. Bien mélanger la préparation. Verser la pâte dans un moule à cake à côtés antiadhésifs. Enfourner 30 min à four 180 °C (thermostat 6). Faire un sirop avec deux verres d'eau, les morceaux de sucre et le rhum. Quand le sirop est bouillant, jeter le zeste du deuxième citron taillé en fines lanières, laisser cuire 20 min doucement jusqu'à ce que le sirop ait pris une belle couleur dorée. Arroser doucement le gâteau et disposer les zestes.

346 Dans un autre livre de cuisine, la même recette commence par *Brossez et lavez les deux citrons.* Continuez.

....

....

....

....

....

....

....

347 Une amie qui assiste à l'explication n'est pas d'accord. Elle dit : « *Ne brosse pas les citrons.* » Donnez ses conseils. Elle n'est pas d'accord sur les points suivants :

a. laver les citrons : ....

....

b. verser la farine en pluie : ....

....

c. verser la pâte dans un moule à parois antiadhésives : ....

....

d. enfourner à four 180 °C : ....

....

e. faire un sirop : ....

....

348 Complétez le texte avec *le, la* ou *lui.*

Colette prend le citron. Elle ..... donne à son amie Françoise. Colette prépare le mélange mousseux et ..... tourne doucement. Pendant ce temps, Françoise ..... prépare un moule. Elle ..... pose sur la table. Colette ..... demande où est le moule. Françoise ..... répond qu'il est sur la table. Elles mettent la pâte dans le moule. Elles ..... mettent dans le four. Colette regarde Françoise et ..... propose de boire du thé en attendant que le gâteau soit cuit. Françoise ..... remercie. Maintenant, le gâteau est cuit et il faut ..... sortir du moule. Il est superbe ! Colette ..... partage pour en donner à son amie. Elle ..... en donnera la moitié.

Lisez le texte.

 LES VOYAGES

■ **Malte du 26 octobre au 2 novembre.**
7 nuits en hôtel club 2 étoiles en pension complète, vol aller-retour au départ de Paris : 2 070 F.
(3615 DÉGRIFFTOUR)

■ **Le Portugal, une semaine à partir du 2 novembre.**
Vol aller-retour Paris-Lisbonne, logements en appart-hôtels trois étoiles avec petit déjeuner : 1 550 F.
(NOUVELLE LIBERTÉ, 01 40 41 91 91)

■ **Guadeloupe, une semaine à partir du 2 novembre.**
Vol aller-retour Paris-Pointe-à-Pitre, logement en chambre triple en hôtel trois étoiles avec petit déjeuner : 4 560 F.
(NOUVELLE LIBERTÉ, 01 40 41 91 91)

■ **Kenya, 9 jours - 7 nuits.**
Vol aller-retour au départ de Paris, safari en pension complète, départ le dimanche 27 octobre : 7 590 F.
(LOOK VOYAGES, EN AGENCES)

---

349 Vous téléphonez à Nouvelle Liberté pour avoir des renseignements sur le voyage à Lisbonne. Pour ne rien oublier, vous préparez sur un petit papier cinq questions à partir de l'annonce.

....

....

....

....

....

Vous avez quand même oublié de poser des questions. Vous rappelez Nouvelle Liberté. Notez sur un papier d'autres questions.

• sur le déjeuner et le dîner : ....

....

• sur les activités possibles : ....

....

• sur les visites possibles : ....

....

• sur les locations de voitures : ....

....

Lisez le texte.

LES RYTHMES DE L'ENFANT

Dix recommandations pour aménager les rythmes de vie de l'enfant

1 • Définir un vocabulaire de référence.
2 • Introduire les rythmes de vie dans les projets d'établissement.
3 • Réaffirmer les buts et préciser les objectifs.
4 • Améliorer l'information et la formation.
5 • Mettre en place un organisme d'évaluation.
6 • Aménager les budgets dans un cadre pluriannuel.
7 • Offrir cette politique aux plus défavorisés.
8 • Globaliser l'aménagement du temps.
9 • Observer l'évolution des pratiques.
10 • Informer et débattre.

D'après *L'Aménagement des rythmes de vie des enfants et des jeunes*, INSEP.

350 Vous préparez une conférence sur l'aménagement des rythmes de vie de l'enfant. Vous mettez des notes sur un papier.

Penser : 1. à la définition d'un vocabulaire de référence.

Continuez.

2. ....

3. ....

4. ....

5. ....

6. ....

7. ....

8. ....

9. ....

10. ....

351 **Vous faites la conférence. Pour terminer, vous rappelez les dix propositions essentielles.**

1. *Vous définirez un vocabulaire de référence.*

Continuez.

2. ....

3. ....

4. ....

5. ....

6. ....

7. ....

8. ....

9. ....

10. ....

352 **Vous venez travailler dans une école où on doit aménager les rythmes de vie de l'enfant. Le directeur vous annonce le programme.**

1. *Premièrement, il faut que nous définissions un vocabulaire de référence.*

Continuez.

2. *Deuxièmement,* ....

3. ....

4. ....

5. ....

6. ....

7. ....

8. ....

9. ....

10. ....

Lisez ce qui suit.

Vous

êtes tous d'accord :
Prendre le train
doit être
plus simple.

Nouvelles mesures SNCF
Tout pour vous faciliter la vie

Trains Verts
-15% pour tous
aucune réservation obligatoire

L'horaire garanti
Tout retard de + de 30 min dédommagé

Billet à domicile
Livré gratuitement sur un simple coup de fil

L'information disponible
Renseignement systématique en cas d'imprévu

Programme Gares
+ de confort
+ de services
+ de propreté

Des liaisons mieux adaptées
Fréquences
Correspondances
Temps de parcours
améliorés

353 La SNCF a fait une grande enquête auprès de ses clients pour améliorer les voyages. Imaginez que vous avez répondu à l'enquête. Par exemple, vous avez écrit sur le formulaire :

La SNCF pourrait faciliter la vie des clients.

En vous servant des éléments ci-contre, donnez six réponses à l'enquête.

354 *La SNCF promet que les clients pourront prendre le train plus facilement.*
Toujours avec les éléments ci-contre, donnez six promesses de la SNCF.

Lisez le texte et observez la carte du vendredi 20 juin 1997.

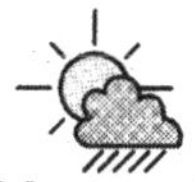

QUE DIT LA MÉTÉO ?

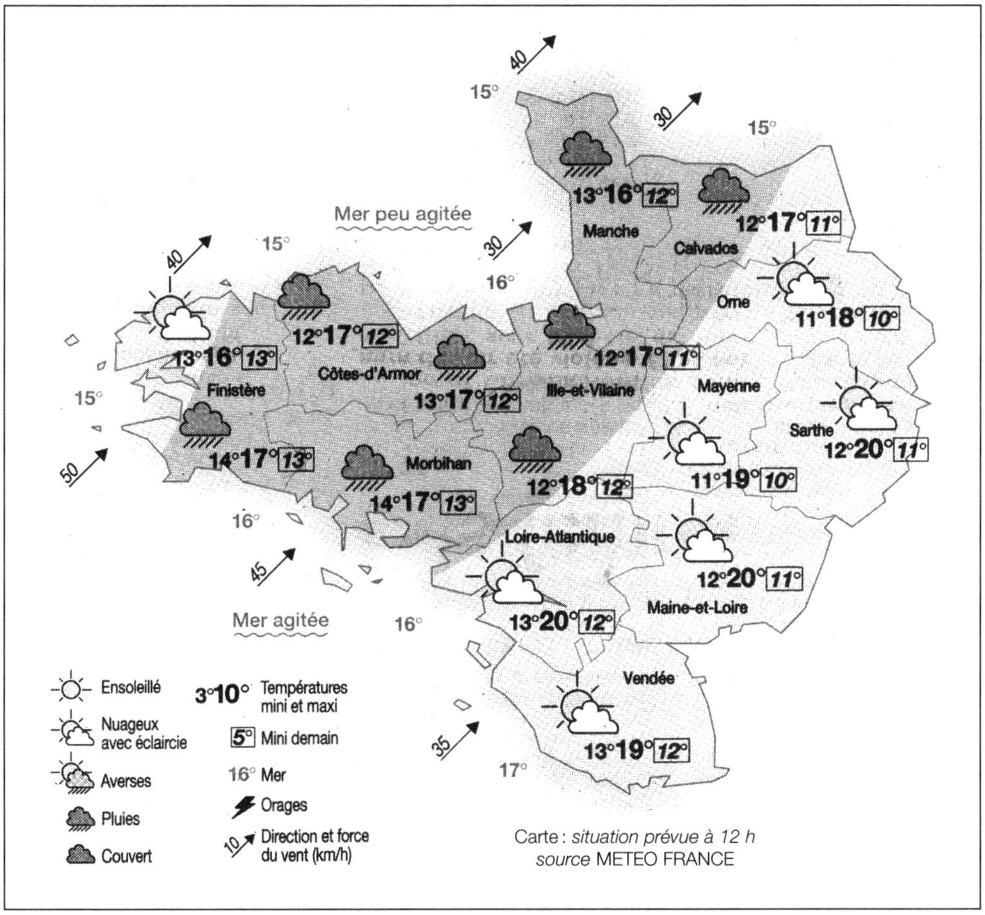

Carte : *situation prévue à 12 h*
source METEO FRANCE

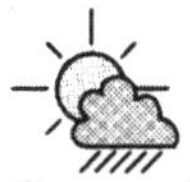

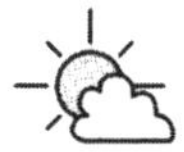

Associée à des vents de sud à sud-ouest bien établis, une nouvelle zone pluvieuse va traverser notre région. La Bretagne, la première concernée par les pluies ce matin, va retrouver peu à peu quelques éclaircies dans le courant de l'après-midi. À l'inverse, les Pays-de-la-Loire et la Basse-Normandie, après avoir bénéficié d'un peu de soleil dans la matinée, devront subir ce passage pluvieux cet après-midi. Les températures resteront légèrement inférieures aux normales.

355 Vous allez rédiger un bulletin météorologique pour dire le temps qu'il fera le lundi 23 juin 1997 dans l'ouest de la France.
Les éléments suivants doivent figurer dans votre bulletin : risques de pluie ou non, soleil ou non, températures maximales et minimales, direction et vitesse du vent.

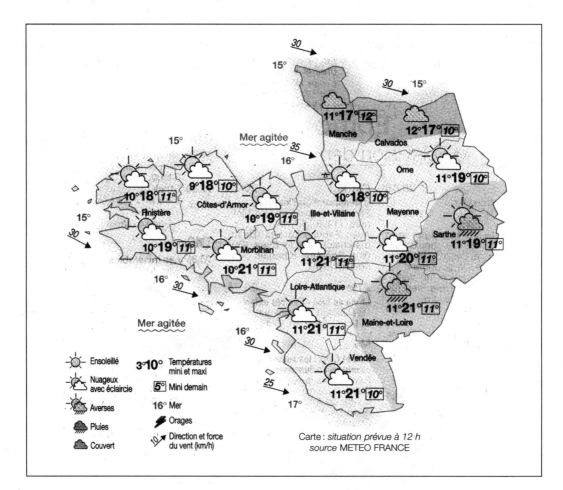

....

....

....

....

....

....

....

....

....

....

....

Lisez le texte.

ÉCHEC AU VOL

Trop souvent, des imprudences sont à l'origine de désagréments vécus par des personnes seules. Quelques précautions sont indispensables. Précautions élémentaires, pensez-vous ! Pourtant... Trop d'exemples prouvent qu'avec un peu moins de négligence, un peu plus d'attention, bien des soucis seraient évités.

« Une personne avertie en vaut deux » dit le proverbe. Alors, prenons note ! Partons bon pied bon œil dans la vie de tous les jours, et ne tentons pas les voleurs !

356 Voici des indications pour éviter les vols. Dites la même chose en utilisant une négation.

Exemple : Utilisez des chèques de voyage. → *N'emportez pas d'argent liquide.*

a. Vérifiez que portes et fenêtres de votre logement sont bien fermées.

→ ....

b. Enlevez la clé de contact de votre voiture.

→ ....

c. Dans une couchette, fermez le compartiment à clé.

→ ....

d. En voyage, emportez avec vous le moins d'argent liquide possible.

→ ....

e. Veillez à ce que vos bagages soient fermés à clé.

→ ....

f. Confiez les clés de votre appartement à une personne sûre.

→ ....

357 Votre voisin (ou votre voisine) a été victime d'un vol. Faites une phrase pour dire quelle était la cause de ce vol.

Exemple : On lui a volé sa voiture parce qu'elle avait laissé les clés de contact.

a. de l'argent : ....

b. des bijoux : ....

c. son sac à main : ....

d. son chéquier : ....

e. sa carte de crédit : ....

f. son autoradio : ....

358 Voici des conseils pour éviter le vol si vous partez en voiture.

> **Ne rangez pas la carte grise et les papiers d'assurance dans la boîte à gants.**
>
> **Évitez de stationner dans un lieu désert.**
>
> **Ne laissez jamais traîner sur les banquettes de sac à main ou d'autres objets.**
>
> **Retirez votre autoradio s'il s'enlève.**
>
> **Évitez de laisser une fenêtre entrouverte.**

Écrivez ces instructions en commençant par :

Il est recommandé de ne pas ranger la carte grise et les papiers d'assurance dans la boîte à gants, de ....

....

....

....

....

....

Observez l'illustration et lisez les textes.

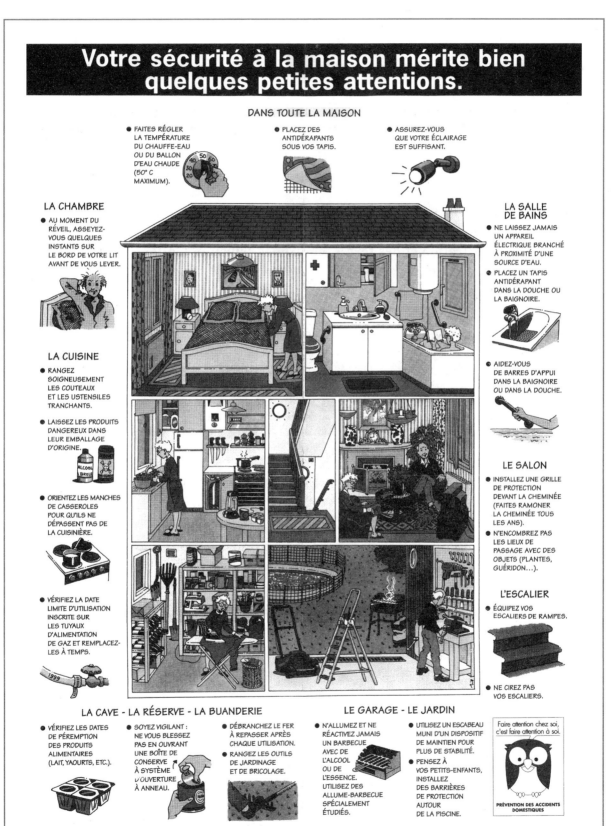

Votre sécurité à la maison mérite bien quelques petites attentions.

DANS TOUTE LA MAISON

- FAITES RÉGLER LA TEMPÉRATURE DU CHAUFFE-EAU OU DU BALLON D'EAU CHAUDE (50° C MAXIMUM).
- PLACEZ DES ANTIDÉRAPANTS SOUS VOS TAPIS.
- ASSUREZ-VOUS QUE VOTRE ÉCLAIRAGE EST SUFFISANT.

LA CHAMBRE

- AU MOMENT DU RÉVEIL, ASSEYEZ-VOUS QUELQUES INSTANTS SUR LE BORD DE VOTRE LIT AVANT DE VOUS LEVER.

LA CUISINE

- RANGEZ SOIGNEUSEMENT LES COUTEAUX ET LES USTENSILES TRANCHANTS.
- LAISSEZ LES PRODUITS DANGEREUX DANS LEUR EMBALLAGE D'ORIGINE.
- ORIENTEZ LES MANCHES DE CASSEROLES POUR QU'ILS NE DÉPASSENT PAS DE LA CUISINIÈRE.
- VÉRIFIEZ LA DATE LIMITE D'UTILISATION INSCRITE SUR LES TUYAUX D'ALIMENTATION DE GAZ ET REMPLACEZ-LES À TEMPS.

LA SALLE DE BAINS

- NE LAISSEZ JAMAIS UN APPAREIL ÉLECTRIQUE BRANCHÉ À PROXIMITÉ D'UNE SOURCE D'EAU.
- PLACEZ UN TAPIS ANTIDÉRAPANT DANS LA DOUCHE OU LA BAIGNOIRE.
- AIDEZ-VOUS DE BARRES D'APPUI DANS LA BAIGNOIRE OU DANS LA DOUCHE.

LE SALON

- INSTALLEZ UNE GRILLE DE PROTECTION DEVANT LA CHEMINÉE (FAITES RAMONER LA CHEMINÉE TOUS LES ANS).
- N'ENCOMBREZ PAS LES LIEUX DE PASSAGE AVEC DES OBJETS (PLANTES, GUÉRIDON…).

L'ESCALIER

- ÉQUIPEZ VOS ESCALIERS DE RAMPES.
- NE CIREZ PAS VOS ESCALIERS.

LA CAVE - LA RÉSERVE - LA BUANDERIE

- VÉRIFIEZ LES DATES DE PÉREMPTION DES PRODUITS ALIMENTAIRES (LAIT, YAOURTS, ETC.).
- SOYEZ VIGILANT : NE VOUS BLESSEZ PAS EN OUVRANT UNE BOÎTE DE CONSERVE À SYSTÈME D'OUVERTURE À ANNEAU.
- DÉBRANCHEZ LE FER À REPASSER APRÈS CHAQUE UTILISATION.
- RANGEZ LES OUTILS DE JARDINAGE ET DE BRICOLAGE.

LE GARAGE - LE JARDIN

- N'ALLUMEZ ET NE RÉACTIVEZ JAMAIS UN BARBECUE AVEC DE L'ALCOOL OU DE L'ESSENCE. UTILISEZ DES ALLUME-BARBECUE SPÉCIALEMENT ÉTUDIÉS.
- UTILISEZ UN ESCABEAU MUNI D'UN DISPOSITIF DE MAINTIEN POUR PLUS DE STABILITÉ.
- PENSEZ À VOS PETITS-ENFANTS, INSTALLEZ DES BARRIÈRES DE PROTECTION AUTOUR DE LA PISCINE.

Faire attention chez soi, c'est faire attention à soi.

PRÉVENTION DES ACCIDENTS DOMESTIQUES

359 Monsieur Copin a pris plusieurs mesures de sécurité pour éviter les accidents dans sa cuisine et dans sa chambre. En vous servant de l'illustration et des textes, continuez (sur une feuille à part) ce début de phrase : *Il dit qu'il a rangé soigneusement les couteaux, qu'il ...*

360 M. Copin veut aussi éviter les accidents dans la salle de bains, le salon, le garage et le jardin. Un ami vous raconte ce que lui a dit M. Copin. En vous servant de l'illustration et des textes, continuez (sur une feuille à part) ce début de phrase : *Monsieur Copin a dit qu'il avait installé des barres d'appui dans la baignoire, qu'il ...*

361 M. Nourry a rencontré M. Copin et il lui a donné d'autres conseils pour éviter les accidents dans son escalier, dans sa cave et dans sa réserve. En vous servant de l'illustration et des textes, continuez (sur une feuille à part) ce début de phrase : *Monsieur Nourry a dit à monsieur Copin de ne pas cirer l'escalier, de ...*

362 Relisez le texte et complétez les phrases suivant le modèle :

Exemple : *Monsieur Copin ne risque pas de se couper parce qu'il a soigneusement rangé les couteaux.*

a. Monsieur Copin ne risque pas de s'empoisonner ....

....

b. Monsieur Copin ne risque pas de tomber dans l'escalier ....

....

c. Monsieur Copin ne risque pas de mettre le feu à son salon ....

....

d. Monsieur Copin ne risque pas de glisser dans la baignoire ....

....

e. Monsieur Copin ne risque pas de se brûler en prenant une douche ....

....

f. Madame Copin ne risque pas de glisser sur les marches de l'escalier ....

....

g. Madame Copin ne risque pas de faire tomber les casseroles ....

....

Observez le document.

 EUROSTAR

Bulletin de réservation

Attention

15 jours minimum doivent séparer l'envoi de ce bulletin de la date choisie pour votre départ.

Votre départ doit s'effectuer au plus tôt le 1ᵉʳ novembre 1996 et votre retour au plus tard le 31 mars 1997.

Premier bénéficiaire

Nom

Prénom

Adresse

Code Postal   Ville

Tél. domicile

Tél. professionnel

Deuxième bénéficiaire

Nom

Prénom

Adresse

Code Postal   Ville

Tél. domicile

Tél. professionnel

Premier choix

Date de votre départ |_|_| |_|_| |1,9|_|_|
- ❑ début de matinée   ❑ fin de matinée
- ❑ après-midi   ❑ soirée
- *(un seul choix possible)*

Date de votre retour |_|_| |_|_| |1,9|_|_|
- ❑ début de matinée   ❑ fin de matinée
- ❑ après-midi   ❑ soirée
- *(un seul choix possible)*

Deuxième choix

(nécessaire dans le cas où il ne pourrait être possible d'honorer votre premier choix)

Date de votre départ |_|_| |_|_| |1,9|_|_|
- ❑ début de matinée   ❑ fin de matinée
- ❑ après-midi   ❑ soirée
- *(un seul choix possible)*

Date de votre retour |_|_| |_|_| |1,9|_|_|
- ❑ début de matinée   ❑ fin de matinée
- ❑ après-midi   ❑ soirée
- *(un seul choix possible)*

Votre gare de départ et de retour *(un seul choix possible)*

❑ Paris Gare-du-Nord   ❑ Lille Europe   ❑ Calais-Fréthun   ❑ Bruxelles

Votre destination *(un seul choix possible)*

❑ Londres Waterloo International   ❑ Ashford

Votre choix

❑ 1ʳᵉ classe   ❑ 2ᵉ classe   ❑ Non fumeur   ❑ Fumeur

Votre règlement

❑ 1 billet AR en 1ʳᵉ classe : 990 F   ❑ 1 billet AR en 2ᵉ classe : 490 F

❑ 2 billets AR en 1ʳᵉ classe : 1 980 F   ❑ 2 billets AR en 2ᵉ classe : 980 F

par chèque libellé à l'ordre de la SNCF

Si vous souhaitez voyager avec d'autres passagers qui paieront leurs billets aux prix publics, un correspondant Eurostar vous contactera prochainement pour préciser votre demande. Merci d'indiquer votre téléphone ci-dessous.

Téléphone :   **Horaires pour vous joindre (entre 9 h et 19 h) :**

Ne réglez aujourd'hui que les billets proposés dans le cadre de la présente offre. Nous vous indiquerons comment payer les autres billets.

Avez-vous déjà voyagé en Eurostar ?

❑ OUI   ❑ NON

N'oubliez pas de joindre votre règlement et un justificatif de votre intermédiaire financier ou un extrait de relevé de compte-titres de moins de 2 mois, attestant que vous détenez plus de 100 titres Eurotunnel.

Les informations fournies peuvent donner lieu à l'exercice du droit d'accès dans les conditions prévues par la loi Informatique et Liberté (loi 7817 du 06/01/78).

363 Une personne a reçu cette offre par téléphone pour réserver son voyage. Quelles sont les questions qu'on lui pose :

    a. sur son identité : *Comment vous appelez-vous ?*

    b. sur son lieu de résidence : ....

    ....

    c. sur le choix de la date de voyage : ....

    ....

    d. sur le moment de la journée où il souhaite voyager : ....

    ....

    e. sur la gare de départ : ....

    f. sur la gare d'arrivée : ....

    g. sur son choix de conditions de voyage : ....

    ....

LE GRAIN DE SEL

« Si le sel ne sale plus, avec quoi salera-t-on ? »
(Un homme politique français)

364 Posez-vous la même question à propos...

    a. du sucre : ....

    b. du savon : ....

    c. de la graisse : ....

    d. des freins : ....

    e. des roues : ....

    f. des imprimantes : ....

365 *Si les boulangers ne font plus de pain, comment se nourrira-t-on ?*
Faites des phrases avec les éléments suivants.

    a. porte, fermer : ....

    b. trains, partir : ....

    c. avions, décoller : ....

d. journaux, informer : ....

e. métro, rouler : ....

f. musiciens, jouer : ....

g. ascenseurs, monter : ....

h. douches, fonctionner : ....

 Observez le document.

UN FINANCEMENT SUR MESURE

**Une gamme complète de prêts personnels.
Avec CREDISSIMO,
il existe toujours une solution sur mesure pour concrétiser votre projet
dans les meilleures conditions.**

---

366 *Vous voulez aménager votre cuisine ? Franfinance peut toujours trouver une solution sur mesure. Vous pouvez toujours trouver une solution sur mesure avec Franfinance.* **Voici une liste de projets et une liste de solutions. Choisissez et faites cinq petits textes avec une question et deux réponses, comme dans l'exemple ci-dessus.**

Les projets : **vouloir**...
- rénover la salle de bains
- installer une cheminée
- changer de mobilier
- partir en vacances
- acheter un micro-ordinateur

Les solutions : **pouvoir**...
- donner / obtenir une réponse immédiate
- recevoir / proposer un plan de financement
- calculer / choisir le montant des mensualités
- envoyer / recevoir un chèque dans les 48 heures
- mettre à disposition / retirer de l'argent avec votre carte

....

....

....

....

....

....

....

367 *Je voudrais acheter une voiture neuve. Est-ce que vous pourriez me prêter de l'argent ?*
Vous aussi, demandez poliment des choses, ou des informations, ou des services.

....

....

....

....

....

....

368 *Quel que soit votre projet, nous trouverons ensemble la solution qui vous convient.*
Complétez librement les phrases.

a. Quel que soit votre âge, ...

b. Quelle que soit votre nationalité, ...

c. Quel que soit l'exercice, ...

d. Quels que soient les résultats, ...

e. .... , nous irons visiter le musée.

f. .... , la réunion aura lieu.

g. .... , cette notion posera toujours des problèmes.

h. .... , vous serez toujours bien servis.

Lisez le texte.

MÉCANICIEN POIDS LOURD

Trop de jeunes rêvent de devenir mécanicien auto. Trop peu pensent aux camions. Dommage : les entreprises manquent de personnel qualifié. Paradoxe : lycées professionnels et centres de formation d'apprentis ne font pas toujours le plein en section poids lourd. Nicolas, lui, réalise son rêve de jeunesse.

La cabine du semi-remorque est complètement relevée, dévoilant l'énorme moteur. En bleu de travail, perché sur les tubulures, Nicolas Benatre traque la panne. *« L'accès est plus simple que sur une voiture »*, apprécie-t-il. Les camions, c'est sa passion depuis l'âge de 13 ans. *« J'habitais à Saint-Poix en Mayenne. Je passais tous mes mercredis et toutes mes* vacances scolaires à l'entreprise de transports voisine de la maison de mes parents. Pas seulement pour voir les mécaniciens sur les camions, mais pour apprendre aussi à travailler. »*

Pas de problème d'orientation pour Nicolas. Après la classe de troisième, il part au centre de formation d'apprentis de Dinan préparer un CAP mécanicien en maintenance de véhicules industriels. *« Facile »*, assure-t-il.

Il jette un coup d'œil discret à la pendule. Le camion a été promis à midi à son propriétaire. Il ne doit pas attendre. Car l'immobilisation d'un camion coûte très cher. *« Nos clients sont des professionnels de la route. Les retards sont exclus. »*

Ouest-France (28-29/09/96).

A4 • ÉPREUVE ÉCRITE

369 *Trop de jeunes rêvent de devenir mécanicien auto ; trop peu pensent aux camions.*
Complétez les phrases.

a. Trop de personnes sont au chômage ; ....
....

b. Trop de personnes boivent de l'alcool ; ....
....

c. Trop de personnes sont pauvres ; ....
....

d. Trop de personnes ont des chiens en ville ; ....
....

e. Trop de personnes consomment des tranquillisants ; ....
....

f. Trop de personnes ne respectent pas le code de la route ; ....
....

370 **En vous servant du même exemple que dans l'exercice précédent, complétez les phrases.**

a. .... ;
trop peu sortent voir des spectacles.

b. .... ;
trop peu se déplacent pour voter.

c. .... ;
trop peu mangent du poisson frais.

d. .... ;
trop peu aiment la musique contemporaine.

371 **Voici ce que dit Nicolas Benatre.**

« J'habitais à Saint-Poix en Mayenne. Je passais tous mes mercredis et toutes mes vacances scolaires à l'entreprise de transports voisine de la maison de mes parents. Pas seulement pour voir les mécaniciens sur les camions, mais pour apprendre aussi à travailler. Je n'ai pas eu de problème d'orientation. Après la classe de troisième, je suis parti au centre de formation d'apprentis de Dinan préparer un CAP mécanicien en maintenance de véhicules industriels. J'ai trouvé cela facile.
J'ai promis ce camion à son propriétaire pour midi. Je ne dois pas le faire attendre. Mes clients sont des professionnels de la route. Les retards sont exclus. »

Ouest-France (28-29/09/96).

Sur une feuille à part, continuez ce début de texte :

Nicolas Benatre dit qu'il habitait à Saint-Poix en Mayenne. Il dit aussi qu' ....

---

372 *Les retards sont exclus.*
Quelles sont les phrases qui ont le même sens ? Cochez-les.

a. ☐ On ne peut pas être en retard.

b. ☐ On ne peut jamais être en retard.

c. ☐ Les retards sont conseillés.

d. ☐ Il n'est pas question d'être en retard.

e. ☐ Il est impensable d'être en retard.

f. ☐ Les retards sont possibles.

g. ☐ On ne peut pas envisager d'être en retard.

h. ☐ On doit éviter d'être en retard.

---

373 **Quelle est votre opinion personnelle ? Répondez à ces questions par un de ces mots :** *Quelquefois – Toujours – Jamais – Souvent – Pas toujours – De temps en temps.*

a. Faut-il être fumeur ? ....

b. Faut-il mettre une cravate ? ....

c. Faut-il rouler vite ? ....

d. Faut-il regarder la télévision ? ....

e. Faut-il être poli ? ....

f. Faut-il injurier les gens ? ....

g. Faut-il manger de la viande ? ....

h. Faut-il se coucher tôt ? ....

---

374 **Faites correspondre par un trait les phrases de même sens. Attention ! Certaines phrases de la colonne de gauche ont plusieurs phrases de même sens dans la colonne de droite.**

a. On le voit quelquefois.

b. Il va quelquefois au stade.

c. Il refuse toujours les cigarettes.

d. Il n'accepte pas toujours la plaisanterie.

e. On ne le voit jamais.

f. Elle va souvent chez le coiffeur

1. Il va de temps en temps au stade.

2. Il est invisible.

3. On le voit de temps à autre.

4. Il n'accepte jamais les cigarettes.

5. Elle va régulièrement chez le coiffeur.

6. Il refuse parfois la plaisanterie.

7. On le voit de temps en temps.

8. Il n'est jamais visible.

A4 • ÉPREUVE ÉCRITE

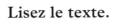 **Lisez le texte.**

ATTENTION AU THÉÂTRE !

🏛 Les billets ne sont ni repris ni échangés.

🏛 Les places sont numérotées au théâtre Gérard-Philipe et au théâtre Jean-Bart. Le placement est libre dans tous les autres lieux.

🏛 Aucun abonnement n'est délivré au guichet avant les spectacles.

🏛 Par respect pour le public et les artistes, les places numérotées ne sont plus garanties dès le début du spectacle et les retardataires peuvent se voir refuser l'accès au théâtre.

375 *Attention ! Quand vous irez au spectacle...*
Complétez avec le verbe au temps qui convient.

a. Réfléchissez bien avant, parce que, une fois achetés, les billets ne .... ni repris ni échangés.

b. Inutile de vous dépêcher, au théâtre Gérard-Philipe et au théâtre Jean-Bart, les places .... numérotées. Mais ce ne .... pas le cas dans les autres lieux.

c. Aucun abonnement ne .... délivré au guichet avant les spectacles.

d. Par respect pour le public et les artistes, les places numérotées ne .... plus garanties dès le début du spectacle et les retardataires .... se voir refuser l'accès au théâtre.

376 *Souvenirs, souvenirs... Quand j'allais au spectacle...*
Complétez avec le verbe au temps qui convient.

a. Les billets n' .... ni repris ni échangés.

b. Les places .... numérotées au théâtre Gérard-Philipe et au théâtre Jean-Bart. Le placement .... libre dans tous les autres lieux.

c. Aucun abonnement n' .... délivré au guichet avant les spectacles.

d. Par respect pour le public et les artistes, les places numérotées n' .... plus garanties dès le début du spectacle et les retardataires .... se voir refuser l'accès au théâtre.

377 *En règle générale, le Centre culturel n'échange pas les billets.*
Complétez avec le verbe au présent.

a. Le Centre culturel n' .... pas et ne .... pas les billets.

b. Le Centre culturel .... les places au théâtre Gérard-Philipe et au théâtre Jean-Bart. Les gens se .... librement dans tous les autres lieux.

c. Le Centre Culturel ne .... aucun abonnement au guichet avant les spectacles.

d. Par respect pour le public et les artistes, le Centre culturel ne .... plus les places numérotées dès le début du spectacle et .... refuser l'accès au théâtre aux retardataires.

 Lisez le texte.

moi qui ai servi le roi d'angleterre

de Bohumil Hrabal

Mise en scène Michel Dubois
Comédien Jean-Paul Farré
Texte français Miléna Braud
Adaptation scénique Michel Dubois, Jean-Paul Farré
Scénographie Patrick Demière, Michel Dubois
Costumes Pascale Bordet
Lumières Christophe Dubois
Régie générale Gilbert Fras
co-production Comédie de Caen/CDN de Normandie, Compagnie des Claviers

378 *Pour cette pièce, c'est Michel Dubois qui a fait la mise en scène.*
Dites :

a. qui est comédien ? ....

b. qui a écrit le texte français ? ....

c. qui a fait l'adaptation scénique ? ....

d. qui a fait la scénographie ? ....

e. qui a créé les costumes ? ....

f. qui a réglé les lumières ? ....

g. qui a assuré la régie ? ....

h. qui a produit le spectacle ? ....

....

A4 • ÉPREUVE ÉCRITE

379 *Moi qui vous parle, j'ai servi le roi d'Angleterre.*
Moi qui vous parle, j'aurais aimé servir la reine d'Angleterre.

Racontez des choses que vous avez faites...

Moi qui vous parle, ...

... et des choses que vous auriez aimé faire...

Moi qui vous parle, ...

 Observez le document.

GAZ DE FRANCE VOUS CONSEILLE

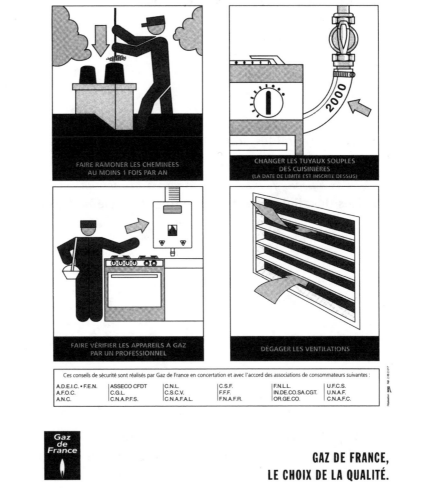

4 CONSEILS PRATIQUES
POUR ÊTRE TRANQUILLE !

FAIRE RAMONER LES CHEMINÉES
AU MOINS 1 FOIS PAR AN

CHANGER LES TUYAUX SOUPLES
DES CUISINIÈRES
(LA DATE DE LIMITE EST INSCRITE DESSUS)

FAIRE VÉRIFIER LES APPAREILS À GAZ
PAR UN PROFESSIONNEL

DÉGAGER LES VENTILATIONS

Ces conseils de sécurité sont réalisés par Gaz de France en concertation et avec l'accord des associations de consommateurs suivantes :

A.D.E.I.C. • F.E.N.	ASSECO CFDT	C.N.L.	C.S.F.	F.N.L.L.	U.F.C.S.
A.F.O.C.	C.G.L.	C.S.C.V.	F.F.F.	IN.DE.CO.SA.CGT.	U.N.A.F.
A.N.C.	C.N.A.P.F.S.	C.N.A.F.A.L.	F.N.A.F.R.	OR.GE.CO.	C.N.A.F.C.

Gaz de France

GAZ DE FRANCE,
LE CHOIX DE LA QUALITÉ.

380 L'employé de Gaz de France vient vous voir et vous dit :
« *Il faut que vous fassiez ramoner votre cheminée au moins une fois par an.* »
Continuez avec les autres instructions.

a. ....

b. ....

c. ....

381 L'employé de Gaz de France vous a convaincu. Vous êtes décidé à faire tout ce qu'il a dit. « *Il faut que je fasse ramoner ma cheminée.* »
Continuez avec les autres conseils.

a. ....

b. ....

c. ....

382 Les usagers ne sont pas raisonnables. Ils ne suivent pas les conseils de Gaz de France. Cette fois, Gaz de France insiste... « *Faites ramoner votre cheminée !* »
Continuez avec les autres conseils.

a. ....

b. ....

c. ....

383 Vous avez suivi les conseils de Gaz de France. Vous en parlez avec un ami.
« *Je suis tranquille, je viens de faire ramoner ma cheminée.*
— Tu as raison. Je vais faire ramoner la mienne. »
Faites des dialogues avec les autres conseils. Attention à la ponctuation !

a. ....

....

b. ....

....

c. ....

....

384 Gaz de France vous recommande de faire effectuer un examen annuel de vos appareils à gaz pour maintenir un bon rendement des brûleurs et pour bien maîtriser votre consommation, pour augmenter la durée de vie de vos appareils, pour garantir votre tranquillité.

L'employé de Gaz de France vient vous voir et vous dit : « *Il est indispensable que vous fassiez effectuer un examen annuel de vos appareils pour que vous...* »
Continuez le texte.

....

....

....

 Lisez la bande dessinée.

385 *On ne dit pas la dépanneuse grosse, mais la grosse dépanneuse, mon chéri !
C'est très important de savoir bien parler ! Et pour bien parler, il faut bien ranger les mots !*
Dans le texte suivant, mettez les adjectifs à la place qui convient.

Le (petit, gris) .... chien .... est méchant. Il court après la (blonde,

grosse) .... dame .... Il lui mord le (droit) .... mollet

.... Elle a une (vilaine, rouge) .... trace .... Elle va voir

son (préféré) .... médecin .... Il lui donne un (efficace) ....

médicament .... Huit jours après, elle a un (neuf) .... mollet

.... ! Le (petit, vilain) .... chien .... voudrait lui mordre

le (gauche) .... mollet .... Mais une (avertie) ....

personne .... en vaut deux ! Elle donne un (grand) .... coup

de pied .... au chien et lui dit des (gros) .... mots ....

386 **Complétez ces petits dialogues de gosses. N'oubliez pas la ponctuation !**
« Elle est à papa, on dit la voiture de lui. — Non, on dit sa voiture. »

a. « Elle est à moi. C'est la poupée de moi.

....

b. « Elle est à toi. C'est la part de gâteau de toi.

....

c. « Ils sont à moi. C'est les bonbons de moi.

....

d. « Il est à moi. C'est le vélo de moi.

....

e. « Elles sont à eux. C'est les chaussettes de eux.

....

f. « Il est à lui. C'est le livre de lui.

....

g. « Elle est à Agnès. C'est la voiture de elle.

....

h. « Il est à Muriel. C'est l'ours de elle.

....

i. « Les boucles d'oreilles sont à toi. C'est les boucles d'oreilles de toi.

....

j. « Il n'est pas à toi. Ce n'est pas le ballon de toi.

....

387 *La grosse dépanneuse blanche a emporté la voiture...*
Remettez l'histoire en ordre et mettez la ponctuation (point, guillemets, deux points, virgule) et les majuscules.

la dépanneuse a emporté la voiture du père à la fourrière l'enfant a dit moi je veux encore voir la grosse dépanneuse blanche la mère a téléphoné au père pendant le voyage de retour les parents se sont disputés puis ils sont allés tous les trois à la fourrière l'enfant s'est mis pleurer il a regardé une seconde fois sur le registre et il a retrouvé la voiture l'employé de la fourrière leur a dit que leur voiture n'était pas là la mère criait je ne veux plus entendre parler de dépanneuse c'est là qu'on emporte les voitures en stationnement interdit il ne la retrouvait pas parce que le nom était mal écrit le père est venu les rejoindre en autobus

La dépanneuse a emporté la voiture du père à la fourrière. ....

....

....

....

....

....

....

....

....

Observez le schéma.

LA RANDONNÉE CYCLISTE

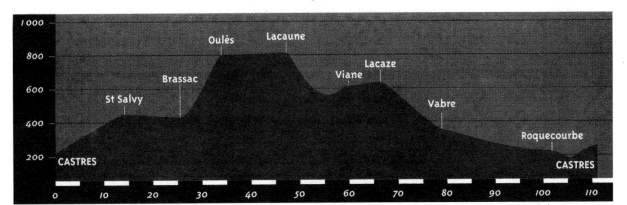

© CLE International. La photocopie non autorisée est un délit.

388 *Oulès est à la même altitude que Lacaune.*
Quels sont les autres endroits qui sont à peu près à la même altitude ? Répondez à chaque fois par une phrase.

....

....

....

....

....

389 *Brassac est située environ au vingt-cinquième kilomètre de la randonnée, donc il reste environ 85 kilomètres à parcourir.*
Répondez à chaque fois par une phrase.

Et Lacaune ? ....

....

Et Lacaze ? ....

....

Et Roquecourbe ? ....

....

 Lisez le document.

LE BIBLIOBUS

Mardi prochain, les habitants du quartier de Beauregard seront les premiers à voir s'installer le bibliobus tout neuf que vient d'acheter la médiathèque municipale. Pendant une heure, de 17 h 15 à 18 h 15, le véhicule bleu et gris, long de 20 mètres, largement vitré, stationnera devant la Maison de quartier. On pourra venir y feuilleter, lire et emprunter les 2 000 ouvrages sélectionnés par Chantal Bedred et Laurence Balluais. Ces deux bibliothécaires ont réuni un fonds de 4 000 livres qui alimentera par rotation cette bibliothèque ambulante.

Ouest-France (27/09/96).

390 *Le bibliobus doit aller dans le quartier de Beauregard, à la Maison de quartier.*
Il doit aller dans quatre autres quartiers, à un endroit précis.
Voici les noms des quartiers et des endroits : Avalix (parking Calmette), Prézégat (place Georges-Brassens), Herbins (rue Jacques-Cartier), La Berthauderie (collège).
Rédigez la phrase pour dire où le bus doit aller.

a. ....

b. ....

c. ....

d. ....

391 *Quand le bibliobus sera-t-il à Avalix ? Quand sera-t-il à Herbins ? Où sera-t-il à 11 heures ?*
Posez dix questions sur l'article ci-dessus.

....

....

....

....

....

....

....

....

....

....

....

....

392 *Les deux bibliothécaires ont réuni un fonds de 4 000 livres qui alimentera cette bibliothèque ambulante et que vous aurez plaisir à lire.*
Complétez librement le texte.

Dans ces 4 000 livres, on trouvera des romans qui ....,

des ouvrages documentaires que ....,

des bandes dessinées qui ....,

des contes que ....

et des livres pour enfants qui ....

....

Observez la publicité.

393 *« Si les banques du groupe CIC n'existaient pas, que feriez-vous ?*
— Si les banques du groupe CIC n'existaient pas, j'irais dans une autre banque. »

Faites de petits dialogues avec les éléments proposés. Attention à la ponctuation !

a. (télévision, radio) ....

....

b. (cinéma, théâtre) ....

....

c. (électricité, bougies) ....

....

d. (automobile, cheval) ....

....

e. (calculette, calcul mental) ....

....

f. (ordinateur, machine à écrire) ....

....

394 **La Banque régionale de l'Ouest accompagne l'Automobile-Club de l'Ouest, organisateur des 24 Heures du Mans.**

Si la Banque régionale de l'Ouest n'existait pas, les 24 Heures du Mans n'auraient peut-être pas lieu.

Et si les banques suivantes n'existaient pas ? Observez les dessins (p. 216) pour donner votre réponse.

a. La banque SNVB donne leur chance aux jeunes.

....

b. La banque CIAL permet aux exportateurs d'accéder aux marchés mondiaux.

....

c. La banque CIC Paris récompense plus de 3 000 élèves qui ont obtenu le bac avec la mention « très bien ».

....

d. La banque CIN a contribué au financement des travaux du Métrobus de Rouen.

....

e. La Lyonnaise de Banque a été la banque officielle du G7.

....

Lisez le texte de cette publicité.

UN PRIX RESTE UN PRIX !

1949 : LE POUVOIR D'ACHAT, C'EST CE QU'ON PEUT ACHETER AVEC CE QU'ON A. 1996 : RIEN N'A CHANGÉ.

En 1949, le premier Centre E.Leclerc a ouvert ses portes. Même si depuis le monde a changé, même si les goûts, les habitudes, les envies des Français ne sont plus les mêmes, même si l'inflation n'est plus ce qu'elle a été, un prix reste un prix, une feuille de paie reste une feuille de paie (surtout quand le pouvoir d'achat est menacé). C'est pour cela que dans le mouvement E.Leclerc, tous les adhérents font tout, tout ce qu'il est légalement possible de faire pour que les prix E.Leclerc restent toujours... les meilleurs prix.

E.LECLERC

395 *Même si le monde a changé, un prix reste un prix.* **Lisez les phrases suivantes et cochez la case quand elles veulent dire la même chose.**

    a. ☒ Le monde a changé, mais un prix reste toujours un prix.

    b. ☐ Les prix ont changé dans le monde entier.

    c. ☐ Il s'est produit des changements dans le monde, mais les prix sont restés des prix.

    d. ☐ Le monde a changé, et maintenant, tout le monde paie le même prix.

    e. ☐ Le monde a changé, mais ce n'est pas pour cela qu'un prix est devenu autre chose.

    f. ☐ Tout le monde change les prix.

    g. ☐ Les prix changent partout dans le monde.

    h. ☐ Les changements du monde n'empêchent pas un prix de rester un prix.

396 *Même si le monde a changé, un prix reste un prix.*
Reformulez les phrases en utilisant *même si*.

    a. Le monde a changé, mais cela n'empêche pas de rester honnête.

    ....

    b. Les prix ont augmenté mais les gens mangent toujours.

    ....

    c. Le temps est mauvais ; cela ne nous empêchera pas de sortir.

    ....

    d. Le film passe tard ; ça ne m'empêchera pas de le regarder.

    ....

    e. La situation a évolué favorablement, mais reste sérieuse.

    ....

    f. La nourriture a beau être copieuse, je ne me plais pas ici.

    ....

    g. La lecture est une activité calme qui peut malgré tout procurer des émotions.

    ....

    h. Ce n'est pas parce que les chiens sont dressés qu'ils ne mordent pas.

    ....

397 *Même si le monde a changé, ce n'est pas pour cela que Leclerc a changé ses prix.*
Complétez librement les phrases.

    a. Même si les routes sont plus sûres, ...

    b. Même si les chiens sont attachés, ...

    c. Même si ce restaurant est cher, ...

    d. Même si ta grand-mère entend mal, ...

e. Même si les hommes préfèrent les blondes, ...

f. Même si les voitures polluent moins, ...

g. Même si la laine est plus confortable, ...

398 *C'est pour que les prix soient raisonnables que Leclerc procède de cette façon.*
Associez les éléments des deux colonnes suivantes, puis utilisez-les pour construire des phrases selon le modèle proposé ci-dessus.

1) performants	a) légumes
2) frais	b) vêtements
3) contents	c) appareils hi-fi
4) brèves	d) files d'attente
5) solides	e) paiements
6) faciles	f) clients

399 *Les membres du groupe Leclerc font tout pour que vous trouviez des prix raisonnables.*
Associez les éléments des deux colonnes suivantes, puis utilisez-les pour construire des phrases commençant par : *Les membres du groupe Leclerc font tout pour que...*

1) choisir	a) magasins accueillants
2) acheter	b) personnel aimable
3) consommer	c) produits variés
4) entrer	d) viande tendre
5) rencontrer	e) poisson frais
6) examiner	f) machines à laver économiques

400 *Chez Leclerc, on s'occupe des prix de manière légale. On s'en occupe légalement.*
Complétez les phrases en utilisant les éléments proposés : *honnête - facile - énergique - habile - gratuit.*

a. Chez Leclerc, on s'occupe des clients (honnête) ....
....

b. Chez Leclerc, on empile les approvisionnements (énergique) ....
....

c. Chez Leclerc, on fournit des emballages (gratuit) ....
....

d. Chez Leclerc, on propose des crédits (facile) ....
....

e. Chez Leclerc, on remplit les présentoirs (habile) ....
....

AUTRES ACTIVITÉS À PROPOS
DES PRONOMS PERSONNELS
■

401 Maxime est allé voir passer le Tour de France. Il raconte sa journée à ses amis. Lisez le texte, puis mettez une croix dans l'une des trois colonnes pour indiquer quel personnage de l'histoire est représenté par le pronom souligné.

	Maxime	Les amis	Le maillot jaune
a. Je suis parti de bonne heure le matin.	✗	.....	.....
b. J'ai trouvé un endroit sur le bord de la route.	.....	.....	.....
c. Vous ne pouvez pas imaginer la foule !	.....	.....	.....
d. Certainement que vous n'en avez jamais vu autant !	.....	.....	.....
e. J'ai vu la caravane publicitaire. Quand les	.....	.....	.....
f. coureurs sont passés, le maillot jaune, je l'ai tout de	.....	.....	.....
g. suite vu. Les autres le suivaient.	.....	.....	.....
h. Il allait très vite ! On voyait bien que les autres	.....	.....	.....
i. avaient du mal à le suivre !	.....	.....	.....
j. Je lui ai crié « bravo » très fort !	.....	.....	.....
k. Je suis sûr qu'il a tourné la tête pour voir qui	.....	.....	.....
l. applaudissait ! J'étais fou de joie !	.....	.....	.....
m. Je lui écrirai certainement une lettre pour	.....	.....	.....
n. lui demander un autographe.	.....	.....	.....

402 Écrivez les phrases correspondant aux cases qui portent des croix.

1A : *Je me regarde.*

1E : *Je le regarde.*

2A : ....

2F : ....

3B : ....

3D : ....

4C : ....

5G : ....

6B : ....

6G : ....

7E : ....

8C : ....

9D : ....

	A me	B te	C nous	D vous	E le	F les	G se
1 je	✗				✗		
2 tu	✗					✗	
3 nous		✗		✗			
4 vous			✗				
5 il							✗
6 elle		✗					✗
7 ils					✗		
8 elles			✗				
9 on				✗			

403 Parmi les combinaisons suivantes, barrez celles qui sont impossibles, puis écrivez celles qui sont possibles.

1G - 2D - 5F - 6C - 4B - 9C - 8E - 3A

....

....

....

....

....

404 Dans le tableau, inscrivez les lettres dans les cases qui correspondent aux phrases suivantes :

		A	B	C	D	E	F	G
		me	te	nous	vous	le	les	se
a. Il vous regarde.	1 je							
b. Tu nous regardes.	2 tu							
c. Il me regarde.	3 nous							
d. On les regarde.	4 vous							
e. Elles les regardent.	5 il				a.			
f. Ils vous regardent.	6 elle							
g. Elle se regarde.	7 ils							
h. Il les regarde.	8 elles							
	9 on							

405 Complétez avec les pronoms compléments qui conviennent.

La dame était dans le jardin. Je ne .... ai pas vue tout de suite. Je ....

ai demandé si elle connaissait M. Duby. Elle .... a dit qu'elle ne ....

connaissait pas personnellement, mais que sa voisine, qui habitait la région depuis

longtemps, ... connaissait certainement. Je .... ai demandé où je pouvais

trouver sa voisine. Elle .... a dit que je .... trouverais certainement dans

son jardin, elle aussi. Je .... ai dit merci et je .... ai souhaité une bonne

journée. Je ne .... ai pas dit que j'étais le cousin de M. Duby.

406 Remplacez le groupe souligné par un pronom *(lui, elle, en)*.

Exemple : Jeanne parle de Francis à Albert. → *Jeanne parle **de lui** à Albert.*

a. Jeanne parle de Francis à Albert.

→ ....

b. Les étudiants se plaignent <u>du programme</u> au professeur.

→ ....

c. Les électeurs discutent de politique avec <u>le député</u>.

→ ....

d. Elle a changé <u>d'adresse</u> trois fois !

→ ....

e. Les étudiants parlent <u>du professeur</u> dans les couloirs.

→ ....

f. Agnès a peur et Sam se moque <u>d'Agnès</u>.

→ ....

g. J'ai parlé <u>au directeur</u> de ton problème.

→ ....

h. J'ai parlé au directeur <u>de ton problème</u>.

→ ....

407 Remplacez les mots imprimés en gras par les pronoms correspondants. Écrivez ces pronoms dans les colonnes, selon l'ordre indiqué.

	①	②
Exemple : Samuel donne ① le disque ② à Agnès.		
① le ② lui	le	lui
a. Le livreur apporte ② **des fleurs** ① **à Colette.**	....	....
b. Un passant donne ① **l'heure** ② **à l'enfant.**	....	....
c. Yves montre ② **des photos** ① **à Stéphanie.**	....	....
d. Le médecin a interdit ① **le tabac** ② **à Luc.**	....	....
e. Le médecin a caché ① **la vérité** ② **à Jean.**	....	....
f. Des clients ont demandé ② **des bières** ① **au garçon.**	....	....
g. Claude apprend ① **la valse** ② **à Marie-Claire.**	....	....
h. Alain montre ① **la porte** ② **à Lucie.**	....	....
i. Sa grand-mère offre ② **des bonbons** ① **à Julie.**	....	....
j. Sophie écrit ② **des cartes** ① **à ses amies.**	....	....
k. Muriel explique ① **le travail** ② **aux stagiaires.**	....	....

AUTRES ACTIVITÉS
À PROPOS DES PRONOMS RELATIFS
■

408 Complétez les phrases en choisissant *qui* ou *que*.

a. Le ministre, ... est en visite officielle, a fait une déclaration .... passera à la télévision ce soir.

b. Le ministre, ... je n'ai pas reconnu, a fait une courte déclaration.

c. La déclaration .... le ministre a lue était très importante.

d. Le président .... nous avons élu a pris une décision .... ne nous paraît pas juste.

e. La décision .... le président a prise a surpris les gens .... avaient voté pour lui.

f. Les gens .... sont allés voter ont élu un président .... personne n'attendait.

409 Barrez le pronom relatif qui ne convient pas.

a. Passe-moi le verre *qui - qu'* est à côté de la casserole !
b. Ce sac, c'est celui *qui - qu'- que* elle avait perdu.
c. J'aime bien le restaurant *qu'- qui - où* il nous emmène.
d. Elle a vu le bateau *que - qui - qu'* sortait du port.
e. C'est un train *que - qui - où* ne s'arrête pas à Angers.
f. Voici un ordinateur *qu'- qui - que* est très perfectionné.
g. C'est un incident *que - qui - qu'* m'est arrivé il y a bien longtemps.
h. Voilà une personne *qu'- que - qui* on n'aimerait pas avoir comme amie !

410 Souvent, avec le pronom relatif, il faut accorder le participe passé. Faites correspondre les cases.

a.

				a qu'elle a acheté
1 Les rideaux		1	c	a qu'elle a acheté
2 Le buffet		2		b qu'elle a achetées
3 La voiture		3		c qu'elle a achetés
4 Les glaces		4		d qu'elle a achetée

b.

1 Les journaux		1		a qu'ils ont acheté
2 Le disque		2		b qu'ils ont achetées
3 Les oranges		3		c qu'ils ont achetée
4 La vaisselle		4		d qu'ils ont achetés

c.

1 La fille	
2 Le garçon	
3 Les deux garçons	
4 Les deux filles	
5 La fille et le garçon	

1	
2	
3	
4	
5	

a que j'ai rencontré	
b que tu as rencontrée	
c que vous avez rencontrés	
d qu'elle a rencontrées	

411 **Quel est l'élément qui remplace le groupe souligné ? Mettez une croix dans la bonne case.**

    a. Je vous montrerai le pays <u>de mon enfance</u>.
        1. ☐ que j'ai passé mon enfance
        2. ☒ où j'ai passé mon enfance

    b. Vous prendrez le vélo <u>de mon frère</u>.
        1. ☐ qui appartient à mon frère
        2. ☐ que mon frère appartient

    c. Y a-t-il des roses <u>sans épines</u> ?
        1. ☐ qui ont des épines
        2. ☐ qui n'ont pas d'épines

    d. C'est la ville <u>de notre mariage</u>.
        1. ☐ qui a eu lieu
        2. ☐ que nous nous sommes mariés
        3. ☐ où nous nous sommes mariés

    e. Elle m'a précisé l'heure <u>de son arrivée</u>.
        1. ☐ à laquelle elle arriverait
        2. ☐ qu'elle arriverait
        3. ☐ qui arriverait

    f. C'est le marchand <u>de poisson de la rue Mouffetard</u>.
        1. ☐ qui vend du poisson
        2. ☐ qui habite rue Mouffetard
        3. ☐ qui vend du poisson dans la rue Mouffetard

412 **Complétez les phrases en employant les pronoms relatifs simples ou composés qui conviennent.**

    a. J'ai un cartable .... je mets mes affaires.

                              .... je vais en cours.

                              .... j'ai inscrit mes initiales.

                              .... je peux transporter mes affaires.

                              .... je suis fier.

                              .... j'ai hérité de mon père.

b. Elle a un livre .... elle m'a emprunté.

.... on lui a dit beaucoup de bien.

.... elle a trouvé des renseignements.

.... l'intéresse beaucoup.

.... elle cache son argent.

.... elle parle souvent.

c. J'ai des amis .... m'ont souvent aidé.

.... j'ai souvent rencontrés.

.... j'ai souvent confié mes ennuis.

.... je suis sûr.

.... je peux compter.

d. Prenez ces fleurs .... sont très belles.

.... je vous offre.

.... seront très belles dans un vase.

.... je vous fais cadeau.

.... vous pourrez mettre dans un vase.

.... j'ai cueillies.

.... sont fraîchement cueillies.

AUTRES ACTIVITÉS
À PROPOS DES ADVERBES

■

413 Complétez le tableau suivant.

N°	Adjectif au masculin	Adjectif au féminin	Adverbe de manière
1	facile		
2		honnête	
3			bêtement
4	honorable		
5		lâche	
6			énergiquement
7	solide		
8		faible	
9			pauvrement
10	propre		

Puis, à l'aide des adverbes du tableau ci-dessus, complétez ces phrases.

a. Ce mur ne tombera pas. Le maçon l'a .... construit.

b. Il n'y a pas de taches de peinture dans la chambre.

Le peintre a travaillé ....

c. Cet artisan a fait du bon travail et ce n'était pas cher. Il a ....

fait son travail.

d. Il ne faut pas être très intelligent ! Je me suis .... trompé.

e. On n'entend pas grand-chose. On entend .... le son.

f. J'ai vite terminé l'exercice. Je l'ai fait ....

414 Complétez le tableau suivant.

N°	Adjectif au masculin	Adjectif au féminin	Adverbe de manière
1	fort		
2		joyeuse	
3			légèrement
4		chaude	
5	lourd		
6		fraîche	
7			franchement
8		claire	
9	long		
10		douce	

Puis, à l'aide des adverbes du tableau ci-dessus, complétez ces phrases.

a. La voiture est bien abîmée. Elle a tapé .... dans la porte du garage.

b. Nous n'avons pas eu de mal à digérer. Nous avons dîné ....

c. C'est du poisson que je viens de pêcher. Il est .... pêché.

d. Quand elle parle, on comprend tout. Elle explique .... les choses.

e. Sa voix est agréable à écouter. Elle parle ....

f. Ses réponses ne laissent aucun doute. Il répond .... aux questions.

415 Complétez le tableau suivant.

N°	Nom	Adjectif	Adverbe de manière
1		prudent	
2	insuffisance		
3			apparemment
4		puissant	
5	différence		
6			élégamment
7		intelligent	
8	abondance		
9			patiemment
10		vaillant	

Puis, à l'aide des adverbes du tableau ci-dessus, complétez ces phrases.

a. Nous avons froid. La pièce est .... chauffée.

b. L'amplificateur est énorme. La voix du chanteur est .... amplifiée.

c. Nous mangeons des fruits à tous les repas. Nous en mangeons ....

d. Il lui explique les choses plusieurs fois s'il le faut. Il lui explique ....
les choses.

e. Elle trouve toujours une bonne solution. Elle réagit ....
à tous les problèmes.

f. En apparence, il ne montre pas son émotion. Il est .... calme.

416 Complétez le tableau suivant.

N°	Adjectif au masculin	Adjectif au féminin	Adverbe de manière
1	vrai		
2		jolie	
3			absolument
4	gai		
5		gentille	
6			assidûment
7	commode		
8		étonnante	
9			indéfiniment
10	étourdi		

Puis, à l'aide des adverbes du tableau ci-dessus, complétez ces phrases.

a. Il est souriant, il parle à tout le monde. Il est .... sympathique.

b. Elle a 95 ans et elle paraît jeune. Elle est .... jeune.

c. Il ne manque aucun cours. Il travaille ....

d. Les décorations sur la table sont agréables à regarder. La table est ....
décorée.

e. Il traverse sans regarder. Il traverse ....

f. Elle lui adresse un grand sourire. Elle lui sourit ....

417 **Remplacez le groupe souligné par un adverbe.**

a. Les pompiers interviennent <u>avec courage</u>. ....

b. Le cambrioleur pénètre <u>en silence</u> dans l'appartement. ....

c. <u>En faisant du bruit</u>, le train entre en gare. ....

d. Elle se maquille toujours <u>avec soin</u>. ....

e. <u>Par malheur</u>, le projet a échoué. ....

418 **Observez le schéma et lisez le texte.**

Qui finance la culture en France ?
Le ministère de la Culture n'assure que 14,5
milliards de francs sur les 73,3 milliards de
dépenses publiques.
Le ministère de l'Éducation nationale apporte
8,7 milliards et celui des Affaires étrangères,
3,8 milliards.
L'État assure 49,7 % de la dépense totale, les
communes assurent 40,9 %, les départements,
7,4 % et les régions, 2 %.

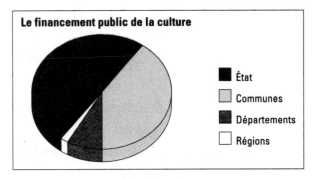

Établissez des correspondances, selon le modèle.

Le ministère de l'Éducation nationale = 8,7 milliards.
Le ministère des Affaires étrangères = 3,8 milliards.
Le ministère de l'Éducation nationale dépense plus d'argent pour la culture que le
ministère des Affaires étrangères.
Le ministère des Affaires étrangères dépense moins d'argent pour la culture que le
ministère de l'Éducation nationale.

a. Le ministère de la Culture - Le ministère des Affaires étrangères ....

....

....

b. L'État - Les communes ....

....

c. Les communes - Les départements ....

....

d. Les départements - Les régions ....

....

e. Les communes - Les régions ....

....

....

419 Établissez des correspondances, selon le modèle.

Catégorie	Tarif des places		
	plein	réduit	spécial
A	110 F	95 F	50 F
B	90 F	75 F	45 F
C	75 F	70 F	40 F
D	55 F	45 F	35 F
E	30 F	30 F	30 F

La place de catégorie A au tarif plein est beaucoup plus chère que celle de catégorie A au tarif spécial.

La place de catégorie A au tarif spécial est beaucoup moins chère que celle de catégorie A au tarif plein.

La place de catégorie D au tarif plein est un peu plus chère que celle de catégorie A au tarif spécial.

La place de catégorie A au tarif spécial est un peu moins chère que celle de catégorie D au tarif plein.

Maintenant, c'est à votre tour de trouver d'autres exemples de places :

a. beaucoup plus chères que d'autres : ....

....

b. beaucoup moins chères que d'autres : ....

....

c. un peu plus chères que d'autres : ....

....

d. un peu moins chères que d'autres : ....

....

e. à peu près au même prix : ....

....

420 **Complétez les phrases pour dire le contraire en employant les formes négatives qui conviennent.**

Exemple : Josette est **encore** malade. Francis a une bonne santé.

*Il **n'est jamais** malade.*

a. Ludovic va **souvent** au cinéma. Daniel, lui, aime le théâtre.

Il .... au cinéma.

b. Marc est **encore** en train de réparer sa voiture. Xavier ne connaît rien à la mécanique. Il .... sa voiture.

c. Muriel visite **toujours** les musées. Stéphane n'aime pas la peinture.

Il .... les musées.

d. Agnès achetait **toujours** ses chaussures dans le même magasin. Maintenant, elles sont trop chères. Elle .... dans ce magasin.

e. Samuel fait **souvent** de la planche à voile. David n'aime pas l'eau.

Il .... de planche à voile.

f. Sandrine lit très vite. Elle a **déjà** lu cinq livres. Michel lit moins vite.

Il .... un seul.

g. Quand Olivier va à un rendez-vous, il est **souvent** en retard. Anne, elle, est très ponctuelle. Elle .... en retard.

421 **Employez *très* ou *trop*.**

a. Il est .... vieux pour monter sur une moto.

b. Il a presque cent ans ! Il est .... vieux.

c. J'ai une voiture à cinq places et je suis tout seul : elle est .... grande pour moi.

d. Cette voiture est .... grande, parce qu'on peut y mettre huit passagers.

e. Je n'ai pas assez d'argent pour acheter ce costume ; il est .... cher.

f. Ce costume est .... cher, mais le tissu est de bonne qualité.

g. On ne peut pas manger ce plat : il est .... salé.

h. Nous avons l'habitude de manger des aliments .... salés.

 422 Mettez l'adverbe à la bonne place.

a. Il (beaucoup) .... mange ....

b. Il a (beaucoup) .... admiré .... l'exposition ....

c. Il est (beaucoup) .... plus .... méchant ....

d. Elle (très bien) .... dort ....

e. Elles ont (très bien) .... chanté .... cette chanson ....

f. Nous sommes (bien) .... plus .... forts ....

g. Ils (trop) .... protestent ....

h. Vous (mieux) .... avez .... couru que l'autre jour ?

AUTRES ACTIVITÉS À PROPOS
DE L'EMPLOI DES VERBES

■

 423 Donnez deux réponses possibles d'Eddie le Veinard commençant par *Je pense que*, deux réponses commençant par *Je ne pense pas que*, puis imaginez deux phrases des soldats commençant par *Moi, je crois que...* et deux phrases commençant par *Moi, je ne crois pas que...* .

a. Je pense que ....

b. Je pense que ....

c. Je ne pense pas que ....

d. Je ne pense pas que ....

e. Moi, je crois que ....

f. Moi, je crois que ....

g. Moi, je ne crois pas que ....

h. Moi, je ne crois pas que ....

424 Complétez la phrase avec le verbe indiqué.

a. aller   Si tu .... chez ta grand-mère, tu lui porterais une galette.

b. dire   Si vous .... ce que vous pensez, ce serait mieux.

c. voir   Si tu .... ce paysage, tu serais étonné.

d. envoyer   S'ils .... des cartes postales, cela nous ferait plaisir.

e. connaître   Si je .... le chemin, je t'emmènerais volontiers.

f. tenir   Si tu .... à moi, tu ne ferais pas ça !

425 Mettez les verbes à la forme du passé qui convient.

Exemple : Mon frère (boire) un verre d'eau parce qu'il (avoir) soif.
→ *Mon frère **a bu** un verre d'eau parce qu'il **avait** soif.*

a. Cet été, nous (changer) les papiers peints parce qu'ils (être) en mauvais état.

→ ....

b. Le garagiste (vérifier) les freins parce que le freinage lui (paraître) défectueux.

→ ....

c. L'été dernier, à la plage, j'(voir) beaucoup de gens qui (avoir) des coups de soleil.

→ ....

d. Deux retardataires (arriver) en courant au moment où le train (démarrer).

→ ....

e. Nous (marcher) dans la rue sans faire attention quand nous (croiser) un chanteur.

→ ....

426 **Mettez les verbes à la forme du futur qui convient.**

Exemple : Sa mère l'embrassera. Le bébé s'endormira.
→ *Quand sa mère l'**aura embrassé**, le bébé **s'endormira**.*

a. Le médecin le soignera. Il guérira.

Quand ....

b. Il recevra ta lettre. Il répondra aussitôt.

Quand ....

c. Il reviendra du stade. Il racontera le match.

Quand ....

d. Ils gagneront au tiercé. Ils partiront en voyage.

Quand ....

e. Tu liras cet article. Tu me prêteras le journal.

Quand ....

427 **Lisez le texte.**

> Le 16 juillet 1992, la troupe de l'Opéra de Paris répète pour
> la première fois l'*Otello* de Verdi qu'elle doit donner au
> théâtre de la Maestranza à Séville, dans le cadre de
> l'Exposition universelle. Vers 20 h 30, une partie du décor,
> un plancher juché à 7 mètres de hauteur, s'effondre sous
> les pieds des cinquante choristes qui sont précipités dix
> mètres plus bas. L'une des choristes, A. L., est tuée et
> trente-huit personnes sont blessées ou sont hospitalisées.
> Dix d'entre elles sont victimes d'une incapacité de travail
> de plus de trois mois.

Ouest-France (16-17/11/96)

Réécrivez le texte en commençant par :

Le 16 juillet 1992, la troupe de l'Opéra de Paris répétait ....

....

....

....

....

....

AUTRES ACTIVITÉS
À PROPOS DE LA PHRASE

■

428 **Remettez dans l'ordre les mots de la phrase. N'oubliez pas la majuscule !**

a. sœur parents ma habite chez mes.

....

b. les alimentaires des souvent cause la mauvaises d'estomac habitudes sont maux

....

c. est jours temps de beaux retrouver il retour la pour mieux forme vous au préparer des

....

d. pour exposés la peintre les et les première dessins de tableaux ce fois sont

....

e. dans reliés le domaine ensemble réseau désigne scientifique un d' entre eux éléments

....

f. la Picasso œuvre centre est au de humaine l' figure de

....

g. à Atlanta la médailles la remporté surprise a de nombreuses France générale à

....

h. étés voilà Paris chaud plusieurs quand que irrespirable l'air de devient il fait

....

i. livre-boîte une propose un du cinéma *Secrets* découverte pour magique

....

429 **Complétez ces phrases pour leur donner un sens.**

Exemple : Un automobiliste feu rouge.
→ *Un automobiliste est passé sans s'arrêter au feu rouge.*

a. Comme il avait mangé trop de glaces, il.

....

b. Il a fait cuire le dans.

....

c. Il s'est dépêché pour en retard.

....

d. Pendant son dernier voyage, elle papiers.

....

e. Il est interdit au bord de la piscine.

....

f. Une dame qui passait un chien.

....

g. À la fin de la soirée, dansait.

....

430 **Mettez une croix dans la case quand la phrase a du sens. Complétez la phrase quand elle n'a pas de sens.**

a. ☐ C'est un disque de chansons françaises. ....

b. ☐ Elle a enregistré célèbres. ....

c. ☐ Nous avons très bien dîné. ....

d. ☐ Est-ce que un verre ? ....

e. ☐ Il a été victime très rare. ....

f. ☐ Il lui est arrivé un accident très grave. ....

g. ☐ C'est plus centre d'accueil en France. ....

h. ☐ C'est un très grand centre d'accueil en France. ....

431 **Complétez ces phrases avec *à* ou *de*.**

a. Jean apprend .... conduire .... sa fille.

b. Cette balance sert .... la bouchère .... peser la viande.

c. Éliane parle .... grammaire .... ses étudiants.

d. Catherine se plaint .... ses voisins .... la concierge.

e. Son couteau lui sert quelquefois .... tournevis.

f. Colette rappelle .... Alain .... passer .... la boulangerie.

g. Marie-Thérèse promet .... Christian .... ne plus jamais être en retard.

h. Christian crie .... Marie-Thérèse .... se dépêcher.

432 Complétez ces phrases avec *à* ou *de*.

a. Claudine est fatiguée .... l'entendre.

b. Êtes-vous prêts .... écouter l'enregistrement ?

c. Vous êtes libres .... venir ou non.

d. Ce radiateur est long .... chauffer.

e. Nous sommes très contents .... ce résultat.

f. La valise est lourde .... porter.

g. C'est une notion facile .... apprendre.

h. C'est facile .... se moquer des autres !

433 Complétez ces phrases avec : *car - et* (5 fois) - *mais - ou* (2 fois).

a. Oui .... non, est-ce que tu viens ?

b. Il ne se plaint pas .... il n'est pas malheureux.

c. Comme il est grand .... fort .... qu'il n'a pas peur, il continue à avancer.

d. Pierre a mis sa chemise bleue .... sa cravate à rayures.

e. Il fait nuit, ... les chats voient quand même.

f. J'ai bien travaillé, ... j'ai été récompensé.

g. Qu'il pleuve .... qu'il neige, nous sortirons.

h. Emmanuelle .... Guillaume partent pour le collège.

434 Complétez la phrase avec la préposition qui convient (une pour chaque phrase) : *dans - en - pendant - pour - depuis*.

a. Attends-moi, j'en ai .... cinq minutes.

b. Attends-moi, je reviens .... cinq minutes.

c. Attends-le, il est parti .... cinq minutes.

d. Attends, il va te le faire .... cinq minutes.

e. Tu peux bien l'attendre .... cinq minutes.

435 **Complétez les phrases en choisissant parmi les prépositions de la liste. Vous pouvez les employer plusieurs fois :** *en – à – chez – dans – au – de.*

a. Nous allons .... la montagne l'hiver et .... la mer l'été.

b. Elle vit .... Bordeaux, ... le centre, mais elle travaille .... banlieue.

c. Je dois aller .... la gare et .... le coiffeur ; je ne dois pas perdre de temps .... route.

d. Il est allé .... des amis ; ils ont une villa .... bord de la mer.

e. Mon neveu est arrivé .... moi ; il venait .... Toulouse ; il a eu très chaud .... le train.

f. Je dois être .... le dentiste .... dix minutes et j'y vais .... pied !

436 **Mettez le mot qui convient (il y a quelquefois deux possibilités) :** *d'après - selon - avec - d'.*

a. Le prix de la langouste est calculé .... la grosseur.

b. Le tableau a été peint .... une carte postale.

c. Il m'a regardé .... un grand sourire.

d. Le chien me regardait .... un air méchant.

e. Vous prendrez de la sauce .... votre goût.

f. Elle lui a parlé .... une voix douce.

g. Le meuble est livré .... un mode d'emploi.

h. .... ce qu'a dit le médecin, il n'a pas de fracture.

437 **Séparez les phrases en mettant les majuscules et les points.**

c'est la seule solution : faire du bruit, le plus de bruit possible, pour alerter le cambrioleur et le mettre en fuite il descend l'escalier derrière Bob, en heurtant chaque marche de tout son poids Bob arrive au rez-de-chaussée au lieu d'ouvrir la porte du bureau il pousse celle du salon et allume le lampadaire au même instant, ils entendent courir dans le bureau

D'après *Les pistolets de Sans-Atout* (Boileau-Narcejac).

438 Séparez les phrases en mettant les majuscules et les points.

mais les gens heureux, ça existe d'ailleurs, chez eux, c'est toujours pareil chaque fois que je vais chez des gens heureux, j'ai l'impression que je rentre dans la même maison on peut faire une liste il y a toujours les mêmes choses qui reviennent d'abord, il y a toujours des frères et des sœurs il y a toujours quelqu'un quand on arrive

D'après *Des cornichons au chocolat* (Stéphanie).

439 Transformez la phrase pour utiliser un nom à la place du verbe.

Exemple : Quand il est arrivé, les spectateurs se sont levés.
→ *À son arrivée, les spectateurs se sont levés.*

a. Quand il est mort, sa famille a été très éprouvée.

....

b. Quand le jour s'est levé, le coq a chanté.

....

c. Dès que le spectacle débute, les lumières s'éteignent.

....

d. Dès que le discours sera fini, on écoutera l'enregistrement.

....

e. Quand les combats se sont arrêtés, on a signé un traité.

....

f. Quand on fêtera son anniversaire, on lui offrira un cadeau.

....

440

> # À Paris, les voitures occupent 94 % de la surface des rues, bien qu'elles n'assurent que le tiers des déplacements.

Complétez librement les phrases suivantes.

a. Un grand nombre d'automobilistes roulent seuls dans leur voiture bien que .....

....

b. Beaucoup de Parisiens se servent de leur voiture bien que ....

....

c. Un grand nombre de voitures polluent l'atmosphère bien que. ....

....

d. De plus en plus de gens roulent en ville à vélo bien que ....

....

e. Dans les petites villes, peu d'habitants utilisent les transports en commun bien

que ....

f. Les taxes sur les automobiles continuent à augmenter bien que ....

....

g. Certains automobilistes continuent à se garer sur les trottoirs bien que ....

....

h. De nombreux piétons traversent en dehors des passages réservés bien que ......

....

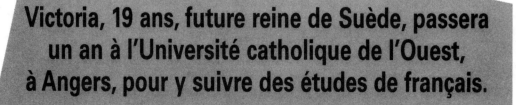

441 **Victoria, 19 ans, future reine de Suède, passera un an à l'Université catholique de l'Ouest, à Angers, pour y suivre des études de français.**

Voici une série de prénoms, une série de noms de lieux où l'on peut apprendre le français, une série d'études que l'on peut faire.

Composez sept phrases sur le modèle : *Victoria passera un an à l'Université catholique de l'Ouest, à Angers, pour y suivre des études de français.*

Prénoms	Lieux	Études
Raïssa	Centre international d'études linguistiques (Angers)	linguistique
Claudia	Centre méditerranéen d'études françaises	phonétique
Barbara	Cours intensif de français (Montpellier)	grammaire
Victoria	CAVILAM (Vichy)	français du tourisme
Oskar	Centre d'été (Carcassonne)	français des affaires
Johann	Université Michel-de-Montaigne (Bordeaux)	pédagogie du français
Pablo	Alliance française (Paris)	civilisation

....

....

....

....

....

....

....

....

AUTRES ACTIVITÉS À PROPOS DU NOM
ET DES MOTS QUI L'ACCOMPAGNENT
■

442 Complétez le texte avec *le, la, les, un, une* ou *des*.

À la fin du XIXe siècle, Saint-Tropez était ..... charmante petite ville ignorée par .....
touristes. On y arrivait par ..... chemin de fer à voie étroite. Dans le port, on voyait
surtout ..... barques de pêche. ..... port est ..... centre de ..... vie tropézienne. Sur
..... quais et dans ..... rues voisines, ... maisons d'autrefois avec leurs murs jaunes
ou roses abritent ..... cafés, ... restaurants, ... commerces de luxe, ... galeries de
peinture. ..... pittoresque population cosmopolite flâne en été dans ce quartier.

..... rue de la Ponche, passant sous ..... porte ancienne, mène à ..... plage dominée
par ..... tour Vieille, près de laquelle flottent ..... barques de pêcheurs. C'est ..... endroit
typique qui a toujours attiré ..... peintres. L'église a ..... campanile de fer forgé. On
peut y voir ..... buste de saint Tropez. À l'est de ..... ville, on peut monter à ..... citadelle,
qui a ..... beau donjon. De ..... terrasse de ..... citadelle, on peut voir ..... magnifique
panorama sur ..... ville et ..... golfe, et, par temps clair, on peut apercevoir ..... Alpes.

443 Mettez une croix dans la case quand le deuxième nom est le féminin du premier.

a. un boucher - une bouchère ☒   e. un médecin - une médecine ☐

b. un ouvrier - une ouvrière ☐   f. un gamin - une gamine ☐

c. un port - une porte ☐   g. un sot - une sotte ☐

d. un coquin - une coquine ☐   h. un charcutier - une charcutière ☐

444 Mettez une croix dans la case quand le deuxième nom n'est pas le féminin du premier.

a. un galet - une galette ☒
b. un cachet - une cachette ☐
c. un orphelin - une orpheline ☐
d. un mandarin - une mandarine ☐

e. un mot - une motte ☐
f. un port - une porte ☐
g. un Auvergnat - une Auvergnate ☐
h. un acteur - une actrice ☐

445 Faites une croix si le nom ne change pas au singulier.

a. des corps ☒
b. des genoux ☐
c. des pays ☐
d. des lundis ☐
e. des cris ☐
f. des avis ☐

g. des souris ☐
h. les pharmacies ☐
i. des soucis ☐
j. les permis ☐
k. des rendez-vous ☐
l. des gaz ☐

446 Mettez une croix dans la case, sous les mots qui changent au féminin.

Exemple : Mon père, patient, attendait que mon frère ait pris sa douche.
　　　　　☒　☒　☒　　　　　　　☒　☒
Ma mère, patiente, attendait que ma sœur ait pris sa douche.

a. Le maître connaît bien cet élève intéressant mais remuant.
☐　☐　　　　☐　☐　　　☐　　　　☐

....

b. L'infirmier courageux et dévoué soigne son malade vieillissant.
☐　☐　　　☐　　　☐　　　☐　☐　　　☐

....

c. Un avocat célèbre prend la défense d'un très jeune accusé.
☐　☐　　☐　　　　　　　☐　　☐　☐

....

d. Un pauvre vieux attendait chez un grand médecin spécialiste.
☐　☐　　☐　　　　　☐　　☐　☐

e. Cet homme âgé a vu son père apprendre leur métier à des jeunes hommes.
☐　☐　☐　　　☐　☐　　　　　　　　　☐　　☐

....

447 Mettez une croix dans la case, sous les mots qui changent au pluriel.

Exemple :   L'ouvrier   fatigué   n'arrivait pas   à finir ce   travail   pénible.

               ☒   ☒   ☒   ☒   ☒   ☒

Les ouvriers fatigués n'arrivaient pas à finir ces travaux pénibles.

a. Cet aimable aubergiste accueille sa cliente venue de loin.

☐ ☐ ☐ ☐ ☐ ☐ ☐

....

b. Ce touriste américain a acheté une lithographie dans une galerie.

☐ ☐ ☐ ☐ ☐ ☐ ☐ ☐ ☐ ☐ ☐

....

c. L'enfant blond et rieur fait un magnifique bonhomme de neige.

☐ ☐ ☐ ☐ ☐ ☐ ☐ ☐ ☐ ☐

....

d. Une fille mince a présenté une jolie robe.

☐ ☐ ☐ ☐ ☐ ☐ ☐

....

e. Le petit télégraphiste fera sa tournée à bicyclette.

☐ ☐ ☐ ☐ ☐ ☐ ☐ ☐

....

448 Mettez une croix dans la case sous les mots qui changent quand on met « il » ou « elle » au pluriel.

Exemple :   Il   choisit   soigneusement   son itinéraire pour les vacances.

           ☒   ☒   ☒   ☐

Ils choisissent soigneusement leur itinéraire pour les vacances.

a. Elle a essayé sa nouvelle robe.

☐ ☐ ☐ ☐ ☐

....

b. Elle est heureuse de se promener au bras de son mari.

☐ ☐ ☐ ☐ ☐

....

c. Il n'est pas satisfait de sa nouvelle voiture.

☐ ☐ ☐ ☐ ☐ ☐

....

d. Elle veut terminer le travail qui lui a été confié.

☐　☐　　　　　　　　☐

....

e. Elle voudrait savoir le nom de celui qui lui a envoyé des fleurs.

☐　☐　　　　　　　　☐

....

f. Il nettoie sa voiture avec le produit que lui a conseillé son garagiste.

☐　☐　☐　☐　　　　　　☐　　　　☐　☐

....

g. Il faut qu'il prenne un taxi pour se rendre au chevet de sa mère malade.

☐　☐　　　　　　　　　☐

....

h. Elle demande qu'on lui apporte son courrier.

☐　☐　　　☐　　　☐

....

449 Choisissez les adjectifs qui peuvent se mettre avant ou après le nom et complétez les phrases : *amusant - énorme - grand - copieux - magnifique - beau - mauvais.*

a. Elle a fait un repas .... / un .... repas.

b. J'ai vu passer un camion .... / un .... camion.

c. Ils ont acheté un .... magnétoscope / un magnétoscope

....

d. Tu connais certainement cette .... histoire / cette histoire

....

450 Soulignez le groupe de mots qui correspond à la définition.

a. une dame solitaire : une dame seule / une seule dame

b. un livre formidable : un livre sacré / un sacré livre

c. un homme honnête : un brave homme / un homme brave

d. un adulte : une grande personne / une personne grande

e. les chaussures qui m'appartiennent : mes propres chaussures / mes chaussures propres

f. une question sans problèmes : une simple question / une question simple

Unité A1

Épreuve orale 1

4

Bien, comme vous savez, je suis équato-guinéen. Je vais vous exposer comment s'organise un mariage africain, mais pas n'importe quel mariage. Un mariage dans mon pays, dans la tradition Fang.

De nos jours, voilà comment ça se passe. Les jeunes gens se rencontrent en ville, pendant leurs études, n'importe quand. Ils se rencontrent, se connaissent et ils organisent ensuite leur mariage. On conduit la jeune fille dans sa famille, dans son village. Les familles commencent à célébrer une fête. Les parents de la jeune fille viennent alors pour prendre des objets. Ces objets peuvent être des bananes, des tomates, des bouteilles d'huile, des poulets, toutes sortes d'objets. Dans notre langue on appelle ça « neuf, neuf ». C'est-à-dire que tous les objets doivent être au nombre de neuf. Même les tomates, neuf, même les lames de rasoir, neuf, même les morceaux de bois pour le feu, neuf.

Après cela les parents de la jeune fille retournent chez eux pour décider quel jour ils vont payer la dot. Je ne sais pas si vous connaissez ça, la dot, mais chez moi on fait ça. Les jeunes filles paient une dot. Par exemple pour moi, ma femme s'est mariée avec 400 000 francs CFA. Et c'est normal. Il y en a qui paient 800 000 francs, 500 000 francs, ou 600 000 francs. Ça dépend de la famille. Il y a des hommes qui acceptent de se marier avec 15 000, 20 000 ou 40 000 francs de dot si la jeune fille refuse de payer plus. Mais dans tous les cas l'homme doit donner des objets à la jeune fille.

Si le couple a des problèmes et veut se séparer, il peut aller devant les tribunaux, mais il peut aussi décider de la séparation, du divorce dans le village, dans la famille. Dans ce cas, les familles rendent ce qu'elles ont reçu. Voilà, dans mon pays, le mariage se passe généralement comme ça.

6

Quels sont vos loisirs préférés ?

Première personne. Quand j'ai le temps, en été, pour mes loisirs, je vais à la mer pour nager, conduire un petit bateau, et regarder le soleil, les oiseaux. J'aime aussi beaucoup manger du chocolat, des glaces.

En hiver, je reste à la maison. Je lis beaucoup. Comme je suis médecin, j'aime lire des livres sur la médecine, mais j'aime aussi lire des livres d'histoire, de religion. Et je regarde la télévision.

Deuxième personne. Mon loisir préféré, c'est de lire de la littérature philosophique. Mais j'aime aussi lire les magazines internationaux. Je m'intéresse à la politique internationale, à tout ce qui se passe dans le monde. Je suis une personne qui se passionne pour tout ce qui se passe en Europe, en Amérique, en Asie... J'aime bien aussi aller boire de la bière avec mes amis. Chez moi, j'en bois beaucoup ; ici, moins, parce que c'est plus cher. Je ne fais pas de sport. Le sport, c'est pour les personnes malades et moi je suis en bonne santé.

Troisième personne. Pendant mes loisirs je vais au gymnase pour faire des poids et haltères. Ça, c'est bon pour l'équilibre entre mon moral et mon corps. J'aime aussi aller au cinéma. J'adore regarder des films. J'aime encore aller dans les bibliothèques pour lire des encyclopédies parce que je m'intéresse à la vie des populations du monde.

8

Quel film avez-vous aimé ?

Première personne. Le film que j'ai le plus aimé s'appelle *Les Aventuriers de l'Arche perdue*. C'est l'histoire d'une mission archéologique demandée par les États-Unis au professeur Indiana Jones. Le professeur Indiana Jones doit rechercher l'arche perdue. Il voyage en Égypte, en Israël, et le film présente les contretemps, les problèmes que rencontre le professeur Indiana Jones. Il rencontre aussi des trafiquants, des hommes qui font du marché noir. Mais finalement il retrouve l'arche.

Deuxième personne. Mon film préféré est un film de Spielberg. Vous connaissez *Jurassic Park* ? C'est un bon film. C'est un film avec une bonne technique et aussi une très bonne idée. Dans ce film on voit beaucoup de dinosaures, différents types de dinosaures. Ce film dit à tout le monde de faire attention à la science, si elle est trop avancée. Si nous ne faisons pas attention à la science, cela risque d'être dangereux pour nous.

Troisième personne. J'aime beaucoup un film que je vous présente maintenant. C'est un film du début du siècle. C'est un film muet. Il a un acteur très important, Charlie Chaplin. J'aime beaucoup ce film parce qu'il y a un message très important dans ce film. Le message c'est que l'homme doit faire attention au développement de la technique, qu'il est aussi une pièce de cette technique. Mais la fin du film est optimiste. Charlie Chaplin rencontre une jolie et gentille petite femme et il part avec elle vers l'avenir.

Quatrième personne. C'est le film *Pinocchio*. Je sais que ce n'est pas une histoire vraie, mais, comme chez tout le monde, elle reste dans notre cœur. Quand Pinocchio fait des mauvaises actions ou qu'il ne dit pas la vérité, son nez devient très long. Mais à la fin du film Pinocchio devient un homme. Il fait de bonnes actions et il parle avec son cœur. C'est un film amusant.

10

Avez-vous un objet porte-bonheur ? Qu'est-ce que c'est ? Comment est-il ?

Première personne. L'objet que je porte toujours est un pendentif avec le Bouddha. Vous le voyez ? C'est comme ça, parce que je suis bouddhiste et parce que la Thaïlande est bouddhiste. Nous croyons que ces pendentifs nous protègent, nous portent bonheur. Ils nous donnent la chance et la santé. C'est un symbole du bonheur. Alors je le porte toujours sur moi.

Deuxième personne. Mon porte-bonheur, c'est mon alliance. C'est le symbole de mon mariage. Quand je regarde mon alliance, je me rappelle ma femme. C'est aussi le symbole de notre amour. Ce porte-bonheur est très important pour moi. Mais j'ai un autre porte-bonheur : ma moustache. En Inde, nous croyons que la moustache est un porte-bonheur pour les hommes parce que presque tous portent la moustache. Peu d'hommes ne portent pas de moustache.

12

Qu'est-ce que vous détestez faire ? Pourquoi ?

Première personne. Je déteste faire ce qui est très ennuyeux pour moi. Par exemple, écrire beaucoup de papiers, parler beaucoup ne m'intéresse pas. Je déteste repasser, faire la vaisselle, faire le ménage en général. Je déteste travailler ou rester dans un endroit où il y a beaucoup de fumée. Je préfère les activités qui présentent plus de mouvement. J'aime être active.

Deuxième personne . Je déteste faire un travail qui est inutile aux autres. Quand je sais que les autres n'ont pas besoin de ce travail, je n'aime pas ça. Ce travail prend tout mon temps et tous mes efforts pour rien.

Troisième personne. Je déteste être obligée de fumer parce que quand je fume j'ai mal à la tête et à la gorge. Je tousse aussi. Et je déteste parler beaucoup. Je déteste aussi les personnes qui parlent mal des autres ou qui sont trop ambitieuses.

Épreuve orale 1/ Oral collectif

23

– Bonjour, madame, vous désirez ?
– Vous avez des tomates ?
– Bien sûr, vous en voulez combien ?
– Un kilo, et aussi des pommes de terre, deux kilos. //BIP//
– Et avec ça ?
– Je voudrais aussi six œufs, un demi-litre de lait et un paquet de farine.
– Ah, vous allez faire un gâteau peut-être ?
– Non, des crêpes. //BIP//
Ah, j'oubliais, il me faut aussi une belle salade.
– Vous ne voulez pas de fromage ? J'ai un excellent camembert.
– Non. Je vais prendre un pot de fromage blanc et de la crème fraîche.
– C'est tout ?
– Oui, pour aujourd'hui. //BIP//
Je vous dois combien ?
– Alors, un kilo de tomates... deux de pommes de terre... les œufs, le lait... une salade... le fromage... et un pot de crème. Ça fait 65, 40 F.
– Je n'ai pas de monnaie. Tenez, voici 70 F.
– Merci. 65,50 ... 66 ... et 70. Au revoir, madame. Merci et à demain !

24

Annonce n° 1. Mesdames et messieurs, le train corail 5902 en provenance de Clermont-Ferrand, Vichy, Moulins-sur-Allier, Nevers entre en gare, voie J.

Annonce n° 2. Nous rappelons aux voyageurs à destination de Nevers, Moulins-sur-Allier, Vichy, Riom et Clermont-Ferrand que le train n° 195 départ 17 h 27 est à supplément.

Annonce n° 3. Gare de Lyon, ici gare de Lyon, les voyageurs se dirigeant gare de l'Est ou gare du Nord sont invités à se rendre dans la cour de la gare, où un service d'autobus est mis à leur disposition.

Annonce n° 4. Mesdames et messieurs, nous vous informons qu'en raison d'un incident, le TGV en provenance de Lyon est annoncé voie 13, avec 5 minutes de retard.

Annonce n° 5. Voie 15, attention ! Le train 5903 à destination de Nevers, Moulins-sur-Allier, Vichy, Clermont-Ferrand, correspondance pour Roanne à Saint-Germain-des-Fossés va partir. Attention à la fermeture automatique des portières.

25

Ici « La main tendue ». Comme chaque jour à cette heure, nous vous prions d'écouter cinq messages d'auditeurs. Si vous pouvez les aider, téléphonez-leur !

Annonce n° 1. Je m'appelle Paul et je fais collection de timbres, en particulier sur le football, et les coupes du monde. Voulez-vous faire des échanges avec moi ? Mon numéro est le 04 73 60 78 13.

Annonce n° 2. Je vais bientôt partir travailler deux ans au Viêtnam dans une école pour enfants handicapés. Je recherche des jeux en bon état. Mon nom est Sylvie. Vous pouvez m'appeler au 01 45 18 63 40.

Annonce n° 3. Je viens d'arriver à Paris où je ne connais personne. J'adore lire, aller au cinéma et faire du jogging. J'ai 30 ans et je m'appelle Jean-Claude. Vous voulez bien m'appeler au 01 44 76 92 10 ?

Annonce n° 4. Bonjour, je suis Annie et je voudrais bien apprendre le chinois. Je propose des cours de conversation française à un étudiant chinois ou à une étudiante chinoise qui pourrait m'enseigner sa langue. Vous pouvez laisser un message au 02 41 85 56 80.

Annonce n° 5. Vous aimez les chats ? Ma chatte vient d'avoir quatre jolis petits chatons, mais je ne peux pas les garder. Je propose de les donner à des gentils petits maîtres. Appelez-moi au 03 81 73 16 20.

26

– Dis François, je suis allée à l'agence pour les vacances ! J'ai tous les renseignements.
– Qu'est-ce que tu as trouvé pour cette année ? Nous ne retournons pas en Espagne ?
– Non. Tu sais bien, c'est comme la Grèce, il fait trop chaud en été ! Alors, pour changer, j'ai pensé à l'Irlande. //BIP//
– Bonne idée ! Mais comment on y va ? En avion ? À quatre c'est trop cher !
– Non, en bateau. Comme ça, nous pouvons partir avec la voiture.
Écoute, on prend le bateau à Roscoff le soir vers 17 heures et on arrive vers 7 heures le lendemain matin à Cork. //BIP//
– C'est parfait ! Et pour le logement ?
– Il y a beaucoup de possibilités : à l'hôtel, chez l'habitant, louer une maison... Comme nous voulons visiter, on ne peut pas louer une maison...
– Je pense que chez l'habitant c'est plus agréable ! Comme ça, on peut parler avec les gens et on connaît mieux le pays. //BIP//
– Tu as raison. Je crois que les enfants seront contents. Ils pourront faire des promenades à vélo, apprendre à monter à cheval... et j'espère faire des progrès en anglais !
– Tu penses à tout, hein ? Bon, tu t'occupes des réservations ?

27

Aujourd'hui 8 avril, à la télévision, ce soir :

Annonce n° 1. Si vous aimez le sport, le match Inter de Milan contre AS Monaco sera retransmis en direct sur TF1 à 20 h 35.

Annonce n° 2. Pour le cinéma, nous vous proposons un vieux film mais un grand succès de Fernandel, *Ali Baba et les 40 voleurs*. C'est à 20 h 50 sur M6.

Annonce n° 3. Pour les enfants et les amoureux du cirque, un grand spectacle international de clowns et d'acrobates, à 20 h 50 sur FR3.

Annonce n° 4. Après le match, à 22 h 40 sur TF1, comme tous les mardis, l'excellent magazine *Le Monde de Léa*, consacré ce soir aux sectes.

Annonce n° 5. Enfin sur Arte, à 20 h 45, vous pouvez aussi découvrir un documentaire sur la Suédoise Lise Wagner. Ce documentaire présente la vie étonnante de cette femme hors du commun.

28

Dialogue n° 1

– Bonjour, monsieur Wagner. Vous pouvez me rappeler votre prénom, s'il vous plaît ?
– Karl.
– Merci. Et quelle est votre profession ?
– Chimiste. Je suis chimiste.

Dialogue n° 2

– Mademoiselle, votre adresse n'est pas complète. De quelle ville venez-vous ?
– Excusez-moi. J'habite à Tokyo. C'est tout ?
– Ici, vous habitez à l'hôtel ?
– Oui. À l'hôtel Lutétia.

Dialogue n° 3

– Excusez-moi, je ne peux pas lire votre nom. Vous pouvez l'épeler, s'il vous plaît ?
– Escudero. E - S - C - U - D - E - R - O.
– Merci. Et votre situation de famille s'il vous plaît ?
– Je suis célibataire.

Dialogue n° 4

– Voilà ma fiche d'inscription, madame.
– Vous restez ici jusqu'à quand ?
– Au 30 juin, je reste trois mois.
– Excusez-moi, vous voulez payer par chèque ou par carte de crédit ?
– Par carte de crédit, s'il vous plaît.

Dialogue n° 5

– Madame Abou Baker, excusez-moi, vous n'avez pas précisé votre nationalité.
– Je suis soudanaise.
– Et vous allez étudier où ensuite ?
– J'espère aller à Grenoble.

Épreuve orale 2

29

Dialogue n° 1

– Allô ? Je suis bien au 04 70 32 05 13 ?
– Oui monsieur. C'est à quel sujet ?
– J'ai lu votre annonce dans le *Carillon*. Vous avez bien une voiture à vendre, n'est-ce pas ?
– C'est exact. Une Clio.
– De 1994 n'est-ce pas ? Je voudrais quelques renseignements.
– Volontiers, monsieur.
– Pouvez-vous me dire si elle a la direction assistée ?
– Oui, et c'est bien agréable, vous savez.
– Elle a la climatisation ?
– Je regrette, non. C'était trop cher quand je l'ai achetée. Mais il y a un pare-soleil à l'arrière. Je l'ai fait installer l'an dernier.

– Les pneus sont comment ?
– En bon état. Ils ont à peine six mois.
– Très bien. Le prix que vous demandez pour la voiture, il est définitif ? Vous ne pouvez pas le baisser un peu ?
– Ça dépend. Si vous payez cash, je peux faire un effort.
– Alors dans ce cas, ça m'intéresse. Ah, j'oubliais : quelle est sa couleur ?
– Blanche. Avec l'intérieur gris.
– Alors ma femme serait contente. Je peux la voir quand ?
– Vous êtes libre demain vers 18 heures ?
– Oui. Vous pourriez venir chez moi pour me la montrer ?
– Vous habitez à Vichy ?
– Oui. Place Victor-Hugo. Au 4. Mon nom est Péret.
– Très bien. C'est noté. Alors à demain, monsieur Péret.
– Bonsoir, à demain.

Dialogue n° 2

– Mademoiselle, s'il vous plaît ?
– Madame ?
– Vous me reconnaissez ? J'ai acheté ce pantalon la semaine dernière.
– Oui, je me souviens maintenant. Que se passe-t-il ?
– Quand je l'ai acheté il était un peu long. Vous m'avez proposé de le raccourcir...
– Eh bien oui... c'est normal...
– Quand j'ai repris le pantalon, je ne l'ai pas essayé. Je n'avais pas le temps, je partais en voyage. Et quand j'ai voulu le mettre... il était trop court ! C'est incroyable !
– Mais... je ne comprends pas ! Comment ça se fait ?
– Vous vous êtes trompée, c'est tout ! Il faut le réparer maintenant !
– Si c'est possible !... Vous voulez bien l'essayer ?
– Bon... Tenez, regardez. Il manque deux centimètres !
– Oui... mais l'ourlet est assez grand. On peut rallonger.
– Très bien. Vous pouvez le faire pour après-demain ?
– Je pense. Voilà. Je le note. C'est cinquante francs, madame.
– Comment cinquante francs ?
– Oui, pour l'ourlet.
– Mais il n'en est pas question ! C'est votre faute !
– Mais madame...
– Écoutez, je ne paierai pas. Appelez-moi votre responsable.
– Bon... Bon... Je vais arranger ça.
– C'est bien... Merci... Au revoir, mademoiselle.
– Au revoir, madame. Et excusez-nous !...

Dialogue n° 3

– Monsieur, s'il vous plaît !
– Oui ? Que se passe-t-il ?
– Écoutez, ce n'est pas possible de continuer de déjeuner.
– Pourquoi ?
– Nous ne supportons pas la fumée. S'il vous plaît, dites à ce monsieur de la table là-bas d'éteindre son cigare.
– Mais il va bientôt partir...
– Alors demandez-lui d'aller fumer au salon !
– C'est difficile... je ne peux pas...
– Bien. Si c'est comme ça, nous partons.
– Non... Vous ne pouvez pas...
– Ah, vous croyez ?
– Mais il n'y a pas beaucoup de fumée !
– Pour vous peut-être. Mais s'il reste, je vais avoir une crise d'asthme !
– Bon. Je vais essayer...

– Faites-le. De toute façon, c'est interdit de fumer ici. Vous le savez bien ! Vous connaissez la loi, non ?

– Oui...

– Il n'y a pas une autre salle ici ? pour fumeurs ?

– Non.

– Alors il doit s'arrêter. C'est à vous de lui dire.

– Vous savez, c'est un bon client... un habitué...

– Bon. Si c'est comme ça, nous partons.

– Non, non. C'est bon. J'ai compris. Je vais lui servir son dessert au salon.

– Merci. Je pense que c'est normal ! Nous, nous commençons à peine à déjeuner !

Dialogue n° 4

– Monsieur ? C'est pour quoi ?

– Voilà. J'ai perdu mon portefeuille dans la rue. On m'a dit de venir ici.

– Oui. C'est bien ce qu'il faut faire... Vous êtes sûr de l'avoir perdu ? On ne vous l'a pas volé ?

– Non, je ne crois pas. Au restaurant, j'ai payé avec, mais au bureau de tabac, quand j'ai voulu payer mes cigarettes, plus de portefeuille !

– Vous ne l'avez pas oublié au restaurant ?

– Non. J'y suis retourné. Ils n'ont rien trouvé !

– Et dans la rue ? Vous avez regardé ?

– Oui. J'ai refait le même chemin... rien !

– Vous ne croyez pas qu'on l'a volé ?

– Je ne pense pas. À une heure et demie il n'y a pas beaucoup de monde dans la rue... Il a dû tomber de ma poche !

– Bon. Je vais voir si quelqu'un l'a apporté... J'ai plusieurs portefeuilles ici. Mais avant, dites-moi comment il est. Je dois vérifier, vous comprenez ?

– Il est en cuir. Noir. Avec deux parties : pour la monnaie et les billets. Mais il n'y avait pas de papier d'identité.

– Rien d'autre ?

– Ah si ! La photo de ma femme et de ma fille.

– C'est tout ?

– Je... Oh, j'oubliais ! Il y a mes initiales dessus. Mon nom est Schmidt. Pierre Schmidt. Il y a P. S. dessus.

– Attendez. Je regarde. Oui... Je crois que c'est ça. Ah ! Vous avez déjeuné où ?

– À la Brasserie Royale.

– Alors c'est bien ce portefeuille. Il y a l'addition dedans. Voilà votre portefeuille, monsieur. Quelqu'un l'a donné à un agent tout à l'heure.

– Merci bien ! Au revoir, monsieur !

Dialogue n° 5

– Tiens, Marianne, je suis contente de te rencontrer. Je voulais justement te voir.

– Pourquoi ? Tu as un problème ?

– Non, pas vraiment. Mais tu vas pouvoir m'aider je pense. J'ai besoin de renseignements.

– À propos de quoi ?

– Tu sais, tes amis indonésiens... ils nous ont invités l'autre jour. Ils nous ont très gentiment reçus et Marc et moi nous voulons les inviter à notre tour.

– Eh bien, c'est une bonne idée !

– Oui, mais pour le repas j'ai quelques doutes...

– Qu'est-ce que tu veux savoir ?

– Je crois qu'ils sont musulmans, non ? Ils ne mangent pas de porc ?

– Non. Jamais. Par contre lui boit parfois un peu de vin.

– Tu crois qu'ils aiment la crème ? Je pensais faire des soles normandes.

– Tu les réussis bien. Ils devraient aimer ça je pense. Ils aiment bien notre cuisine.

– Bon. Tu me rassures. Et le fromage ?

– Ça, ils n'en mangent pas beaucoup. Ils n'ont pas l'habitude. Et surtout pas de fromage fort !

– Bon, pour le dessert, une tarte ?

– Plutôt une charlotte au chocolat. Ils adorent le chocolat.

– Parfait ! Grâce à toi mon menu est presque prêt. Merci !

Dialogue n° 6

– Vos billets, s'il vous plaît !

– Oui... Un moment. Ah voilà !

– Merci... Où est-ce que vous êtes montée, mademoiselle ?

– Eh bien... à Lyon ! Vous voyez bien : c'est écrit sur le billet.

– Euh... oui. Mais je ne vois pas le compostage !

– Le compo...

– Compostage. Il faut composter les billets, mademoiselle !

– Je ne comprends pas. Qu'est-ce que c'est ?

– Il faut poinçonner les billets avant de prendre le train.

– Poinçonner les billets ? C'est quoi ?

– Les faire marquer, si vous voulez. Vous devriez savoir que c'est obligatoire !

– Mais je ne savais pas !

– Ce n'est pas possible ! Vous n'avez pas composté, vous devez payer une amende.

– Mais... monsieur, je suis étrangère. Personne m'a dit ça ! Personne m'a expliqué !

– Comment ? Vous avez déjà pris le train, non ?

– En France, non. C'est la première fois. Je ne sais pas compo...

– Composter.

– Composter. Comment on fait ?

– À l'entrée du quai il y a des bornes, des poteaux orange. Vous mettez le billet dedans et il est composté.

– Ah bon ! Maintenant je sais. Merci.

– Bien. Je vous crois. Ça va pour cette fois ! Tenez, votre billet.

– Merci bien, monsieur.

– Au revoir, mademoiselle.

52

– Bonjour, mademoiselle Tanner, comment ça va ?

– Bonjour, ça va bien. Mais je ... pas contente avec votre idée.

– Quelle idée ? Je ne comprends pas.

– Pour ... Vous voulez mieux prix pour le logement.

– Qu'est-ce qu'il y a ? Vous voulez me donner plus pour le logement ?

– Non, je suis pas content avec ça !

– Pas contente de quoi ?

– Avec le haut prix pour le logement.

– Ah oui ! C'est vrai, j'avais oublié ! Je vous ai demandé de venir parce que je veux augmenter votre loyer. Et vous n'êtes pas d'accord ?

– Ah non, ce n'est pas nécessaire !

– Comment ce n'est pas nécessaire ?

– Ça suffit ça.

– Écoutez, mademoiselle Tanner, moi je suis vraiment très contente, vous êtes une bonne locataire. Mais, mademoiselle Tanner, je dois changer la douche dans votre chambre...

– Non, c'est pas nécessaire... Je prends le douche chez...

– Comment ça ? Où est-ce que vous prenez la douche ?

– Le douche chez... Localement.

– Localement ? Vous ne vous lavez pas ?

– Mais oui !

– Et alors ? Une douche c'est nécessaire !

– Je prends le douche en bas.

– Où en bas ?

– Dans... le douche...

– Chez la voisine ?

– Oui.

– Ah bon ! Chez la voisine ! Mais la voisine c'est aussi ma locataire !

– Elle me dit je prends sa douche !

– Ah bon ! Oui mais... la douche, la douche, peut-être ! Mais tous les prix de logement augmentent maintenant. Alors 1 000 F votre chambre ce n'est pas possible !

– Oui, ça c'est vrai... mais je suis étudiante, je n'ai pas de travail.

– Oui, mais c'est votre père qui paie pour vous !... Alors vous écrivez à votre père, et vous dites « Papa, la chambre coûte 200 francs de plus ! ».

– Non, après je travaille beaucoup pour ça ! J'ai un crédit pour ça !

– Mais c'est votre père qui paie !

– Non. J'ai un crédit de banque et après je travaille, ... et... et... je paie...

– Ah bon ! vous remboursez votre père après ? Ah bon !... Mais il y a encore une troisième raison, mademoiselle Tanner. Vous êtes une bonne locataire, mais le soir vous laissez la lumière allumée, vous consommez beaucoup d'eau, le chauffage, vous ne le fermez pas dans la journée quand vous partez...

– Mais je faire attention maintenant...

– Bon, alors il faut trouver une solution, hein ?

– Oui...

– Alors qu'est-ce que vous proposez ?

– Je... je crois je pourrais 100 ... 100 francs ?

– 100 francs ? Moi je voulais augmenter de 200 francs... Vous proposez 100 francs ?

– Oui.

– Oui, mais 100 francs ce n'est pas suffisant ! Qu'est-ce que je fais moi avec l'eau... l'électricité...

– Je peux faire attention avec ça !

– Vous allez faire attention ?

– Oui.

– Bon. Mais... peut-être que dans six mois je dois augmenter le loyer ? Vous êtes d'accord ?

– Pardon ?

– Dans six mois je vais augmenter un peu plus. Vous êtes d'accord ?

– Je préfère...

– Donc on attend dans six mois ?

– Oui.

– Alors maintenant vous payez 100 francs de plus et dans six mois nous parlons de nouveau ?

– Oui, OK ! Et je faire attention avec le lumière, le chauffage, tout ça...

– Bon alors c'est d'accord ! Au revoir, mademoiselle Tanner !

– Au revoir, merci !

53

Au restaurant, le serveur ou la serveuse ne vous apporte pas assez vite votre repas. Vous protestez.

– Excusez-moi, madame, j'ai déjà commandé notre repas, mais... euh... il n'est pas préparé, vous ne préparez pas encore...

– Oui, mais madame je vous ai dit... vous avez commandé... qu'est-ce que vous avez commandé ?

– J'ai commandé du menu de aujourd'hui.

– Ah le menu d'aujourd'hui ? Mais, je vous ai dit, le plat du jour est terminé !

– Ah...

– Il faut choisir autre chose !

– Ah oui !

– Qu'est-ce que vous avez choisi à la place du plat du jour ?

– J'ai demandé, j'ai commandé le salade verte et de la tête de veau.

– De la tête de veau ?

– Oui.

– Ah... mais la tête de veau il faut finir de la préparer ! Il faut faire la sauce !

– Ah je suis désolée. Je peux changer de... ?

– Comment, vous allez changer ? Vous avez commandé la tête de veau... je ne peux pas annuler, en cuisine ! Alors ?

– Alors je...

– Mais madame, deux minutes et j'apporte la tête de veau. Un petit moment et j'apporte la tête de veau. Vous avez le temps ?

– Euh... j'ai rendez-vous avec mes amis dans...

– À quelle heure ?

– Dans une heure.

– Oh dans une heure, vous avez le temps !

– Mais...

– Vous avez le temps ! Dans cinq, dix minutes maximum j'apporte la tête de veau.

– Mais je voudrais faire des courses avant.

– Vous voulez faire des courses ? Mais vous pouvez faire les courses après !... Cinq minutes ! Vous voulez la salade déjà ? Vous voulez déjà la salade ?

– Oui.

– Bon ! je vous apporte la salade et dans quinze minutes, la tête de veau. Ça va ?

– Quinze minutes ? Non, ce n'est pas bon pour moi...

– Alors ? Nous changeons le plat ? Vous ne voulez pas de tête de veau ?

– Si je choisis autre plat...

– Ah ces clients, ces clients... Alors, qu'est-ce que vous voulez ?

– C'est très vite que tête de veau...

– Un bifteck ?

– Un bifteck ? Oui ! D'accord !

– Comment vous voulez le bifteck ? À point ? Bien cuit ? Bleu ?

– J'aime bien cuit. Bien cuit, s'il vous plaît.

– Et avec le bifteck, qu'est-ce que vous voulez ? Des frites ? Du riz ? Des pâtes ?

– Je voudrais du riz parce que...

– Ah oui, vous êtes japonaise. Du riz c'est bien pour vous... Mais du riz avec de la sauce ou sans sauce ?

– Je n'aime pas la sauce.

– Alors sans sauce. Bon, tout de suite, madame. Ça va venir, madame...

54

Vous allez chercher un pantalon à la teinturerie, mais vous avez perdu le ticket.

– Bonjour, madame.

– Bonjour, monsieur.

– Désolé, j'ai perdu mon ticket de... le ticket de mon pantalon et j'ai besoin de ce pantalon aujourd'hui.

– Quand est-ce que vous avez apporté ce pantalon ?

– Il y a trois jours.

– Trois jours ? Oui, le pantalon est certainement nettoyé. Mais vous n'avez pas le ticket ?

– Non.

– Ah mais, pas de ticket, pas de pantalon !

– Il est jean.

– Pas de ticket, je ne peux pas vous donner de pantalon. Ce n'est pas possible, monsieur.

– Mais j'ai besoin de ce pantalon.

– Oui, mais comment je sais quel est votre pantalon ? Comment je peux savoir... Regardez ! Il y a quinze pantalons ! Comment je peux savoir quel est votre pantalon ?

– Mais le marque de mon pantalon est de Syrie... Il n'y a pas de Syriens...

– Mais si, mais si, il y a quatre étudiants syriens en ce moment dans mes clients. J'ai quatre étudiants syriens. Alors, quel est votre pantalon ?

– Mais ils n'ont pas de pantalon comme mon pantalon.

– Comment est votre pantalon ?

– Il est bleu jean.

– Regardez, il y a quatre jeans bleus !

– Mais mes amis ne s'habillent pas le jean.

– C'est vous qui le dites hein ! Vous, vous dites ça, mais moi je ne sais pas si vos amis portent un jean ou pas. Vous êtes sûr que vous avez perdu le ticket ?

– Oui.

– Vous avez cherché dans vos poches ?

– Oui.

– Vous avez vraiment cherché ? C'est sûr ? Il n'est pas dans votre portefeuille ? Dans votre veste ?

– J'ai bien cherché.

– Vous êtes sûr ? Cherchez encore !

– Rien !

– Alors pas de ticket, pas de pantalon ! Je regrette. Moi, ma patronne elle dit pas de ticket, pas de pantalon. Alors pas de ticket, pas de pantalon. Vous avez bien regardé ? Vous avez peut-être oublié le ticket chez vous ?

– Oui. Peut-être le ticket est tombé dans la rue.

– Oui, mais si le ticket est tombé dans la rue, une personne vient avec le ticket, qu'est-ce que je fais ? Vous pouvez m'expliquer quelque chose qui indique que c'est vraiment votre pantalon ?

– Oui.

– C'est lequel ? Lequel ?

– Ça.

– Celui-là ?

– Oui.

– Alors, est-ce qu'il y a une marque, quelque chose ?

– Il y a une marque.

– Quelle marque ?

– Dans la poche à droit il y a une lettre « M ».

– Pourquoi « M » ?

– Parce que je m'appelle Mohammed.

– Mohammed... C'est peut-être monsieur Martin aussi... Il y a une autre marque ?

– Oui, il y a un trou dans l'autre poche.

– Je vais regarder... Oui, là il y a un trou. Et quelle est votre taille de pantalon ?

– Il est 38.

– Oui. C'est vrai. Alors voilà votre pantalon. Mais... ne recommencez pas, hein ? Il ne faut pas perdre les tickets !... Et ne dites rien à ma patronne...

– Merci !

– Au revoir, monsieur.

– Au revoir, madame.

Unité A2

Épreuve écrite 1 ou oral collectif

178

1. Ouf ! *(soulagement)*
2. Ah bon ? *(surprise)*
3. Dommage. *(regret)*
4. Encore ! *(énervement)*
5. Tant mieux ! *(soulagement)*
6. Ouais... *(énervement)*
7. Ah là là ! *(énervement)*
8. Tiens, tiens... *(surprise)*
9. Enfin ! *(soulagement)*
10. Ça alors ! *(surprise)*
11. Super ! *(joie)*
12. La barbe ! *(énervement)*
13. Comment ça ? *(surprise)*
14. Peut-être... *(doute)*
15. Tant pis ! *(regret)*
16. Ouais ! *(joie)*
17. Ça... *(doute)*
18. Ah ! *(joie)*
19. Bof ! *(doute)*
20. Hélas ! *(regret)*

179

Des appréciations recueillies à la sortie d'un spectacle.

a. Ouais... pas mal !... *(plutôt positif)*
b. Génial ! *(très positif)*
c. Pas terrible ! *(plutôt négatif)*
d. Fabuleux. *(très positif)*
e. Nul ! *(très négatif)*
f. Original ! *(plutôt positif)*
g. Bof... *(plutôt négatif)*
h. Sans plus... *(plutôt négatif)*
i. Intéressant. *(plutôt positif)*
j. Complètement raté. *(très négatif)*
k. Éblouissant. *(très positif)*
l. Solide. *(plutôt positif)*
m. Attachant. *(plutôt positif)*
n. Sans intérêt. *(très négatif)*
o. Passionnant ! *(très positif)*

180

1. Il n'a pas encore fini ! *(déception)*
   Il n'a pas encore fini ! *(inquiétude)*
2. On commence lundi ! *(stupéfaction)*
   On commence lundi ! *(enthousiasme)*
3. Tu ne reviendras pas. *(inquiétude)*
   Tu ne reviendras pas. *(tristesse)*
4. Elle a toujours raison. *(agacement)*
   Elle a toujours raison. *(doute)*
5. C'est toi qui as fait ça ! *(admiration)*
   C'est toi qui as fait ça ! *(colère)*
6. Vous m'avez compris ! *(agacement)*
   Vous m'avez compris ! *(satisfaction)*
7. Vous ne savez pas conduire ! *(stupéfaction)*
   Vous ne savez pas conduire ! *(colère)*